OHNE BESTAND

Michael Esders

OHNE BESTAND

Angriff auf die Lebenswelt

EDITION SONDERWEGE
MANUSCRIPTUM

INHALT

»Schatten werfen Körper.«
Karl Kraus

I.
BESTAND

Der Einschnitt der »Neuen Normalität« ist keine unvermittelte Zäsur. Ihn so zu verstehen, käme der Selbstauslegung der Sozialtechnologen entgegen, die den Umbruch unter dem Alibi des Wuhan-Virus so groß und tiefgreifend wie möglich erscheinen lassen möchten. Dass die Lesart als historische Zäsur, die einen Weltumbau erzwinge, von allen Seiten nahegelegt wird, sollte Grund genug sein, diese Deutung in Frage zu stellen. Dies gilt umso mehr, als die von globalen Deutungskartellen durchgesetzte Interpretation als epochaler Umbruch eine zirkuläre Struktur aufweist und einer sich selbst erfüllenden Prophezeiung gleicht.

Die Ereignisse seit Frühjahr 2020 isoliert zu betrachten, wäre auch deshalb verfehlt, weil sie eine Vorgeschichte der Geschichtsvergessenheit haben. Sie stehen in einer Kontinuität der Kontinuitätsverachtung, der Bestandsblindheit und Bestandszerstörung, in der innere und äußere Faktoren nicht voneinander zu trennen sind und sich wechselseitig verstärken. Der zunehmend mit offenem Visier geführte Angriff auf Freiheitsrechte, den Rechtsstaat und seine Institutionen, die Gewaltenteilung, das Bildungssystem, die Freiheit der Wissenschaften, die Wirtschaft und den Mittelstand sowie die Familie ist nur die – vorläufig – letzte Phase einer sehr viel längeren Entwicklung. Diese entzog sich lange Zeit auch deshalb dem Blick, weil sie gründende und tragende Bereiche der Lebenswelt betraf, die latent wirksam sind: die ungeschriebene Grammatik des Üblichen und Gewohnten, die Sprache als Allmende des Bedeutens, die Bestände einer bestandserhaltenden Vernunft und die Vorverständigung über die Maßgeblichkeit des Realen. Es geht um nichts Geringeres als die Grundbestände, von denen nach den Worten Arnold Gehlens alle »Stabilität bis in das Herz der Antriebe hinein, jede Dauer und Kontinuität des Höheren im Menschen«[1] abhängen.

Wie im lateinischen Wort »firmitas« ist im deutschen »Bestand« die Vorstellung zeitlicher Dauer mit Festigkeit und Stärke verknüpft. Bestand ist der Inbegriff dessen, was sich als beständig erwiesen und die Probe der Zeit bestanden hat. Mit dem bestandenen Härtetest einer durchlaufenen Vorgeschichte ist ein impliziter Gültigkeitsanspruch verbunden, der nicht umständlich erklärt oder begründet werden muss. Bestand hat etwas, das besteht, existiert. Das Wort verknüpft Wahrheit und Existenz mit zeitlicher Dauer. Obwohl – oder weil – dieser Zusammenhang sich von selbst versteht, ist er zunehmend aus dem Blick geraten. Was *besteht,* bildet einen Gegensatz zum bloß Scheinhaften, Illusionären, Zweifelhaften und markiert eine Zone unproblematischen Wissens. Dieser Bestand übersteigt die Faktizität und Kontingenz des *Bestehenden;* er ist mehr als die Gesamtheit der Tatsachen, ohne sich mit diesem Mehr aufzudrängen. Zugleich hat das Wort einen unterschwelligen räumlichen Sinn[2]. Bestände sind verortet und arrondiert, niemals umfassend und unbegrenzt. Sie sind nicht für jeden gleich oder gleich-gültig und lassen sich nicht verlustfrei auf alle Verhältnisse übertragen.

1 Arnold Gehlen, *Urmensch und Spätkultur,* S. 6.

2 Vgl. dazu und zu den anderen Bedeutungsschichten den Artikel »Bestand«, in: *Deutsches Wörterbuch von Jacob und Wilhelm Grimm* [1854]. »Bestand« sei unter anderem eine »*räumliche vorstellung und so meint* bestand *das woraus ein grundstück besteht*« (Sp. 1652).

Die heute verbreitete Geringschätzung der Bestände hat damit zu tun, dass sie im Hintergrund wirken. Ihre Unauffälligkeit nährt die gefährliche Illusion ihrer Verzichtbarkeit. Unauffällig und unmerklich ist auch ihr *similia similibus*. Wie in der traditionellen Heilkunde vieler Kulturen bewirkt Ähnliches das Ähnliche: Als Dauerndes verleihen Bestände Dauer. Sie verdanken sich einer Kontinuität, die sie selbst verkörpern und stiften. Sie sind Vorrat und Speicher zugleich.

Dass das Denken von den Beständen auszugehen, sich ihrer zu vergewissern habe, galt seit den Anfängen der Philosophie als nicht zu hinterfragende Voraussetzung. Sein, Idee, Substanz, Geist sind Umschreibungen, ja Synonyme für die aus unterschiedlicher Perspektive gedachten Grundbestände. Wenn Wandel und Geschichte in den Blick genommen wurden, geschah dies immer mit dem Ziel, das Bewegungsgesetz oder das überdauernde Muster zu erfassen. Unter Verdacht gerät das Bleibende und Tragende erst dort, wo die Theorie auf das Heterogene, Differente, Nicht-Identische geeicht und die Abweichung gefeiert wird. Dort trifft der zunehmende Argwohn auch das Denken, das vom Doppelsinn der *firmitas* als dauernde Festigkeit und festigende Dauer ausgeht oder gar diesem Bestand einen Vorrang einzuräumen wagt. Während der Unbestand überhöht, verklärt und messianisch aufgeladen wird, rückt Identität, als Grundbestand des Denkens und des Seins, mit allen ihren Verkörperungen ins Zwielicht. Dabei ist sie, als verbürgte Selbigkeit[3], die

[3] Martin Heidegger deutet Identität als »Bürgschaft« der »Selbigkeit« des Gegenstands, ohne welche Wissenschaft nicht möglich wäre (Martin Heidegger, *Identität und Differenz*, S. 35 f.).

Voraussetzung für jede Bestimmung, einschließlich der Prädikation der Differenz. Das Versprechen eines optionalen, fluiden, entfesselten Selbst verschleiert, dass es auf die Auslöschung aller Identitätsbestände, damit auch der Grundlagen des Andersseins zielt. Das Vakuum füllt dann ein globales Konzept digitaler Identität, in dem Selbigkeit und Identität in Feststellung, Kontrolle und Überwachung aufgehen.

Eine Rückkehr zur oder eine Anknüpfung an die *philosophia perennis* ist für heutige Bestandsdenker keine Option. Die Semantik des »Bestands« verführt dazu, ihn als festen Besitz, als Unverlierbares und Unerschütterliches zu denken. Sie führt auf die falsche Fährte der Substantiierung. In gesellschaftlichen Zusammenhängen ist Bestand kein Ewigkeitswert. Seine Dauer ist nicht zeitenthoben, sondern zeitgebunden. Weil er dem flüchtigen Medium der Zeit verhaftet ist und an zarten Fäden der Überlieferung hängt, ist er in hohem Maße anfällig und gefährdet. Wer den Bestand ontologisiert oder sich seiner auch nur zu gewiss ist, verfehlt ihn, weil er seine Anfälligkeit ausblendet. Nicht der verklärende, sondern der illusionslose Blick auf die eigenen Fehler, Gebrechen, Unzulänglichkeiten wird ihm gerecht. Seine Erkenntnis ist ein schmerzhafter Weg der Ernüchterung. »Erkenne die Lage«, rät der distinguierte »Herr von Ascot« dem Ich-Erzähler in Gottfried Benns Novelle *Der Ptolemäer*. »Rechne mit deinen Defekten, gehe von deinen Beständen aus, nicht von deinen Parolen.«[4] Der Ausgang vom Bestand schließt das Bewusstsein

[4] Gottfried Benn, *Der Ptolemäer*, S. 214.

seiner Gefährdung, Fragilität und Verlierbarkeit ein, ja setzt dieses voraus. Verorten lassen sich Bestände nur im Gegensatz zu herbeigeredeten Scheinidentitäten, *Konstrukten* und Bestandssurrogaten, zu voluntaristischen Setzungen von Selbst und Welt.

Die Bestandsblindheit, die immer auch mit Geschichtsblindheit und Kulturvergessenheit einhergeht, ist der erste Schritt zur Bestandsvernichtung. Aber zugleich ist im Bestand eine Undurchsichtigkeit, ein Ausklammern der eigenen Genese, immer schon angelegt. In ihm sind Wissen und Können aufbewahrt, sedimentiert, gespeichert, die nicht in jedem Erkenntnis- und Handlungsvollzug aktualisiert werden müssen. Auch diese präreflexiven, weder satz- noch urteilsförmigen Gehalte müssen heute Anstoß erregen, weil sie die Bestände dem Verdacht aussetzen, unaufgeklärt, »intransparent« zu sein. Der Bestand erscheint als vorurteilsbehaftet und vorurteilsschürend, als exklusiv und differenzvergessen. Er gilt als angemaßter Besitzstand, repressive Struktur, Herrschaftszusammenhang, Manifestation einer illegitimen Macht. Deshalb wurde seine Auflösung, Verflüssigung, Dekonstruktion zum Programm erhoben – zunächst im Denken und in der Auslegung von Texten, dann in der gesellschaftlichen Praxis und Politik.

Im Bezugssystem seiner zeitlichen, räumlichen und qualitativen Bedeutungen wäre »Bestand« neu zu denken. Zum Stachel wird er auch deshalb, weil er als Geortetes, räumlich Begrenztes, Arrondiertes Dauer und Festigkeit verleiht. Er ist an Eigenes gebunden und eigentümlich, wenn auch nicht in einem verengt possessiven Sinn. Diese Eigenschaft wirkt anstößig und erregt Verdacht. Sie ist einer der Gründe dafür, dass der Bestand entweder völlig ausgeblendet und verleugnet oder als Zerrbild bekämpft wird. Der Versuch, ihn *ex negativo* aus den Leerstellen, blinden Flecken, toten Winkeln und Zerrspiegeln der politischen und sozialwissenschaftlichen Theorien der vergangenen Jahrzehnte zu rekonstruieren, wäre ein lohnendes Unternehmen.

Bestände sind geworden und werdend, niemals planbar und geplant. Sie sind etwas Errungenes, aber auch Übernommenes. Sie enthalten einen unverfügbaren Kern, etwas, das der Willkür entzogen und nicht *machbar* ist. Diese Qualität setzt nicht nur den Veränderern Grenzen, sondern verwickelt die Verteidiger in unlösbare, aber auch unvermeidbare Probleme. Interventionen, Rettungs- und auch Konservierungsversuche lassen die Bestände nicht unberührt. Ein Bestand, dem ideologisch aufgeholfen werden muss, ist keiner, denn die Tragfähigkeit aus sich selbst heraus ist sein Wesenszug. Wenn er unter Kulturschutz gestellt werden muss, wird er zur Folklore. Der Soziologe Hans Freyer wies darauf hin, dass Absichten, auch und gerade gute, den zu schützenden Beständen eher abträglich sind: »Es ist höchst unwahrscheinlich, daß der programmatische Wille, eine menschliche Ordnung, so wie sie ist, zu bewahren, zu ihrer identischen Erhaltung führt, dagegen höchst wahrscheinlich, daß er im guten Fall ein künstlich gestrafftes Gebilde, im schlechten die Neigung, sich sichern zu lassen, und die Angewiesenheit darauf hervorruft.«[5] Dies bedeutet zugleich, dass der Konservatismus nicht

5 Hans Freyer, *Theorie des gegenwärtigen Zeitalters*, S. 202.

in der gleichen Weise programmatisch werden kann wie der Progressivismus, womit er in einen argumentativen Rückstand gegenüber den bestandsvergessenen Weltverbesserern und Transformationseiferern gerät. Als weiteres diskursives Handicap kommt die Ortsgebundenheit hinzu, die eine Extrapolation im planetarischen Maßstab ausschließt. In narrativer Hinsicht sieht es kaum besser aus, denn Erzählungen bevorzugen Bewegung, Entwicklung und Aufbruch. Zudem ist das mythische Potenzial im Vergleich zu den utopischen Erlösungserzählungen äußerst begrenzt.

Die Tragik ist, dass mit dem Grad der Konsolidierung von Beständen die Gleichgültigkeit ihnen gegenüber und damit auch das Potenzial der Vernachlässigung und Verwahrlosung, letztlich auch der Zerstörung wächst. Es bedarf keines geschichtsphilosophischen Aufwands, um diesen Übersättigungsprozess nachzuvollziehen. Eine nüchtern-funktionalistische Betrachtung unterschiedlicher Geschwindigkeiten und retardierender Strukturen genügt. Materieller Wohlstand und wirtschaftliche Prosperität, die das Ergebnis kultureller, geistiger Bestände und ihrer Pflege sind, überdauern die eigenen Grundlagen. Von diesen zehren wohlstandsverwahrloste Bestandsvernichter noch zu einem Zeitpunkt, an dem die mentalen Voraussetzungen des wirtschaftlichen Erfolgs schon längst ausgelöscht sind. Je gefestigter die Grundlage, desto gründlicher und rückstandsloser die Dekonstruktion. Dies gilt umso mehr, als sich der Blick für die ohnehin schon verhüllten Bestandsbedingungen mit dem Grad der Übersättigung trübt. Ein Emblem dieser Haltung liefert die Cartoon-Figur, die über die Klippe rennt und in der Illusion, die Schwerkraft überwunden zu haben, in der Luft weiterläuft. Der unvermeidliche Sturz in den Abgrund tritt mit Verzögerung ein.

Prototypisch für die Bestandsvergessenheit ist der Liberalismus, wie der entschieden Antiliberale Armin Mohler erkannte: »Salopp gesprochen: sechs konservative Jahrhunderte erlauben es zwei Generationen, liberal zu sein, ohne Unfug anzurichten. Sind aber jene Bestände in der permissiven Gesellschaft einmal aufgezehrt, so werden die bestgemeinten liberalen Parolen zu Feuerlunten.«[6] Mohler erinnert die Liberalen daran, dass sie insgeheim voraussetzen, wovon sie nichts wissen wollen: ein konsolidiertes Sozialgefüge, gefestigte Institutionen und eine relative Homogenität der Lebensform. Allerdings verkennt er in seiner Schmähschrift, dass Liberalismus, Subjektivismus und Individualismus, als Kinder der Aufklärung, selbst *Eigenarten* der abendländischen Vernunft und somit Teil des Bestands sind. Mohler sieht im Liberalismus nicht die legitime Erbschaft, sondern nur den unwürdigen Erben, der die übernommene Substanz verspielt und verprasst. An dieser Stelle seiner Kritik droht er zum Opfer seines Feindbilds zu werden. Der Liberalismus ist bestandsvergessen, wo er beständig über seine Verhältnisse lebt; wo er von Voraussetzungen zehrt, die er verleugnet oder negiert; wo er Subjektivität, Autonomie und Freiheit für selbstgesetzt ausgibt und sich im Glanz seiner – nur vermeintlichen – Autarkie sonnt. Politische Dekonstruktion, Genderideologie, Diversity-Kult und minderheitsfixierte

6 Armin Mohler, *Gegen die Liberalen*, S. 11.

Identitätspolitik entstammen nicht nur der Ideenmasse eines kulturalisierten Marxismus, sondern lassen sich mit einiger Berechtigung auch als Exaltationen eines bestandsvergessenen Liberalismus deuten. Kurieren könnte den Liberalismus nur die Rückbesinnung auf die eigenen Grundlagen und Voraussetzungen. Exzessiv wird er immer dort, wo diese Besinnung ausbleibt.

Bestandsvergessen ist indes auch ein Antiliberalismus, der sich den Ideen von Freiheit, Selbstdenken und Individuation in der Manier eines Exorzisten nähert. Diese Ideen sind keine Verfallsformen, sondern integrale Bestandteile der abendländischen Episteme. Es sind luxurierende Phänomene – aber so wie Wissenschaft und Philosophie luxurieren. Der Antiliberale erliegt der Suggestion, diesen Überfluss für überflüssig zu halten. Das Problem dieser Haltung wurde im Hygieneregime offenkundig. Die antiliberale Einstellung erwies sich als Hypothek und schwächte den Widerstand gegen einen beispiellosen Angriff auf Freiheit, Selbstbestimmung und körperliche Integrität. Wo konservativer Widerstand zum Ausdruck gebracht wurde und sich zeigte, war er kaum von eigenen Axiomen getragen oder stand sogar im Widerspruch zu ihnen. Gleichzeitig kaperten die Apologeten des Regimes Denkfiguren einer kollektiven Ethik und brachten sie gegen diejenigen in Stellung, die Freiheitsrechte gegen einen zunehmend übergriffigen globalen Leviathan verteidigten. »Solidarität« wurde zum Kampfbegriff; »Freiheit« wurde mit »Egoismus« zunächst schleichend konnotiert, dann direkt in Verbindung gebracht und schließlich weitgehend gleichgesetzt. Im Namen von »Gemeinschaft« und »Solidarität«

lösten die Verfechter der »Neuen Normalität« mit der liberalen Substanz des Rechtsstaats auch gemeinschaftliche Strukturen auf und ersetzten sie durch panoptische Kontrollsysteme und willkürlich gesetzte biopolitische Identitätscluster.

Die Forderung nach Freiheit und Selbstbestimmung war wohl zu kaum einer Zeit weniger Phrase als im sich verfestigenden Hygieneregime. Aber die Erfahrung der Unverzichtbarkeit schloss die der Nichtigkeit ein: Freiheitsrechte sind ohne eine Rechtsgemeinschaft, die sie durchsetzt und in der sie einklagbar sind, tatsächlich nur Gemeinplätze für Sonntagsreden und Legitimitätskulisse. Die Lektion aus diesem Dilemma wäre, den abstrakten Gegensatz aufzulösen. Bestandsdenker sollten sich nicht dazu verleiten lassen, Bindung und Autonomie gegeneinander auszuspielen. Zu akzentuieren wäre vielmehr der unlösbare und *eigenartige* Zusammenhang: Die Geltungskraft universeller Gehalte schöpft aus Quellen und setzt Bestände voraus, die nicht umstandslos universalisierbar sind. Die Verallgemeinerung kann nur aus dem Eigenen heraus gelingen, nur *im* und *mit* dem Bestand, niemals *gegen* ihn.

Für Peter Sloterdijk ist die Sorge um Bestandserhaltung und -pflege – wie auch die um Identität – Ausdruck der Bequemlichkeit und des intellektuellen Spießertums. Der Philosoph bemüht die Metapher des Basislagers beim Gipfelaufstieg, in dem sich die Expeditionsteilnehmer einrichten, anstatt von dort aus zu Höherem aufzubrechen. Wer sich mit dem Erreichten zufriedengibt, verdrängt und tabuisiert den Gedanken an das ursprüngliche höhere Ziel, den Gipfel, um »eine Wertminderung bei den eingelagerten Beständen«[7] zu verhindern. »Im Horizont des Basislagers ist jede Identität jede andere wert. Identität liefert folglich den Super-Habitus für alle, die so sein wollen, wie sie aufgrund ihrer lokalen Prägungen wurden, und meinen, das sei gut so.«[8] Allerdings ist die Selbststeigerung nicht nur ein ästhetischer oder poetischer Imperativ, wie es der Vers von Rainer Maria Rilke vermuten lässt, der Sloterdijks Buch den Titel gibt. So wie die Erklimmung der Achttausender längst zu einer Touristenattraktion herabgesunken ist, so ist die Selbstoptimierung zur Branche, die Vervielfältigung der Identität zum bürokratischen Standard und zur Pflichtübung geworden. »Im Identitäten-Regime werden sämtliche Energien devertikalisiert und der Registratur übergeben«[9], argwöhnt Sloterdijk. Er verkennt, dass mit den lebensweltlichen und institutionellen »Basislagern« zugleich auch alle Möglichkeiten der individuellen und kollektiven Selbsttranszendenz ausgelöscht werden. Ohne konsolidierte Bestände lässt sich keine »Vertikalspannung« aufbauen. Überdies vollzieht sich die Optimierung heute unter biopolitischen, transhumanistischen Vorzeichen und mit stark nivellierender Tendenz: als Selbststeigerung ohne Selbst.

Die bereits erwähnte Tendenz zur Selbstverhüllung erschwert die Bestandsaufnahme, die in den Bereichen Lebenswelt, Vernunft, Sprache und Wirklichkeit zumindest begonnen werden soll. Aussichtslos ist dieser Versuch nur deshalb nicht, weil die Bestände in der

7 Peter Sloterdijk, *Du mußt dein Leben ändern*, S. 297.

8 Ebd.

9 Ebd.

Erfahrung des Verlusts Plastizität gewinnen. Als Hohlformen nehmen sie dort Konturen an, wo sie fehlen und vermisst werden. Erschwert wird diese Inventur indes dadurch, dass das Vakuum umgehend und umstandslos mit sozialtechnologischen und -utopischen Surrogaten aufgefüllt wird. Die lebensweltlichen und institutionellen Üblichkeiten werden durch die Usancen einer »Neuen Normalität« ersetzt, die zu einem digitalpanoptischen System ausgebaut und verstetigt werden könnten. Eine schranken- und maßlose Vernunftkritik, die rücksichtslos gegenüber den eigenen Beständen verfährt, mündet in wahnhafte Ambitionen der Welterneuerung und des Weltumbaus (»Build back better«). Die Sprache wird einer Grammatik der Gesinnung, Verwertung und Gedankensteuerung unterstellt. Als Inbegriff geistiger Bestände wird sie zum Vehikel der Bestandsvernichtung. Gleichzeitig entkoppelt sich eine nahezu rückstandslos mediatisierte Wirklichkeit in globalem Maßstab von Empirie und Augenschein. Sie wird nicht nur weich, disponibel und machenschaftlich, sondern auch zunehmend unmaßgeblich.

Die Aussicht, dass keinen Bestand haben wird, was seine Bestände verleugnet und zerstört, ist ein letzter Trost. Dieser kann darauf bauen, dass Bestandslosigkeit Dauer ausschließt und nicht lebbar ist; dass sie eine Besinnung auf das Tragende und Gründende – damit auch eine Umkehr – erzwingt. Allerdings ist auch diese Gewissheit erschüttert. Mit zunehmender Deutlichkeit zeichnet sich ab, dass die Auslöschung der Bestände nur ein Zwischenziel ist. Megalomane Sozialtechnologen sind darauf aus, den gesellschaftlichen Nullpunkt auf

Dauer zu stellen und die soziale Tabula rasa als neuen Standard zu verfestigen. Sie unternehmen einen neuen Anlauf zur Posthistoire, diesmal unter transhumanen Vorzeichen. Dazu ersetzen sie gewachsene Bestände durch ort-, geschichts- und herkunftslose Äquivalente, die digital reproduzierbar sind und kein geteiltes Leben, keine gemeinsame Geschichte mehr voraussetzen. Es ist der Versuch, die Bestandslosigkeit, den Unbestand zu konsolidieren. Die Frage, ob dieses globale Experiment gelingen kann, ist Ausgangspunkt der folgenden Überlegungen.

II.
LEBENSWELTVERLUST

»Bleib gesund!« Diese unscheinbare Abschiedsfloskel bekam im Verlauf des ersten Jahres der Coronakrise einen zunehmend bedrohlichen, mitunter auch gebieterischen Unterton. Die Allgegenwart und Unausweichlichkeit dieser Formel, ein sprachliches Pendant der Maske, verstärkten diesen beklemmenden Eindruck – zumindest bei denjenigen, die den neuen Ritualen misstrauten. Den Gruß mit einer Floskel ohne Gesundheitsbezug oder gar nicht zu erwidern, konnte als Zeichen der Dissidenz ausgelegt werden. Umgekehrt ließen sich Konformismus und Treue zum Hygieneregime verlässlich an einer prompten und ähnlich lautenden Antwort ablesen. Ein Abschiedsgruß war binnen weniger Wochen zum sozialen Prüfstein geworden. Die Grußverweigerung gab zu verstehen, dass man nicht bereit war, »Gesundheit« als höchstes Gut anzuerkennen oder die staatlichen Maßnahmen zu ihrem Schutz missbilligte. Damit konnte bereits der Verzicht auf die Formel zum Zeichen moralischer Verworfenheit werden. Üblich wurde in dieser Zeit auch ein Gruß mit der Faust oder dem Ellenbogen, beides Zeichen der Konfrontation. Später dienten die Grußäquivalente »Schon geimpft?« und »Schon geboostert?« der Taxierung des Gegenübers. Die Inversion des Sozialen nahm ihren Lauf. Das Robert-Koch-Institut sprach im Oktober 2020 von »Modifikationen des Miteinander-Seins«[10], die auch dann

10 Robert-Koch-Institut: *Die Pandemie in Deutschland in den nächsten Monaten – Ziele, Schwerpunktthemen und Instrumente für den Infektionsschutz. Strategie-Ergänzung*, Stand: 23.10.2020 (https://www.rki.de/DE/Content/InfAZ/N/Neuartiges_Coronavirus/Strategie_Ergaenzung_Covid.html).

noch nötig seien, wenn ein Impfstoff zur Verfügung stehe. Das Beispiel der Grußformel zeigt, wie rasch sich die Regeln des Hygieneregimes dem Alltag einprägten und wie tiefgreifend sie das feinmaschige Netz der Umgangsformen, Verständigungsverhältnisse und Kommunikationsroutinen veränderten, *modifizierten.*

Die »Neue Normalität«, die sich in einem biopolitischen Klassifizierungssystem mit schikanösen Nachweispflichten und Zugangsvoraussetzungen verfestigte, ist der bislang machtvollste und in seiner Wirkung verheerendste Angriff auf die Lebenswelt, aber bei weitem nicht der erste. Vorangegangen sind ihm unter anderem der gegen nahezu alle hergebrachten Lebensformen westlicher Gesellschaften gerichtete Rassismus-, Kolonialismus- und Diskriminierungsverdacht sowie die gezielte Desorientierung der Geschlechtsidentität.

Der schwerwiegendste Vorstoß vor der Notstandsnormalität war die erzwungene Diversifizierung der Lebenswelt durch ungesteuerte, ungebremste Migration – insbesondere seit der Grenzöffnung 2015. Unser Zusammenleben müsse täglich neu ausgehandelt werden, schrieb Aydan Özoğuz im September 2015 in einem Strategiepapier[11] zur Integration von Flüchtlingen. Der Satz der damaligen Staatsministerin und Integrationsbeauftragten der Bundesregierung wurde zu einem geflügelten Wort der Migrationskrise und nahm den Charakter einer sich selbst erfüllenden Prophezeiung an.

11 Zit. n. Karsten Kammholz, »Das ist der Masterplan zur Integration der Flüchtlinge«, *Welt.de,* 19.9.2015 (https://www.welt.de/politik/deutschland/article146582999/Das-ist-der-Masterplan-zur-Integration-der-Fluechtlinge.html).

Man sah in dieser Bemerkung eine Anerkennung von Parallelgesellschaften und eine Unterhöhlung des Rechtsstaats. Dieser hat mit seinen Institutionen dafür zu sorgen, dass das Zusammenleben *nicht* ständig neu ausgehandelt werden muss. Als Partei unter Parteien, Stamm unter Stämmen könnte er diese Funktion nicht erfüllen. Aber selbst dort, wo seine Institutionen äußerlich intakt und durchsetzungsfähig blieben, hätte die von Özoğuz nicht nur beschriebene, sondern auch begrüßte Entwicklung weitreichende Folgen. Eine Gesellschaft im permanenten Verhandlungsmodus wäre weder lebenswert noch lebbar. Die Verständigung über die Fragen des Zusammenlebens kann nur gelingen, wenn *nicht* alles Verhandlungsmasse oder Verhandlungsgegenstand ist, wenn *nicht* jeder jederzeit dem Gegenüber als Unterhändler in eigener Sache begegnet. Verständigung setzt ein implizites Vorverständnis voraus, Gewohnheiten und Usancen, deren Tragfähigkeit und Bindungskraft darin bestehen, dass sie *nicht* fortwährend thematisiert und problematisiert werden müssen.

Auch wenn man das erwähnte *Aushandeln* als Diskurs, in jenem anspruchsvollen Sinn, den etwa Jürgen Habermas diesem Begriff unterlegt, und nicht als das Verhalten auf einem Basar verstünde, wären die gesellschaftlichen Konsequenzen zerstörerisch. Ein entgrenzter, auf Dauer gestellter Diskurs würde mit den lebensweltlichen Ressourcen des Vorverständnisses gleichzeitig auch seine eigenen Grundlagen und Voraussetzungen verzehren. Zum Ziel der Verständigung führt nur ein begrenzter Diskurs, der das Licht des jeweils Thematischen bündelt und sparsam mit ihm umgeht. Das vorthematische, implizite, unausgesprochene Einverständnis, dessen er sich bei Bedarf vergewissern kann, wird in der Regel nicht – oder zumindest nicht vollständig – ausgeleuchtet.

Das Vorverständnis, das die intersubjektive Dimension der Vorverständigung einschließt, wird hier nicht in dem anspruchsvollen hermeneutischen Sinn eines Vorgriffs auf Ganzheit, auf eine Totalität von Bezügen oder einen umfassenden Sinnhorizont aufgerufen. Eher handelt es sich um Verstehens- und Verständigungsroutinen, die jeder Thematisierung und Objektivierung vorausgehen und sich tagtäglich im Kleinen wie im Großen bewähren. Sie sind nicht generalisierbar, sondern kulturell geprägt, ohne dass sie Bestandteil eines Curriculums werden könnten oder in Crashkursen für interkulturelle Kompetenz vermittelbar wären. Vorverständnis und Vorverständigung sind Institutionen des Nichtinstitutionalisierbaren. Diese machen das Verhandeln des Zusammenlebens nicht überflüssig, aber zur Ausnahme einer Regel, die unausgesprochen bleibt und sich eindeutiger oder abschließender Kodifizierung widersetzt. Wo die Tragweite dieser nicht selten halb- oder vorbewussten Routinen erfahrbar wird, bilden sich Vertrauen und Gemeinsinn. Aus dieser Quelle speist sich auch jene »tragende, homogenitätsverbürgende Kraft«, auf die laut Ernst-Wolfgang Böckenförde der freiheitliche, säkularisierte Staat angewiesen ist, »nachdem die Bindungskraft aus der Religion für ihn nicht mehr essentiell ist und sein kann«.[12]

Der politischen Rechten wird gemeinhin vorgeworfen, diese Fraglosigkeitszonen zu starr, zu ausschließlich

12 Ernst-Wolfgang Böckenförde, *Staat, Gesellschaft, Freiheit*, S. 59.

zu denken und sie in Begriffen wie »Volk«, »Nation«, »Gemeinschaft« oder »Leitkultur« mit unzulässigen oder willkürlichen Zuschreibungen kollektiver Identität zu versehen. Die Kritik zielt gewöhnlich auf die gefährliche, weil exklusive und ausgrenzende Tendenz identitärer Zuschreibungen. Was Bindungen ermöglicht und Zusammenhalt stiftet, erscheint in dieser Perspektive als Bedrohung. Allerdings ignorieren diejenigen, die das Schreckensbild des Kollektivsingulars zeichnen, nicht nur die geschichtlichen und kulturellen, sondern auch die lebensweltlichen Quellen sozialen Zusammenhalts. Die Verständigung über Fragen des Zusammenlebens – grundsätzliche, aber auch ganz alltägliche und situative – setzt eine intakte Vorverständigung voraus, die sich nicht in der Akzeptanz diskursiver Spielregeln, Verfahrensweisen und Formalien erschöpft. »Weil wir zu schnell sterben für totale Änderungen und totale Begründungen, brauchen wir Üblichkeiten«, sagt Odo Marquard und spricht von einer »sterblichkeitsbedingten Unvermeidlichkeit von Traditionen«.[13] Die Üblichkeitszonen sind hochgradig gefährdete Bezugssysteme. Sie sind sozialer Bestand, aber als solcher niemals gefestigt und auf Dauer gesichert. Man kann ihrer nicht habhaft werden. Sie sind eine ungegenständliche Allmende wie die Sprache und unverfügbar wie sie. Ein Eigenes und Eigentümliches sind sie insofern, als sie

13 Odo Marquard, *Abschied vom Prinzipiellen,* S. 17 (sowie 16). Übrigens spricht auch Marquard von »Lebensweltverlust«. Er bringt diesen Begriff mit einer radikalisierten Theodizee in Verbindung und bezieht ihn auf die Tendenz zur »Tribunalisierung« aller Lebensbereiche, die sich nach seiner Beobachtung um 1750 ausbreitete und in der Französischen Revolution kulminierte (ebd., S. 51).

die Geschichte einer geteilten Lebensform voraussetzen und ohne Vorstellung eines kollektiven Selbst nicht denkbar wären.

Was schon lange so war, wie es ist, muss darum nicht notwendigerweise gut, richtig oder wahr sein. Aber umgekehrt sind die Üblichkeiten des Vorverständnisses nicht schon deshalb verdächtig oder verwerflich, weil sie überdauert haben. Was unterschiedlichen Menschen in verschiedenen Zeiten als bewahrenswert erschien, was Loyalität verdiente und begründete, hat einiges für sich. Zu einem nicht geringen Teil sind Üblichkeiten auch das Ergebnis eines evolutionären Prozesses, einer kulturellen Selektion, was sie gegen den Eifer normativer Letztbegründer ein Stück weit abschirmen sollte. »Zumindest Argumente von der Art, etwas könne nicht mehr hingenommen werden, weil es schon sehr lange ungeprüft hingenommen worden sei, haben nicht die rationale Plausibilität, die ihnen zeitweise zugebilligt wird«[14], notiert Hans Blumenberg, der unter »Institution« vor allem eine »Regelung von Beweislastlagen« versteht. »Wo eine Institution besteht, ist die Frage nach ihrer Begründung nicht von selbst ständig akut und liegt die Beweislast immer bei dem, der gegen die mit ihr gegebene Regelung aufsteht.«[15] Auf das Gesellschaftsexperiment[16] der Multikulturalisierung bezogen, bedeutet dies: Die

14 Hans Blumenberg, *Arbeit am Mythos*, S. 184.

15 Ebd.

16 In die Experimentalphase sind die westlichen Gesellschaften nicht erst 2020 eingetreten. Der Politikwissenschaftler Yascha Mounk sprach bekanntlich bereits 2018 davon, »dass wir hier ein historisch einzigartiges Experiment wagen, und zwar eine monoethnische, monokulturelle Demokratie in eine multiethnische zu verwandeln« (ARD, *Tagesthemen*, 20.2.2018).

Beweislast haben die »Veränderer« (Marquard) zu tragen, nicht die zu Probanden degradierten Kritiker des sozialen Experiments. Sie müssten zudem ausweisen, worin das Ziel der Integration besteht, die sie auch – mitunter vor allem – der einheimischen Bevölkerung abverlangen möchten. Können sie dies nicht oder nennen sie als Ziel nur das Experimentierfeld einer fragmentierten Lebenswelt, sollten sie das Wort »Integration« nicht mehr in den Mund nehmen.

Es zeigt sich hier eine strukturelle Ähnlichkeit mit den späteren Attacken auf die Lebenswelt im Hygiene- und Gesundheitsregime, die auf »totale Änderungen« zielen. Der Angriffspunkt ist vergleichbar. Den Nachweis des Gesundheitsstatus zur Zugangsvoraussetzung zum sozialen Leben zu machen, berührt nicht nur die »Beweislastlagen«, von denen Blumenberg spricht, sondern stellt diese auf den Kopf.

Die Metaphorik des Angriffs ist indes insofern einseitig, als sie die endogenen, hausgemachten Formen der Entüblichung verdeckt. Beispiele für eine fortgeschrittene kulturelle Bestandsvergessenheit sind Weihnachtsfeiern vor dem Totensonntag oder bunter Osterschmuck in der Fastenzeit, der seit einiger Zeit auch in oder im Umfeld von kirchlichen Gebäuden zu finden ist. Erscheinungen wie diese sind Anzeichen einer geschwächten lebensweltlichen Widerstandsfähigkeit. Eine Tradition, die sich nicht mehr von selbst versteht und beliebig wird, die sich bis zur Unkenntlichkeit konsumistisch verformen und abwandeln lässt, bietet keine Kristallisationspunkte für Übliches und Gewohntes mehr. Die verbreitete kulturelle Indifferenz macht wehrlos. Sie fordert eine kulturelle Kolonialisierung geradezu heraus und ermöglicht eine kampflose Übernahme des symbolischen Bestands.

Ressourcen der Fraglosigkeit

Der symbolische Ort, an dem die Tragfähigkeit des Vorverständnisses, der Vorverständigung, alltäglich auf die Probe gestellt und zugleich erneuert wird, ist die Lebenswelt. Edmund Husserl charakterisierte sie als das vorwissenschaftliche »Reich ursprünglicher Evidenzen«[17]. Eine so gedachte Lebenswelt ist kein Ort – schon gar nicht mit festen Koordinaten. Auch wäre es verfehlt, sie als verlorenen Urzustand natürlicher Evidenz, als soziale Idylle oder gesellschaftliche Utopie zu denken. Ihre Verklärung wäre nicht nur unangebracht, sondern gegenstandslos. Sie bietet keinen Anlass zu Heilserwartungen gleich welcher Art. Vielmehr ist Lebenswelt in der Phänomenologie ein heuristischer Grenzbegriff, der eine vortheoretische, prämodale Schicht des Erkennens bezeichnet, die allem thematischen Wissen zugrunde liegt und in ihm mitgegenwärtig ist. Prämodal heißt, dass Wirklichkeit, Möglichkeit und Notwendigkeit in dieser Zone fragloser Gegebenheiten noch nicht auseinandertreten. Kontingenz wird erst dort erfahrbar, wo diese Sphären auseinanderklaffen oder jedenfalls nicht mehr deckungsgleich sind.

17 Edmund Husserl, *Die Krisis der europäischen Wissenschaften und die transzendentale Phänomenologie*, S. 138.

In sozialen Zusammenhängen ließe Lebenswelt sich als stets bedrohte, erneuerungsbedürftige Ressource der Selbstverständlichkeiten beschreiben. Die immer gegenwärtige Erfahrung ihres Verlusts ist zugleich der Antrieb, neue Fraglosigkeitszonen in Gestalt von Institutionen zu schaffen und zu etablieren. Diese Zonen der Latenz sind heute suspekt geworden. Der Verdacht gegen sie wird systematisch genährt. Dabei lähmt die Sicherung dieser Fraglosigkeitszonen nicht die Fähigkeit, Fragen zu stellen und in Frage zu stellen, sondern fördert sie sogar. Für Husserl ist der Boden des selbstverständlich Gegebenen Ausgangsposition und Absprungbasis des theoretischen Wissens. Diese Einsicht lässt sich auf die soziale Wirklichkeit übertragen: Der Fundus latenter Selbstverständlichkeiten schont die Kapazitäten der Problematisierung, die dank der gesicherten Üblichkeiten gezielt und effizient eingesetzt werden könnten – auch zur Problematisierung der Üblichkeiten selbst.

In einem Text aus dem Nachlass bezieht Blumenberg seine Überlegungen zur Verteilung der Begründungslasten auf eine noch zu entwerfende Theorie der Lebenswelt. Wer die sich in der Lebenswelt erhaltende und erneuernde Ressource der Selbstverständlichkeit von außen antasten möchte, braucht dafür sehr gute Gründe. Umgekehrt bedürfen die Anstrengungen zur Erhaltung der lebensweltlichen Reproduktionsbedingungen so wenig einer Rechtfertigung wie die zur Bewahrung des Lebens selbst. »Zur Selbstvernichtung oder Selbstgefährdung kann es so wenig Pflicht geben wie zur Selbstkritik«, betont Blumenberg. Diese bleibe »so lange des Masochismus verdächtig [...], als sie nicht im Dienst der Selbsterhaltung steht, im Grenzfall auch als List der Gefügigkeit den stärkeren Umständen oder Aussichten gegenüber«.[18]

Zum okzidentalen Vorverständnis, das durch Aufklärung und Säkularisierung hindurchgegangen ist und geformt wurde, gehören die Fähigkeit und die Bereitschaft, die Zonen der Fraglosigkeit punktuell zu verlassen, sofern eine Vorannahme mit guten Gründen in Zweifel gezogen wird. Das reflexive Potenzial im Umgang mit Üblichem, Überkommenem und Gewohntem ist längst integraler Bestandteil der Üblichkeiten selbst – und nicht etwa nur Gebot einer entkulturalisierten Vernunft. Dabei sind die Thematisierung und Problematisierung allerdings nur die zeitlich wie inhaltlich begrenzte Ausnahme einer Regel, die ungeschrieben ist und vorthematisch bleibt. Die Reflexivität verlangt keine Generalrevision. Das von Aydan Özoğuz vorgetragene Postulat des Aushandelns setzt voraus, dass auch die Neuankömmlinge dazu in der Lage und bereit sind, aus problematisierten Üblichkeiten herauszutreten und diese zum Gegenstand einer diskursiven Erörterung zu machen. Dies anzunehmen, wäre angesichts der traditionalen oder archaischen kulturellen Prägung der meisten Einwanderer illusionär. In der Realität der »Willkommenskultur« wurde und wird ihnen ein re-

18 Hans Blumenberg, *Theorie der Lebenswelt,* S. 16 f. Mit Bezug auf die Migrationskrise bediente sich Peter Sloterdijk 2016 in einem Interview mit dem Magazin *Cicero* einer im Wortlaut fast identischen Formulierung: »Es gibt schließlich keine moralische Pflicht zur Selbstzerstörung« (https://www.cicero.de/innenpolitik/peter-sloterdijk-ueber-merkel-und-die-fluechtlingskrise-es-gibt-keine-moralische).

flexiver Umgang mit den eigenen Einstellungen auch nicht abverlangt und zugemutet. Die Kritik an den Üblichkeiten ignoriert in ihrer Maßlosigkeit nicht nur die von Blumenberg herausgestellte Verteilung der Beweislasten und kehrt diese um, sie ist auch hochgradig selektiv. Sie trifft die Lebenswelten einer autochthonen Mehrheit, während die Üblichkeiten der ethnisch-kulturellen Minderheiten nicht nur verschont, sondern geradezu gepflegt und kultiviert werden. Diese dürfen die Unverhandelbarkeit ihrer Üblichkeiten selbstverständlich für sich reklamieren, was der vernachlässigten Mehrheit, die viel eher dazu berechtigt wäre, ebenso selbstverständlich verwehrt wird. Mehr noch: Ihre Alltagsevidenzen werden trotz ihres reflexiven Potenzials, das sie vor anderen tradierten Üblichkeiten auszeichnet, als vorurteilsbehaftet kritisiert oder gar als hassgeleitet und fremdenfeindlich kriminalisiert.

Gelingen konnte die kontraintuitive Umkehr der Begründungs- und Rechtfertigungspflichten auch deshalb, weil den lebensweltlich verankerten Üblichkeiten nicht nur jede gesellschaftliche, sondern auch jede philosophische Lobby fehlt. Ein menschenrechtlicher Universalismus, der sich seit geraumer Zeit in der hypermoralischen Offensive befindet, lehnt sie als nicht verallgemeinerbar, partikularistisch und revisionsbedürftig ab. Den poststrukturalistischen Differenzdenkern und ihren identitätspolitischen Vollstreckern sind diese Üblichkeiten schon deshalb verdächtig, weil sie in jeder Form gesellschaftlicher Konsonanz eine Überwältigung, einen Gewaltakt gewahren. Die Systemtheorie hat die Fragmentierung der Lebenswelt entlang ethnisch-kultureller Bruchlinien nicht in ihrem Blickfeld. Und im Kommunitarismus eines Charles Taylor, bei dem am ehesten eine Nähe zum lebensweltlichen Ethos zu erwarten wäre, finden die Üblichkeiten der autochthonen Mehrheit keinen Fürsprecher, weil er seine Politik der Anerkennung vor allem als Schutz- und Förderprogramm unterdrückter oder bedrohter Minderheiten versteht.

Schon lange vor der Ausrufung der »Neuen Normalität« wurde der Lebensweltverlust in Erscheinungen wie Hochzeitskorsos auf Autobahnen, Massenschlägereien in Freibädern, marodierenden Jugendbanden auf Stadtfesten, Messerstechereien und der zunehmenden Babylonisierung der Innenstädte augenfällig. Weit weniger greifbar und plakativ, aber noch einschneidender waren und sind die Folgen für die soziale Kohäsion, politische Kultur und Ökonomie einer Gesellschaft. Dem eklatanten Sicherheitsverlust im öffentlichen Raum ist nicht mehr allein mit polizeilichen, rechtlichen und sicherheitspolitischen Maßnahmen zu begegnen. Er betrifft längst auch die Mikrostruktur der Verständigungs- und Vertrauensverhältnisse, nährt Entfremdung, Misstrauen, Argwohn und Angst in einer Sphäre, in der sich Vertrauen nur bildet, sofern es zugleich auch vorausgesetzt werden kann.

Jürgen Habermas möchte die »Mehrheitskultur aus der gewachsenen – historisch erklärbaren – Fusion mit der von allen Staatsbürgern geteilten *politischen* Kultur lösen«[19]. Diese Entkopplung sei die Voraussetzung dafür, dass »innerhalb desselben demokratischen Gemein-

19 Jürgen Habermas, *Die Einbeziehung des Anderen*, S. 190.

wesens verschiedene kulturelle, religiöse und ethnische Lebensformen gleichberechtigt neben- und miteinander existieren«[20] könnten. Der Theoretiker des kommunikativen Handelns lässt außer Acht, dass die kulturell imprägnierte Substanz der lebensweltlichen Vorverständnisse weder unbegrenzt diversifizierbar noch verlustfrei rationalisierbar ist. Die Annahme, sie sei beliebig transformierbar, ist Kern des Problems und hat zur fortgeschrittenen Üblichkeitserosion entscheidend beigetragen. »Ein vorgängiger, durch kulturelle Homogenität gesicherter Hintergrundkonsens ist nicht nötig«, schreibt Habermas, »weil die demokratisch strukturierte Meinungs- und Willensbildung ein vernünftiges normatives Einverständnis auch unter Fremden ermöglicht.«[21] Der Kommunikations- und Diskurstheoretiker überschätzt die Explikations- und Begründungskapazität der in der Lebenswelt handelnden Akteure bei weitem. Dass er die Bindungskräfte eines kulturell geprägten Vorverständnisses für verzichtbar hält, aber als integrativen Ersatz nur das rechtstaatlich-demokratische Prozedere selbst sowie allenfalls noch eine gemeinsame Interpretation der Verfassungsprinzipien, also seinen anämischen Verfassungspatriotismus, anzubieten hat, zeigt das Ausmaß seiner politischen Naivität.

Dies ist die wohlwollende Deutung der leichtfertigen Preisgabe lebensweltlicher Üblichkeiten. In der weniger wohlwollenden Interpretation wäre seine Theorie einer kommunikativ aufgefächerten, differenzier- und

20 Ebd.

21 Ebd., S. 164.

rationalisierbaren Lebenswelt eine intellektuelle Vorhut jenes Angriffs, der die Lebenswelten spätestens seit 2015 mit voller Wucht trifft. Aus dieser Theorie lässt sich ohne großen Aufwand die Legitimation der schrankenlosen Diversifizierung ableiten, die zur Staatsräson erhoben wurde, alle Gesellschaftsbereiche durchdrungen hat und weiter gegen jeden Widerstand vollstreckt wird. Die multikulturelle Agenda ergibt sich geradezu zwingend aus dieser Theorie, denn die Üblichkeiten des Vorverständnisses sind aus ihrer Perspektive nicht nur verzichtbar, sie sind auch »toxisch« und gefährlich. Hinter ihnen lauert der verhängnisvolle Kollektivsingular, die Uniformität der Volksgemeinschaft. Folglich müssen die autochthonen Üblichkeiten überwunden werden, um einer durchlässigen, inklusiven Lebenswelt Platz zu machen, die ihren Daseinszweck und ihre Legitimität in der *Einbeziehung des Anderen*, in dessen Schutz vor Diskriminierung und Marginalisierung findet. Die Diversifizierung der Lebenswelt ist aus dieser Sicht Katalysator für die Bildung einer rationalen, verständigungsorientierten, postkonventionellen politischen Kultur. Institutionell wirksam wurde eine solche Theorie auch deshalb, weil sie es erlaubt, die Üblichkeitserosion als Diversitäts- und Vernunftgewinn umzudeuten und die desaströsen Folgen des Zerfalls als Übergangserscheinung zu beschönigen.

Ausgehend von der Unterscheidung zwischen System und Lebenswelt, hat Habermas die Kolonialisierung der Lebenswelt, die er als Bürokratisierung und Monetarisierung ihrer kommunikativen Infrastruktur fasst, in den Blick genommen. Aber seine Untersuchung der systemischen Übergriffe auf die Lebenswelt bleibt nicht nur abstrakt, blutleer und lebensfern, sie ist auch blind für die Gefahren einer Kolonialisierung unter antikolonialistischen Vorzeichen. Die grenzenlose Öffnung für minoritäre Kulturen und Lebensformen, die unter besonderen Schutz gestellt werden, während die Mehrheitskultur in die Defensive gedrängt wird, führt zu einem paradoxen Effekt: Inmitten der offenen, vorgeblich inklusiven Lebenswelt bilden sich Parallelstrukturen einer wechselseitigen Indifferenz und Undurchlässigkeit heraus, wie sie gewöhnlich für die systemische Sphäre kennzeichnend sind.

Ausschließlich den eigenen Anforderungen und der eigenen Sachlogik folgend, betrachtet jedes gesellschaftliche Teilsystem wie Politik, Wirtschaft, Recht und Wissenschaft das benachbarte als bloße *Umwelt*. Diese Tendenz zur Verselbstständigung ist nun verstärkt auf der Ebene der Kulturen, Identitäten und Lebensformen, also inmitten der Lebenswelt, zu beobachten und wird dort bewusst gefördert. Die Autonomisierung, die sich auf der systemischen Ebene als Differenz- und Rationalitätsgewinn verbuchen lässt, hat in der Lebenswelt verheerende Folgen: Sie büßt ihren osmotischen Charakter ein und fällt als vermittelnde Instanz weitgehend aus. Im Extremfall kommt es zur Aufspaltung in parallele Sub-Lebenswelten wie Clan-Strukturen und »Woke«-Milieus. Eine solche Segregation zerstört die Widerstandsfähigkeit gegenüber den von Habermas untersuchten systemischen Übergriffen und verstärkt die »pathologische Verformung von kommunikativen

Infrastrukturen der Lebenswelt«[22] – sofern von solchen überhaupt noch die Rede sein kann. Dass die Auflösung der Lebenswelt in ihrem Namen und unter dem Vorwand ihrer Verteidigung forciert wird, ist die ironische Pointe dieser Entwicklung.

Vernichtetes Sozialkapital

Die Zerrüttung der Gewohnheitsgefüge[23] und die Zerstörung seiner lebensweltlichen Reproduktionsbedingungen haben nicht nur gesellschaftliche, sondern auch messbare ökonomische Folgen. Dafür schärft ein kommunitaristischer Gesellschaftstheoretiker den Blick. In seiner im Jahr 2000 in Buchform erschienenen Studie *Bowling Alone* zeichnet Robert D. Putnam den Zusammenhang zwischen der Mitgliedschaft in Vereinen, bürgerschaftlichem Engagement, Kooperationsbereitschaft und sozialem Vertrauen nach. Anekdotischer Auftakt ist der Hinweis auf den Bedeutungsverlust der ehemals fest im Alltag verankerten Bowling-League, der zum Indikator für die Erosion des Sozialkapitals der US-amerikanischen Gesellschaft wird. Während sich in früheren Jahrzehnten in aller Regel verschiedene Leute beim Bowling trafen und bei einem Getränk auch über gesellschaftliche Themen und politische Fragen austauschten, gehen sie dieser Beschäftigung zum Zeitpunkt der Studie zunehmend allein nach. Im 2020 verfassten

22 Jürgen Habermas, *Theorie des kommunikativen Handelns*, S. 549.

23 Arnold Gehlen verwendet diesen Begriff und fasst Institutionalisierung als »Verselbständigung des Gewohnheitsgefüges« (Gehlen, S. 25).

Vorwort zur Neuauflage des Buches bestätigt Putnam die Diagnose der Schwächung sozialer Bindungskräfte und äußert die Vermutung, dass sich der Trend durch die Verbreitung der neuen Sozialen Medien noch beschleunigt habe.

Der Grad sozialer Vernetzung, der sich in der Vitalität der Vereinskultur beispielhaft zeige, habe einen ökonomischen Wert und sei ein Produktivitätsfaktor, erläutert Putnam: »Just as a screwdriver (physical capital) or a college education (human capital) can increase productivity (both individual and collective), so too social contacts affect the productivity of individuals and groups.«[24] Er bewertet das Sozialkapital der einzelnen US-Bundesstaaten anhand von Parametern wie Mitgliedschaft in Vereinen, Verbänden und kirchlichen Organisationen, ehrenamtlichem Engagement, Wahlbeteiligung sowie dem durch Umfragen ermittelten Grad sozialen Vertrauens. Dabei bezieht er eine Vielzahl bereits vorliegender empirischer Studien und eine Fülle statistischen Materials ein. Es zeigt sich eine Korrelation zwischen Sozialkapital einerseits und Kriminalitätsrate, Kosten für das Gesundheitswesen, Bildungserfolg und wirtschaftlicher Prosperität andererseits. Als Gründe für den Zerfall des sozialen Kapitals nennt Putnam Zeitknappheit und wirtschaftlichen Druck, den Trend zur Stadtflucht und Suburbanisierung, erhöhte Anforderungen an Mobilität, unterschiedliche Generationserfahrungen und den Einfluss elektronischer Massenmedien. Ethnische und kulturelle Faktoren bleiben in der Studie auffällig unterbelichtet.

24 Robert D. Putnam, *Bowling Alone*, S. 19.

Das Sozialkapital bildet und regeneriert sich Putnam zufolge durch soziale Beziehungen und regelmäßige Kontakte. Es entsteht als Nebenprodukt sozialen Austauschs und gemeinschaftlicher Aktivitäten, wird also anders als Sachkapital durch die Verwendung nicht abgenutzt, sondern vermehrt. Soziale Interaktionen fördern die Kooperationsbereitschaft, stärken den Gemeinsinn und tragen entscheidend dazu bei, ein Vertrauen aufzubauen, das über das eigene soziale Umfeld hinausreicht und trägt. Putnam spricht in diesem Zusammenhang von einer Norm der generalisierten Reziprozität (»norm of generalized reciprocity«[25]). Während in der spezifischen Reziprozität die Bereitschaft, etwas für den Anderen zu tun, an die konkrete Erwartung einer Gegenleistung des Gegenübers geknüpft ist, erstreckt sich der in der generalisierten Reziprozität eingeräumte Vertrauensvorschuss tendenziell auf die ganze Gesellschaft: »I'll do this for you without expecting anything specific back from you, in the confident expectation that someone else will do something for me down the road.«[26] Diese Norm, die in zahlreichen moralischen Kodizes wie der Goldenen Regel (»Behandle andere so, wie du von ihnen behandelt werden willst«) zum Ausdruck kommt und verankert ist, ist für Putnam kein abstraktes Prinzip, dessen Geltung unter sterilen Bedingungen *reiner* Vernunft abgeleitet oder universalpragmatisch begründet werden könnte. Vielmehr sind diese normativen Gehalte in jenen lebensweltlichen Grundlagen und sozialen Beständen fundiert,

25 Ebd., S. 21.

26 Ebd.

gegen die sie häufig in Stellung gebracht werden. Sind diese Grundlagen zerstört, wird Altruismus zur leeren Phrase. Wo »gesellschaftliche Solidarität« gefordert, erklärt und begründet werden muss, hat sie ihre Grundlage schon eingebüßt. Das hypermoralische Tremolo des Appells ist ein Zeichen des Substanzverlusts.

Die Erwartungsstruktur gesellschaftlicher Vertrauensbildung ist notwendig zirkulär. Es wird etwas vorausgesetzt, was sich erst noch bewähren muss. Und es bewährt sich, weil und solange es vorausgesetzt werden kann. Deshalb besteht die Gefahr, dass dieser Zirkel zur Abwärtsspirale wird, die alle Gesellschaftsbereiche erfasst. Nicht nur die Legitimität politischer Entscheidungen, sondern alle Vertragsbeziehungen, finanzielle Transaktionen und die Währung selbst zehren von Vertrauensverhältnissen, deren lebensweltliche Quellen zerstört werden.

Anders als liberale oder libertäre Theorien blendet der Kommunitarismus die Ressourcen und Reproduktionsbedingungen gesellschaftlichen Zusammenhalts nicht aus. Somit böte er sich als Korrektiv bestandsvergessener Sozialwissenschaften an. Allerdings dominiert eine minderheitsfixierte, multikulturalistische Lesart die akademische und gesellschaftliche Debatte, der Charles Taylors Konzept der Anerkennung seit Beginn der neunziger Jahre die Stichworte liefert. Taylor argumentiert, dass der Universalismus der Menschenrechte seine Differenzblindheit überwinden müsse, um seinem eigenen normativen Anspruch gerecht zu werden. Die Anerkennung durch eine kulturelle Gemeinschaft ist für Taylor ein genauso hohes Gut wie die Garantie der

Bürger- und Freiheitsrechte oder die Sicherstellung der materiellen Grundversorgung. Jede kulturelle Minderheit habe ein Anrecht auf eine Gleichwertigkeitsvermutung. Die Mitglieder der autochthonen Mehrheit sind, so führt Taylor aus, dazu angehalten, ja moralisch dazu verpflichtet, sich auf das Unvertraute einer fremden Kultur dergestalt einzulassen, dass die eigenen Maßstäbe und Üblichkeiten relativiert und in Frage gestellt werden. »Wir lernen, uns in einem erweiterten Horizont zu bewegen, in dem wir das, was uns vorher als die selbstverständlichen Koordinaten unserer Urteile erschien, nun als mögliche Koordinaten neben denen der uns bislang nicht vertrauten Kultur wahrzunehmen vermögen.«[27]

Taylor interpretiert Hans-Georg Gadamers hermeneutisches Konzept der »Horizontverschmelzung« als verpflichtende Ausrichtung auf das Fremde, Andere, Unvertraute und zugleich als Zwang zur fortwährenden Revision des eigenen Vorverständnisses. Er verkennt, dass das Vorverständnis eine prospektive Ganzheit, einen holistischen Vorgriff einschließt, der im Prozess des Verstehens verfeinert und vertieft wird. Eine Zurücknahme kann nur die Ausnahme, nicht die Regel sein. Ein grundsätzlicher und dauerhafter Vorbehalt gegen das eigene Vorverständnis unterminierte nicht nur die Bereitschaft, sondern auch Fähigkeit, sich auf fremde Üblichkeiten verstehend einzulassen. Hinzu kommt, dass die Revision des Vorverständnisses vor allem oder ausschließlich der autochthonen Mehrheit abverlangt wird, während Minderheiten ein nahezu unbeschränkter

27 Charles Taylor, *Multikulturalismus und die Politik der Anerkennung*, S. 54.

Anspruch auf Anerkennung ihrer kulturellen Identität eingeräumt wird.

Die Hermeneutik des Sozialen entwickelt eine dekonstruktive Tendenz und wirkt zentrifugal. Das Ziel einer als verpflichtende Daueraufgabe verstandenen »Horizontverschmelzung« wäre jene Horizontlosigkeit, wie sie Emmanuel Lévinas im Weltraumflug des sowjetischen Kosmonauten Juri Gagarin verwirklicht sah. Erst in der radikalen Lebensweltabstinenz des Kosmonauten, der sich in der Ortlosigkeit des Alls bewegt, kann die »Spaltung der Menschheit in Einheimische und Fremde«[28] überwunden werden.

Vom sozialen Vertrauensvorschuss profitieren nicht nur ganze Gesellschaften und Volkswirtschaften, sondern auch einzelne Unternehmen und Organisationen. »Diese Wunderwerke der Organisation sind also gar nicht so autark und selbstgesetzlich, wie sie scheinen«, vermerkt Hans Freyer bereits in den fünfziger Jahren. »Sie würden keinen Tag lang funktionieren, wenn sie sich nicht auf sehr viel Vorgegebenes und Mitgebrachtes verlassen könnten: auf ein beträchtliches Maß an genereller Bereitwilligkeit und Selbstdisziplin in den arbeitenden Menschen, auf viel Hilfsbereitschaft, Kameradschaft, sogar Selbstlosigkeit und Opfersinn.«[29] Freyer weist darauf hin, dass Verwaltungen und Betriebe als zweckrational ausgerichtete Organisationseinheiten – er nennt sie »sekundäre Systeme« – von jenen Primärquellen lebensweltlicher Gepflogenheiten und

28 Emmanuel Lévinas, *Schwierige Freiheit*, S. 175.

29 Freyer, S. 189.

Kooperationsformen zehren, von denen sie sich ablösen und die sie überformen. »Woher stammen diese Eigenschaften, da sie offensichtlich nicht aus der rationalen Ordnung des Betriebs stammen, sondern in dieser nur gebraucht, vielleicht sogar verbraucht werden? Die Untersuchung ergab in fast allen typischen Fällen: sie stammen aus den Familien, aus den Nachbarschaften, aus den Heimaten, aus vielen Jahrhunderten ›etablierter Lebensgewohnheiten‹; da wachsen sie, da wachsen sie auch nach; in die rationale Ordnung der sekundären Systeme werden sie nur eingebracht.«[30]

Die Erosion der Gewohnheitsgefüge führt zu einer kommunikativen Umständlichkeit. Vorverständnis und Vorverständigung – als entlastende Abbreviaturen der Verständigung – verringern die Anstrengung der Erklärung und Begründung, ersparen die Mühen der Explikation, die Zeit kostet und Kräfte bindet. Fortwährende Ausdrücklichkeit der Kommunikation wäre eine krasse Form von Verschwendung. Wenn auf den kaum bilanzierbaren Schatz unausgesprochenen Einverständnisses nicht mehr zurückgegriffen werden kann, drohen ausufernde, tendenziell unabschließbare Debatten. Zugleich wächst der Aufwand der Formalisierung und Reglementierung des Umgangs.

Der Lebensweltverlust ist auch ein Effizienzverlust, weil er mit einer Zerstörung von Kommunikations- und Handlungsroutinen einhergeht. Aus diesen wiederum bilden sich Vertrauensverhältnisse, die in nicht wenigen Fällen eine vertragliche Fixierung und rechtliche

30 Ebd.

Absicherung erübrigen. »In ökonomischer Sicht handelt es sich hierbei um ein Senken von Transaktionskosten«, bilanziert Rolf Peter Sieferle den Wert des kulturellen Kapitals. »Ich muß nicht bei jeder Verabredung einen hieb- und stichfesten Vertrag abschließen, den ich vor Gericht einklagen kann. Ich muß mir auch keine Verbündeten in einem Klientelverband suchen, die mir im Konfliktfall dabei helfen, meine Interessen durchzusetzen.«[31] Als Beispiel für verlorenes Vertrauens- und Verlässlichkeitskapital nennt Sieferle die Institution des Geldbriefträgers, der in Deutschland bis in die siebziger Jahre hinein mit schwerer Geldtasche und ohne Security-Begleitung durch die Straßen ging und Bargeld an Privatadressen zustellte. An außerstädtischen Urlaubsorten, beispielsweise an der mecklenburgischen Ostseeküste, ist es bis heute gängige Praxis, die Schlüssel einer Ferienwohnung an einem vereinbarten Ort zu hinterlegen, wenn eine persönliche Übergabe zu umständlich wäre. Ein allzu übliches Versteck wie die Fußmatte ist keines. Dass es aber gleichwohl als solches fungiert, sagt viel über die Vertrauensverhältnisse an diesem Ort aus. Einbezogen sind nicht nur Nachbarn und andere Bewohner des Orts, sondern auch die allenfalls aus E-Mail-Korrespondenzen und kurzen Telefonaten bekannten Mieter der Ferienwohnung. Am Verfall solcher sozialen Praktiken und Üblichkeiten, so trivial und unbedeutend sie zunächst auch erscheinen mögen, ist die Vernichtung sozialen und kulturellen Kapitals, die mit dem Lebensweltverlust einhergeht, deutlicher ablesbar als an polizeilichen Kriminalstatistiken.

31 Rolf Peter Sieferle, *Das Migrationsproblem*, S. 56.

In den Unternehmen ist das soziale und kulturelle Kapital in jüngerer Zeit auch deshalb aus dem Blick geraten, weil das Diversity Management zum strategischen Ziel, mancherorts zum Credo erhoben wurde. Innovation wird ausschließlich in Begriffen des Disruptiven gedacht und erscheint als das alle Kontinuitäten und Üblichkeiten sprengende Neue, Unvorhergesehene. Die Freisetzung dieses Erneuerungspotenzials erhoffen sich die Konzerne von einer Diversifizierung ihrer Belegschaften nach Kriterien wie Geschlecht, ethnische Herkunft, Alter, sexuelle Orientierung und Religion. Von der Vielfalt ihres Personals versprechen sie sich Vorteile bei der weltweiten Rekrutierung neuer Mitarbeiter, eine genauere Kenntnis der unterschiedlichen Kundenerwartungen und -mentalitäten, einen besseren Zugang zu globalen Märkten sowie einen Image- und Reputationsgewinn. Die gewachsene kommunikative Infrastruktur der Unternehmen ist aus dieser Perspektive eher ein Hindernis. Das Vorverständnis ist eine unbewusste Voreingenommenheit (»Unconscious Bias«), die es in Workshops, Coachings und Seminaren abzutrainieren gilt. Dort rät man beispielsweise den Führungskräften, Twitter-Kanäle von Transgender-Personen zu abonnieren, damit sie aus der Blase ihrer Vorurteile herauskommen. Paradoxerweise beansprucht die Ausbildung einer prägnanten Markenidentität in der Kommunikation nach innen und nach außen weiterhin hohe Priorität. Die Diversifizierung der Corporate Identity, des symbolischen Tafelsilbers eines Unternehmens, käme einer

Wertvernichtung erheblichen Ausmaßes gleich, denn nichts ist verwechselbarer, nichts weniger prägnant als »Wokeness« und Diversität.

Die linksliberale, minderheitsfixierte Identitäts- und Genderpolitik, ihre Agenda der politischen Dekonstruktion, ihre Paranoia gegen jeden Impuls des Bewahrens zerstören die Bindungskräfte des Vorverständnisses, das sie als Vorurteil denunzieren. Vorurteilsfreiheit, als Voraussetzung wahrhafter Diversität, wäre indes nur in einem Zustand vollständiger Transparenz erreicht, der weder erstrebenswert noch praktikabel ist.

Die Kritik am Vorurteil scheint zunächst nur auf die Voreiligkeit des Urteils zu zielen. Aber in voller Ausleuchtung aller Motive und Umstände muss jedes Urteil als übereilt und ungerecht erscheinen. Schon die Urteilsform kann den Kritikern der »Unconscious Bias« nicht geheuer sein, denn die Prädikation *von etwas als etwas* ist notwendig diskriminierend, so wie die Generalisierung des Begriffs die Integrität des zu schützenden Fremden, Anderen bedroht.

Eine Rehabilitation des Vorurteils als Vor-Urteil könnte gegenüber der maßlosen Ausweitung des Diskriminierungsverdachts geltend machen, dass die Berücksichtigung aller Aspekte, die Ausleuchtung aller Motive und die Abwägung aller Gründe bei jeder anstehenden Entscheidung die kognitive Kapazität des Menschen weit überstiegen. Ein endliches Wesen mit begrenztem Auffassungsvermögen kommt nicht umhin, in ungeklärten Situationen Erkenntnislücken mit Halbgewusstem und -bewusstem, also mit diskursiv ungesichertem Vorwissen aufzufüllen. Dieses Vorwissen ist einerseits im temporalen Sinn ein Vor-Urteil, weil es einer abschließenden Bewertung und Begründung aus Zeitnot zuvorkommt, zuvorkommen muss. Andererseits steht die Vorsilbe für ein Wissen, das nicht in der Form von Begriff, Urteil und Schluss, auch nicht in ausformulierten Argumentationsketten aktualisiert werden muss. »Vorurteil ist eine Triebfeder von schneller Anwendbarkeit in der Stunde der Not«, wusste bereits Edmund Burke, »sie führt das Gemüt beizeiten auf eine feste Bahn der Tugend und Klugheit und läßt es nicht im entscheidenden Augenblick das Spiel und die Beute zaghafter Unentschlossenheit, streitender Maximen und quälender Zweifel werden.«[32] Die Aufklärer zu Burkes Zeiten und die Diskurstheoretiker von heute – erst recht die Fahnder der »Unconscious Bias« – überschätzen die Begründungs- und Urteilskapazitäten des Menschen. Auch die Knappheit der Lebenszeit zwingt zu einer Verkürzung der Urteilsbildung, die nicht in jedem Fall alles Gewohnte in Frage stellen kann, sondern in vielen alltäglichen Situation auf dessen ungeprüfte Übernahme angewiesen ist. Wer alle unbewussten Vorurteile tilgen wollte, verhielte sich rücksichtslos gegenüber den Zeitbedingungen der Lebenswelt, ja der Erfahrung selbst. »Erst die Aufhebung jeder Zeitbeschränkung, als gedachtes Ideal, erlaubte den vollen Verzicht auf alle Hilfsmittel der Vorläufigkeit, der Extrapolation vom Momentanen her: auf das ›Vorurteil‹ im weitesten Sinne der Aushilfe für den konstitutiven

32 Edmund Burke, *Betrachtungen über die Französische Revolution*, S. 149.

Zeitmangel eines auf Erfahrungsgewinn angelegten Wesens.«[33]

Wer Auto fährt, verlässt sich auf Routinen und Automatismen. Er kuppelt, schaltet, gibt Gas und lenkt, ohne dass er sich diese Tätigkeiten zu jeder Zeit vollständig bewusst macht. Erst die entlastenden Routinen ermöglichen es ihm, seine Aufmerksamkeit auf die wichtigen Dinge und Ereignisse zu richten, die eine bewusste Entscheidung und schnelle Reaktion erfordern. Er haushaltet mit seinen Bewusstseinskapazitäten, um sie für notwendige Entscheidungen und Handlungen verfügbar zu halten. Die knappe Ressource Aufmerksamkeit auf alles und jedes zu richten, wäre nicht nur verschwenderisch, sondern auch gefährlich, möglicherweise tödlich. Auch in kognitiver Hinsicht wäre eine vollständige Luzidität hinderlich und kontraproduktiv. Die Begründungs-, Erklärungs- und Rechtfertigungskapazitäten sind ebenso begrenzt wie die Aufmerksamkeitsressourcen. Ein rigoros geführter, auf alle Lebenszusammenhänge ausgedehnter Kampf gegen die Vorgefasstheit der Wahrnehmung fördert nicht, sondern gefährdet und beschädigt das Urteilsvermögen.

Zerrüttete Gewohnheitsgefüge

Das Stereotyp, dessen Schmähung in hohem Maß auf Gemeinplätze angewiesen ist und kaum selbst ohne Voreingenommenheit auskommt, ist eine existenzielle

33 Hans Blumenberg, *Lebenszeit und Weltzeit*, S. 262.

Form der Musterkennung, Informationsverarbeitung und Komplexitätsreduktion. Der Aufbau und die Stabilisierung sozialer Beziehungen wären ohne Erwartbarkeit stiftende Typisierungen nicht möglich. Die Anforderung, der Einzigartigkeit des Gegenübers jederzeit, in jeder Situation und in allen Äußerungen gerecht zu werden, wäre eine eklatante Überforderung. »Alle Kulturen ruhen, von der Seite der sie tragenden lebensnotwendigen Arbeit her gesehen, auf Systemen stereotypisierter und stabilisierter *Gewohnheiten*«[34], notiert Arnold Gehlen 1956 in vorweggenommener Antithese zur heutigen Diversity-Ideologie. *Weltoffenheit* ist in seiner Anthropologie kein Ideal oder erstrebenswertes Ziel, sondern ein prekärer Zustand der Motivunsicherheit des frühen Menschen. Kultur als institutionelle *Vereinseitigung* ist die Antwort. Institutionen sind für Gehlen aus ritueller Praxis hervorgegangene, kollektiv verankerte und automatisierte Handlungsvollzüge mit entlastender, stabilisierender und orientierender Funktion. Sie sind gemeinschaftliche Routinen der Versachlichung, Objektivierung, und zugleich kristalline, auf Dauer gestellte und Dauer ermöglichende Formen des Sozialen. Sie verselbstständigen sich gegenüber den ursprünglichen Motiven der handelnden Subjekte und gewinnen eine Eigenwertigkeit. Wer hingegen Subjektivität mit *Bindungslosigkeit* und *Entgrenzung* gleichsetzt, sieht in »Institution« nur ein Synonym für Zwang und Unterwerfung – und folglich in der Auflösung der Institutionen ein erstre-

34 Gehlen, S. 20.

benswertes Ziel.[35] Aber eine solche Kritik an der institutionellen Vereinseitigung ist ihrerseits einseitig, denn die Erkenntnis- und Handlungsökonomie des Institutionellen eröffnet allererst die Freiräume für eine selbstbestimmte Subjektivität.

Der gewöhnliche Sprachgebrauch verbindet mit dem Begriff »Institution« Einrichtungen wie Staat, Recht, Familie oder Kirche. Zu jeder dieser Institutionen ließe sich eine Verfallsgeschichte schreiben, für welche die jüngere und jüngste Geschichte reichhaltiges Material und zahlreiche Belege liefert. Noch folgenreicher sind indes die Verfallserscheinungen im Gewohnheitsgefüge unterhalb der Ebene des Staatlichen und rechtlich Kodifizierten. Deshalb widmet Gehlen auch den weniger offensichtlichen, eher feinstofflichen Institutionen wie dem arbeitsteiligen Netz spezialisierter Fähig- und Fertigkeiten oder dem im Symbolbestand der Sprache sedimentierten und gespeicherten Ausdrucks- und Unterscheidungsvermögen breiten Raum.

Es kommt zu verhängnisvollen Wechselwirkungen zwischen den Bestandsverlusten im Großen und im Kleinen, zwischen der verrechtlichten und der habitualisierten Sphäre. Rechtsbrüche auf höchster staatlicher Ebene befördern den Schwund von Rechtssicherheit und Vertragstreue in der gesamten Gesellschaft. Umgekehrt führt der Verlust der Üblichkeiten in lebensweltlichen Bereichen zu erhöhtem Regelungsbedarf, der die rechts-

35 »Alles was in einer Gesellschaft als Zwangssystem funktioniert, und keine Aussage ist, kurz also: alles nicht-diskursive Soziale ist Institution«, sagte Michel Foucault 1977 in einem Interview (Michel Foucault, *Dispositive der Macht*, S. 125).

staatliche Ordnung überfordert und gefährdet, wie Egon Flaig feststellt: »Gäbe es keine gemeinsamen Routinen, keine habitualisierten Selbstverständlichkeiten, dann wäre nicht nur jede Solidarität zwischen den Bürgern grober Unfug, sondern es müßten alle Belange bis ins kleinste rechtlich geregelt werden. Eine solch absurde totalitäre Veranstaltung würde das Rechtssystem in den raschen Kollaps treiben.«[36]

Wie die Lebenswelt sind die Institutionen Bestände der Selbstverständlichkeit und somit eine »unschätzbare Basis problemlosen Schon-verständigt-seins«[37]. Für beide Ressourcen ist »Hintergrundserfüllung«[38] charakteristisch, beide entpflichten punktuell von Begründung und Rechtfertigung. Aber anders als die – zumindest in phänomenologischer Perspektive – immer schon gegebenen lebensweltlichen Üblichkeiten sind die der Institutionen etwas Errungenes und Abgerungenes. Das Bewusstsein ihrer Gefährdung ist für sie prägend und konstitutiv. Den Aspekt des Unwahrscheinlichen und Anfälligen der Institutionen hebt Gehlen immer wieder hervor, so wie seine Überlegungen sich insgesamt wie eine Bestandsaufnahme im Licht oder besser: im Schatten des drohenden, einsetzenden oder schon fortgeschrittenen Verfalls lesen. »Diese Institutionen sind so riskiert, wie der Mensch selbst, und sehr schnell zerstört«[39], schreibt Gehlen, der Subjektivismus, Hedonismus

36 Egon Flaig, *Was nottut*, S. 60 f.

37 Gehlen, S. 47.

38 Ebd., S. 55 ff.

39 Ebd., S. 120.

und eine institutionsfeindliche Hypermoral als größte Gefahren ausmacht.

Die Theorie der Institutionen ist ein notwendiges Korrektiv eines phänomenologischen Konzepts der Lebenswelt, das die eigenen Idealisierungen nicht durchschaut, als *reine* Deskription verstanden werden möchte und so den Eindruck erweckt, die Fraglosigkeit des Gegebenen fiele vom Himmel oder sei unzerstörbar. »In der natürlichen Einstellung finde ich mich immer in einer Welt, die für mich fraglos und selbstverständlich ›wirklich‹ ist. Ich wurde in sie hineingeboren und ich nehme es als gegeben an, daß sie vor mir bestand. Sie ist der unbefragte Boden aller Gegebenheiten sowie der fraglose Rahmen, in dem sich mir die Probleme stellen, die ich bewältigen muß.«[40] Diese und andere Züge der alltäglichen, intersubjektiven Lebenswelt fassen Alfred Schütz und Thomas Luckmann, der die Grundlagenstudie seines soziologischen Lehrers nach dessen Tod vollendete, als historisch invariante und von kulturspezifischen Ausprägungen weitgehend unbeeinflusste Strukturelemente. Eine solche Charakteristik rückt sie in die Nähe überzeitlicher, quasiontologischer Begriffe. Dabei gerät die Erschütterbarkeit dieser Üblichkeits- und Sinngefüge aus dem Blick. Dass die Lebenswelt des Alltags so weit aus den Fugen geraten könnte, dass die Selbstverständlichkeiten nicht mehr tragen, wird allenfalls am Rande in Erwägung gezogen. Als Gefahr für den »Bestand an Selbstverständlichkeiten«[41]

40 Alfred Schütz, Thomas Luckmann, *Strukturen der Lebenswelt*, S. 30.

41 Ebd., S. 109.

wird die Situation der Einzelhaft und Gehirnwäsche genannt. Undenkbar erscheinen den Phänomenologen des Sozialen offenbar eine auf Dauer gestellte kollektive Desorientierung der *natürlichen* Einstellung sowie eine systematische Untergrabung des *unbefragten* Bodens der Gegebenheiten. Aber genau dieser Angriff wird mit ideologischem Sendungsbewusstsein vorangetrieben – zum Beispiel in den Bildungsinstitutionen, im Verhältnis der Geschlechter und in der Sprache, welche die Lebenswelt nicht nur wie ein Äther des Sozialen ausfüllt, sondern auch symbolisch strukturiert.

In wissenschaftlichen Zusammenhängen ist die Überwindung der lebensweltlichen Fraglosigkeit nicht nur erlaubt, sie ist unbedingt geboten. Theorie, als systematisierter Zweifel, beginnt zuallererst mit dem Heraustreten aus der lebensweltlichen Selbstverständlichkeit. René Descartes stellt alle überkommenen Meinungen und die Wahrheit der Sinneserkenntnis in Frage, um zur unbezweifelbaren Gewissheit des »Ich denke« vorzudringen. Kritische Rationalisten überprüfen jede Hypothese auf ihre Angreifbarkeit und suchen gezielt nach Tatsachen, die ihr widersprechen, um sie zu stürzen. Phänomenologen schalten in einem Exerzitium der fortschreitenden Urteilsenthaltung, der Epoché, alle an einen Gegenstand herangetragenen Ansichten aus und klammern schließlich sogar die Annahme seiner Existenz ein, um sich so dem Wesen zu nähern. Ein solches Vorgehen ist aus Sicht der Lebenswelt nicht nur keine Option, es ist auch schlechterdings nicht denkbar. Eingeklammert wird nicht die Annahme der Existenz der äußeren Realität, suspendiert wird vielmehr der Zweifel, dass sie anders sein könnte, als sie sich hier und jetzt darstellt.[42] Und genau diese gegen die Ausuferung des Zweifels resistente *natürliche* Einstellung wird nun als Alltagsnorm grundsätzlich in Frage gestellt, ja sie wird in lebensweltlichen Zusammenhängen geradezu abtrainiert und aberzogen – angeregt von einem Denken, das sie unter Diskriminierungsverdacht stellt und kriminalisiert.

Eine Packung mit Frühstückscerealien für Kinder enthält die als Einladung getarnte Aufforderung, das eigene Wunschpronomen auszuwählen.[43] Da »he« und »she« im Bereich der zu überwindenden Binarität bleiben, gibt es dazwischen viel Weißraum für selbsterdachte Identitäten im regenbogenfarbenen Spektrum des »Queeren«. Von Kindheit an werden Menschen in einen fortwährenden Aufarbeitungsmodus versetzt. Sie haben sich einer radikalen Entwöhnungskur zu unterziehen und sich als Dekonstrukteure ihres Alltags zu bewähren. Die Aufarbeitung muss nicht nur als Daueraufgabe vollzogen, sondern auch vorgezeigt, in Worten und Gesten dokumentiert und nachgewiesen werden.

Die Lebenswelt wird ausschließlich als Brutstätte von Diskriminierung und Alltagsrassismus sowie als Schlachtfeld der Mikroaggressionen ins Visier genommen. Überall sind Fallstricke verhängnisvoller Vorgefasstheit ausgelegt. Der Boden des unbefragt Vorgegebenen wird zum Minenfeld. Folgen dieser Anfeindung sind eine Befangenheit und Überforderung, die nicht nur der na-

42 Ebd., S. 59.

43 Der US-amerikanische Nahrungsmittelkonzern Kellogg's brachte seine »Together«-Frühstücksflocken im Frühjahr 2021 in einer solchen Verpackung auf den Markt.

türlichen, sondern auch der theoretischen Einstellung abträglich sind. Der Generalverdacht richtet sich gegen jede Form der Latenz. Sie gerät nicht als Gründendes und Entlastendes, sondern ausschließlich als zu überwindendes Übel in den Blick: latente Unterdrückung, Benachteiligung, Diskriminierung und Gewalt.[44] Gewalt ist aus diesem Blickwinkel ubiquitär und allgegenwärtig. Auch ihre Thematisierung, selbst ihre Nichtthematisierung, wird als Form von Gewalt verstanden; der störende Einbruch in die Normalität ebenso wie diese Normalität selbst. »Plötzlich ist Gewalt, die schon als physische zum Alltag gehört und die einerseits verdrängt, andererseits skandalisiert wird, wirklich überall«, schreibt der an Foucaults Machtkritik geschulte Philosoph Daniel-Pascal Zorn. »Wir können uns ihrer gar nicht mehr erwehren, denn sie beschränkt sich nicht mehr auf den Schlag ins Gesicht. Im Gesagten und im Ungesagten findet sich unvermutet, scheinbar unvermeidlich: Gewalt.«[45] Zorn spricht mit Blick auf den Alltag von einem »Spiegelkabinett, in dem Gewalt und Geheimnis unaufhörlich miteinander streiten«.[46] Was für den Macht- und Diskurstheoretiker gelten mag, stellt sich aus lebensweltlicher Sicht anders dar. Nur weil und insofern die Spiegel *üblicherweise* verborgen bleiben, kann Reflexion im punktuellen Heraustreten aus den Üblichkeiten gelingen.

44 »They interpret the world through a lens that detects power dynamics in every interaction, utterance, and cultural artifact – even when they aren't obvious *or real*«, charakterisieren Helen Pluckrose und James Lindsay den von poststrukturalistischen Theorien inspirierten »Social Justice«-Aktivismus (Helen Pluckrose, James Lindsay, *Cynical Theories*, S. 15).

45 Daniel-Pascal Zorn, *Das Geheimnis der Gewalt*, S. 13.

46 Ebd., S. 17.

Die Rückseite des permanenten Hinterfragens gewachsener Üblichkeiten ist, wie im Hygieneregime zu besichtigen, oftmals die fraglose Übernahme und Verinnerlichung willkürlich gesetzter Regeln, so widersinnig sie auch sind. Das, was begründet in Zweifel zu ziehen wäre, erscheint als *natürlich* und ungeprüft akzeptabel. Vermutlich auch deshalb, weil das permanente Anzweifeln und Verdächtigen lebensweltlicher Üblichkeiten bereits alle Kapazitäten des Zweifels und der Reflexion bindet, alle Kritik absorbiert.

Die Üblichkeiten und Gewohnheitsgefüge setzen voraus, was sie aus sich heraus ausbilden und stets aufs Neue erzeugen: soziale Kohäsion. Sie nehmen immer schon vorweg, worauf sie zielen. Voraussetzung und Erwartung lassen sich nicht trennen. Anders als in theoretischen Zusammenhängen ist diese Zirkularität nicht problematisch. Sie trägt, solange das Erwartete eingelöst wird. Was beansprucht, an die Stelle der Üblichkeiten zu treten – im Liberalismus, menschenrechtlichen Universalismus oder Multikulturalismus –, setzt voraus, was es gleichzeitig verächtlich macht, verzehrt oder zerstört. Woher kommen die Bindungskräfte, die in einem Begriff wie »Inklusion« anklingen? Diese Frage bleibt unbeantwortet, ja sie wird nicht einmal gestellt. Und die Leerstelle, welche die Sozialwissenschaften hinterlassen haben, wird zunehmend mit transhumanen – und damit auch postsozialen – Utopien gefüllt.

Der Raubbau an den symbolischen, sozialen, kulturellen und normativen Beständen, dessen verheerendes Ausmaß sich in der Lebenswelt zeigt, ist schwerwiegender, als es der an den natürlichen Ressourcen und

Lebensgrundlagen je war und sein könnte. Zugleich vollzieht er sich lautlos und findet weder mediale noch wissenschaftliche Beachtung. Es handelt sich um keinen vordergründigen Prozess, denn die Gewohnheitsgefüge sind nur dort wirksam, wo sie *nicht* thematisch werden. Weil sie zur Unsichtbarkeit verurteilt sind, finden sie kaum Fürsprecher.

Auch die Vergötzung der Null – von »Zero Emissions« bis »Zero Covid« –, die ökonomische und politische Eliten sowie die ihnen nahestehenden Nichtregierungsorganisationen seit einiger Zeit betreiben, bleibt nicht folgenlos. Der Kult der Voraussetzungslosigkeit und des absoluten Neubeginns wird auf das soziale Leben übertragen. Ausgerechnet dort, wo nichts voraussetzungslos ist und sein kann, soll Tabula rasa gemacht und aus der Bodenlosigkeit heraus neu begonnen werden. Diese Vorstellung bricht sich in Phrasen wie »Wir müssen das soziale Leben herunterfahren« Bahn und findet im Sozialtechnizismus des »Great Reset«[47] ihren bisherigen Höhepunkt. Dabei zeigen sich erstaunliche Parallelen zu bio- und gentechnologischen Ansätzen, die von der Programmier- und Optimierbarkeit der menschlichen Natur ausgehen und diese zum Geschäftsmodell machen. Auch hier erscheint evolutionär Gewachsenes als verzichtbar und überholt. Ein Beispiel ist die weitgehende Gleichsetzung von Immunität mit Impfimmunisierung, die »unsere Biologie, unsere immunologische Identität, unser

47 Unter diesem Begriff stellte das Weltwirtschaftsforum seine Pläne für die Zeit nach der Coronakrise vor (vgl. Klaus Schwab, Thierry Malleret, *Covid-19: Der Große Umbruch* [engl.: *Covid-19: The Great Reset*]).

Immungedächtnis«[48] ignoriert. Unübersehbar sind auch die Ähnlichkeiten zwischen einer transhumanistisch ausgerichteten Sozialtechnologie und der Entnaturalisierung des Geschlechts im »Gender Mainstreaming«.

Der Götzendienst der Transformation ist Ausdruck einer fortgeschrittenen Bestandsvergessenheit und einer ins Maßlose gesteigerten Lebensweltfeindlichkeit. Angekündigt hatte sich diese Entwicklung bereits in der Fetischisierung der Disruption, die technische Innovationen ausschließlich als radikalen Bruch mit dem Bestehenden, als einschneidende Diskontinuität zu denken erlaubt.[49] Ideen, die zunächst in der Berater- und Consultingszene die Runde machten und sich dann in multinationalen Konzernen ausbreiteten, wurden schließlich über Institutionen wie das Weltwirtschaftsforum und global agierende NGOs auf die als Soziallabor gedachte Gesellschaft übertragen und mit kulturrevolutionärer Stoßrichtung verbreitet. Ein wichtiger Ahnherr dieser Ideen ist der Ökonom Joseph Schumpeter mit seiner bereits in den vierziger Jahren des letzten Jahrhunderts entwickelten Theorie der »schöpferischen Zerstörung«, in der er den Wesenszug des Kapitalismus sieht. Schumpeter spricht vom »Prozeß einer industriellen Mutation«, welcher »unaufhörlich die Wirtschaftsstruktur *von innen heraus* revolutioniert, unaufhörlich die alte Struktur zerstört und unaufhörlich eine neue schafft«.[50]

48 Wolfgang Wodarg, *Falsche Pandemien*, S. 267.

49 Das Konzept der disruptiven Innovation geht auf den Wirtschaftswissenschaftler und Unternehmensberater Clayton M. Christensen in *The Inventor's Dilemma: When New Technologies Cause Great Firms to Fail* (Boston 1997) zurück.

50 Joseph A. Schumpeter, *Kapitalismus, Sozialismus und Demokratie*, S. 106.

Die Idee der kreativen Zerstörung erlebte in der von Start-up-Unternehmen geprägten Frühzeit der Netzökonomie einen Aufschwung, aber seitdem haben sich die Spielregeln entscheidend geändert. Die großen Digitalkonzerne und -plattformen verleiben sich alle Geschäftsideen und Unternehmen mit dem Potenzial disruptiver Innovationen ein, um ihre zunehmend mit administrativer und politischer Macht verflochtenen Monopolstrukturen zu festigen. Die solcherart übernommene, inkorporierte Disruption trägt zur Systemerhaltung bei. Gleichzeitig werden die Vorstellungen der Disruption und der schöpferischen Zerstörung sozial und kulturell gefasst. Sie werden in die Lebenswelt überführt, die gänzlich anderen Reproduktionsbedingungen unterliegt, weil sich Üblichkeiten nicht wie ein Konzern »restrukturieren« lassen. In der Lebenswelt verbindet sich nun der Kult der Disruption mit anderen Formen der Entüblichung wie der Diversity- und der Genderideologie. In der Folge werden alle Ausprägungen von Kontinuität nicht nur als Innovationshemmnis, sondern als Verfestigung von Herrschaft diskreditiert.

Zur Disposition steht das intersubjektive Gefüge der Lebenswelt, die einen gemeinsamen Erfahrungsraum bildet und zugleich voraussetzt. Die Annahme, dass »meine noch erfahrbare Welt prinzipiell sozialisierbar ist«[51], der Schütz und Luckmann in ihrer Konzeption der Lebenswelt den Status einer selbstverständlichen Gegebenheit einräumen, ist in ihren Grundfesten erschüttert.

51 Schütz, Luckmann, S. 99.

Die sozialtechnologisch aufgerüsteten politischen Dekonstrukteure zielen auf eine Voraussetzungslosigkeit, die Laborbedingungen gleichkommt. »Die absolute Geschichtslosigkeit als Bedingung der absoluten Voraussetzungslosigkeit, die tabula rasa einer reinen Gegenwarts- und Zukunftsexistenz ist nur in der Phantasie – und zwar nur in einer recht perversen Phantasie – erreichbar«[52], konnte sich Hans Freyer 1955 noch sicher sein. Er macht die Familie als kleinste Zelle der Tradierung, als Boden der Geschichtlichkeit aus und verweist auf die Dystopien von George Orwell und Aldous Huxley. Während das Wahrheitsministerium in *Nineteen Eighty-Four* historische Quellen umschreiben lässt und so die Überlieferung auslöscht, sorgt in *Brave New World* die Reproduktionsmedizin für einen Zustand der Geschichtslosigkeit. Wer keinen Vater und keine Mutter hat, dessen Vita hat weder eine Vorgeschichte noch ein Nachleben. »Geschichtslosigkeit als Utopie bedeutet: jedes Leben geht mit diesem Leben absolut zu Ende«[53], schreibt Hans Blumenberg, der Freyer in seinem postum veröffentlichten Entwurf *Theorie der Lebenswelt* zitiert. Jedes politische System, das auf eine Rationalität der Geschichtslosigkeit setzt, müsse bei einer Veränderung der Institutionen Ehe und Familie ansetzen, betont Blumenberg, dessen Konservatismus in diesen Ausführungen deutlicher als sonst hervortritt. Die Familie sieht er – auch darin ist er sich mit Freyer einig – nicht nur als Vehikel der Überlieferung, sondern

52 Freyer, S. 185.

53 Blumenberg, *Theorie der Lebenswelt*, S. 99.

auch des Fortschritts, also als einen Lebensbereich, in dem »sich Erfahrungen akkumulieren, Regelungen institutionalisieren und dadurch die jeweils endlichen Lebenszeiten der Individuen additiv wirksam werden«.[54]

Was die dystopischen Klassiker imaginierten, hat sich inzwischen auf gespenstische Weise realisiert. Für die Sozialtechnologie ist die »Bagatellisierung aller der Bindungen und Verbände, die nicht von ihren Gnaden, sondern ihren eigenen Ursprungs sind«[55], dank neuer digitaler Möglichkeiten in Reichweite gerückt. Die Politik des absoluten Anfangs hat es auf die Überlieferungszusammenhänge zwischen den Generationen und auf die Familie selbst abgesehen. Elternschaft wird von biologischer Abstammung entkoppelt, Familie als rein rechtliche »Verantwortungsgemeinschaft«[56] mit mehr als zwei Elternteilen gefasst, die sich in verschiedensten Konstellationen zusammenfinden. Diese Neudefinition der Familie geht mit einer Entrechtung der Eltern einher, die durch eine Verankerung von Kinderrechten im Grundgesetz zementiert wird. Flankiert wird die Dekonstruktion der Familie durch eine Pädagogik der Frühsexualisierung und der systematischen Desorientierung der Geschlechtsidentitäten. Das Ziel ist, wie die Literaturwissenschaftlerin Bettina Gruber aus-

54 Ebd., S. 98.

55 Freyer, S. 186.

56 *Mehr Fortschritt wagen. Bündnis für Freiheit, Gerechtigkeit und Nachhaltigkeit. Koalitionsvertrag zwischen SPD, Bündnis 90/Die Grünen und FDP.* Berlin 2021, S. 102 (https://www.spd.de/fileadmin/Dokumente/Koalitionsvertrag/Koalitionsvertrag_2021-2025.pdf). Der Angriff auf die Bestände wird in dieser Vereinbarung programmatisch.

führt, »jegliche Binarität im Säurebad genderistischer Theorien aufzulösen und durch Multiplikation der ›Geschlechter‹ unlebbar zu machen«.[57]

Unter dem Panier der Selbstbestimmung und Emanzipation wird das Individuum kulturell und geschichtlich enterbt. Vorurteilslosigkeit ist nur am Nullpunkt finaler Entüblichung erreichbar. Aber das Elysium der Selbstverwirklichung ist zugleich eine Zone größtmöglicher Verfügbar- und Berechenbarkeit. Das bindungs- und geschichtslose Subjekt ist ein dankbares Objekt soziometrischer Erfassung, Steuerung und Kontrolle. Wo meine Geschichte rückstandslos in meiner Netzbiografie aufgeht, dort wissen Algorithmen nicht nur im Voraus, was ich kaufen, sehen und lesen möchte. Dort werden sie mir auch einflüstern, was ich denken soll, und zwar so, dass ich den soufflierten Gedanken für den Ausdruck meiner Individualität halte.

»Sämtliche realen Lebenswelten«, betont Rolf Peter Sieferle, »sind und waren nicht-universalistisch strukturiert.«[58] Diese Eigenschaft, die als Nachteil ausgelegt werden kann und vielfach so ausgelegt wurde, ist auch darin begründet, dass die soziale Lebenswelt niemals ubiquitär ist. Sie hat eine räumliche Struktur und ist, wie Alfred Schütz und Thomas Luckmann nachzeichnen, in Wirkzonen aufgebaut, die sich um den eigenen Standpunkt herum gruppieren. Diese topische Struktur, die sich in Bereiche aktueller und potenzieller Reichweite

57 Bettina Gruber, *Leben unterm Regenbogen,* S. 14. Gruber spricht in diesem Zusammenhang treffend von einer »Sakralisierung der Abweichung« (ebd., S. 105 ff.).

58 Rolf Peter Sieferle, *Epochenwechsel,* S. 465.

auffächert, hat zugleich eine soziale Dimension. »Die Selbstverständlichkeit bestätigt sich [...] kontinuierlich in der Folge von Wir-Beziehungen, in denen Andere zu Mitmenschen werden, deren Welt in Reichweite weitgehend mit der meinen zusammenfällt.«[59] Nähe ist die Voraussetzung für die Bildung tragfähiger Du- und Wir-Beziehungen. Intersubjektivität setzt einen gemeinsamen Erfahrungsraum voraus, in dem die Übernahme der Perspektive des Gegenübers eingeübt wird. In Robert D. Putnams Begriffen: Die Einstellungen einer generalisierten Reziprozität können sich nur in lebensweltlichen Zusammenhängen herausbilden, die gleichermaßen verortet wie verortend sind und Nähe notwendigerweise bevorzugen. Die Fähigkeit, den eigenen Horizont zu überschreiten, verlangt ein unversehrtes soziales Koordinatensystem. Dies bedeutet zugleich: Das Reservoir an Selbstverständlichkeiten, das sich in Räumen geteilter Erfahrung bildet, lässt sich nicht verlustfrei in universalistische Begriffe von Recht und Moral übersetzen. Auch kommunikative Rationalität ist kein gleichwertiger Ersatz für die gewachsenen Bestände lebensweltlicher Üblichkeiten.

Für die Erkenntnis und Erfahrung lebensweltlicher Zusammenhänge ist Nachträglichkeit konstitutiv. Der Theoretiker der Lebenswelt verlässt die Allmende der Selbstverständlichkeiten, muss sie verlassen, indem er sich ihr erklärend und objektivierend zu nähern versucht. Er verfehlt sie, indem er sie zum Thema macht. Der Teilnehmer ohne theoretische Absichten

59 Schütz, Luckmann, S. 109.

und Ambitionen erfährt diesen Verlust unfreiwillig und passiv. Sein Erkenntnisgewinn ist ein tragischer. Ihm offenbart sich die Tragfähigkeit lebensweltlicher Zusammenhänge erst nach deren unumkehrbarem Zerfall. Vielleicht erklärt dies, warum die Verächter und Zerstörer der Lebenswelt lange Zeit auf keine nennenswerte Gegenwehr stießen.

New Normal

Im Licht der Ereignisse seit Frühjahr 2020 erscheinen die früheren Angriffe auf die Üblichkeiten als Vorhutgefechte. Die bilanzierbaren Folgen der Stilllegung weiter Teile der Wirtschaft sowie des gesellschaftlichen, kulturellen und religiösen Lebens sind nur die Oberfläche. Nicht durch materielle Entschädigungen kompensierbar ist der Verlust von Lebenszeit, der bei Kindern und Jugendlichen, die ihre biografisch prägendste Zeit im Wartestand sozialer Isolation verbringen mussten und zudem ihrer Bildungschancen beraubt wurden, noch schwerer wiegt als bei Erwachsenen. Aus Sicht einer Soziologie der Lebenswelt sind die Eingriffe in die Alltagskommunikation besonders aufschlussreich. Dazu zählen die massiven Einschränkungen mimischer und gestischer Ausdrucksformen durch räumliche Trennung und Maskenpflicht, eine soziale Distanzierung, die bei Kindern zu physiognomischem Analphabetismus führen kann. Mit dem »Social Distancing« war eine erzwungene digitale Mediatisierung eines Großteils der Kommunikation und des sozialen Lebens verbunden. In der Folge geriet die berufliche und private Kommunikation in die Einflusssphäre der Digitalkonzerne, womit sie kontrollier- und verwertbar wurde – ein besonders markantes Beispiel für die Kolonialisierung der Lebenswelt, die Habermas in abstrakten Begriffen beschreibt.

Schwerwiegend aus lebensweltlicher Sicht sind die Umschichtung und Neuverteilung der Begründungslasten im Alltag. Der Verlust der »alten Normalität« zeigte sich an ihrer wachsenden Erklärungsbedürftigkeit. Ablesbar war dies beispielsweise an der Konditionalisierung der Freiheitsrechte, die den Status von Privilegien annahmen und an eine Gegenleistung geknüpft wurden, an der im Alltag verankerten Nachweispflicht in Bezug auf die eigene Gesundheit sowie an der Pathologisierung und Kriminalisierung der Nähe. Das soziale Leben selbst wurde unter dem Regime des »Social Distancing« in die Zone des Fragwürdigen, Gefährlichen gerückt. Der neue Tatbestand der »asymptomatischen Erkrankung« führte dazu, dass jedes Gegenüber als potenzieller Krankheitsherd und Überträger beäugt wurde. Jede Begegnung setzte eine Risikoabwägung voraus. Für die Lebenswelt galt keine Unschuldsvermutung mehr. Die gesamte Textur der Üblichkeiten wurde neu codiert.[60]

Zu Beginn der Coronakrise wertete Putnam die weit verbreitete Bereitschaft, die Hygienemaßnahmen mitzutragen, als Indiz für die Tragfähigkeit sozialer

60 Vgl. hier Abschnitt »Biopolitisches Sprachregime« (S. 154), das Sprache als Vehikel dieser Neukodierung der Lebenswelt ausmacht.

Beziehungen und ein noch intaktes Sozialkapital.[61] Im Verlauf der Pandemie jedoch wurde immer deutlicher, dass dieses Entgegenkommen der Menschen missbraucht wurde, um die Quellen der »generalisierten Reziprozität« zu vergiften, so wie auch die Sehnsucht nach Normalität ausgenutzt wurde, um ein abnormes System einzuführen. Wer sich über viele Monate, sogar Jahre nicht nachvollziehbaren, willkürlichen staatlichen Beschlüssen und Handlungen ausgesetzt, ausgeliefert sieht, die tief in die eigene Lebenswelt eingreifen und diese nachhaltig beschädigen, von dem ist auf lange Sicht keine Loyalität gegenüber dem Staat und seinen Institutionen mehr zu erwarten. Die Folgen dieser inneren Kündigung – bis weit unterhalb der Ebene der Vertragsbeziehungen – dürften ebenso wie die psychischen Verletzungen und Traumatisierungen infolge der Maßnahmen für Jahrzehnte, vielleicht sogar für Generationen nachwirken. Die Ankündigung und die – zumindest partielle – Einführung der zuvor dezidiert ausgeschlossenen Impfpflicht, noch dazu zu einem Zeitpunkt, als die Wirksamkeit des Präparats bereits mehr als zweifelhaft war und dessen schwerwiegende Risiken sich kaum noch verbergen ließen, folgten einer Strategie der verbrannten Erde. Nach der völligen Entwertung von Vertrauen und Verlässlichkeit als sozialer Währung ging es nun nur noch um Zwang, Unterwerfung und Existenzvernichtung.

Zum Schlachtruf der globalen Angriffswelle auf das Übliche und Gewohnte wurde seit Frühjahr 2020 der

61 »The epidemic provided powerful evidence of social capital« (Putnam, S. 438).

Begriff »Neue Normalität«. Anderthalb Jahre zuvor hatte der österreichische Philosoph Paul Sailer-Wlasits »New Normal«[62] auf Phänomene wie »Trumpismus« und Rechtspopulismus bezogen und mit einer – allzu wohlfeilen und ausschließlich gegen rechts gerichteten – Kritik an der Banalisierung des Politischen verknüpft. In der Coronakrise verwendeten Politiker wie der damalige österreichische Bundeskanzler Sebastian Kurz[63] die Formel dann, um die historische Zäsur zu betonen und der Pandemie den Rang einer Zeitenwende zu attestieren. Im zentralen Manifest des Weltumbaus wurde diese Interpretation von Klaus Schwab, dem geschäftsführenden Vorsitzenden des Weltwirtschaftsforums, und seinem Co-Autor Thierry Malleret noch radikalisiert: »Viele von uns fragen sich, wann sich die Dinge wieder normalisieren werden. Die kurze Antwort lautet: niemals.«[64] Hatten Politiker noch die vage Hoffnung auf eine Normalisierung aufrechterhalten, so wurde diese Aussicht in der Programmschrift *The Great Reset* unmissverständlich zurückgewiesen: »Die Welt, wie wir sie in den ersten Monaten des Jahres 2020 kannten, gibt es nicht mehr, sie hatte sich im Kontext der Pandemie aufgelöst.«[65]

Die hier mit aufreizender Lakonie festgestellte Weltauflösung lässt sich als Steigerungsform des Lebens-

62 Paul Sailer-Wlasits, »The New Normal«, *Der Standard*, 7.9.2020.

63 Peter Münch, »Kurz will Österreich zu ›neuer Normalität‹ führen«, *SZ*, 6.4.2020.

64 Schwab, Malleret, *Der Große Umbruch*, S. 12. Der deutsche Buchtitel trägt allerdings eher zur Verhüllung als zur pointierenden Erhellung des Projekts eines grundlegenden Weltumbaus bei. Machbarkeitsideologie und sozialtechnologische Hybris kommen im englischen Titel *The Great Reset* weit besser zum Ausdruck.

65 Ebd.

weltverlusts verstehen. Die globalistische Deutung entwertet nicht nur den Ort, sondern auch die »Welt«, die für gewöhnlich im Verbund mit »Menschheit« gegen alles Verortete in Stellung gebracht wird. Getilgt werden die Reste des Teleologischen, die von ferne an das Erbe des antiken Kosmosbegriffs erinnern. Die *unweltliche*, geschichts- und bestandlose Welt lässt sich nicht mehr im Modus der Gewöhnung erschließen. Mehr noch: Als dem Menschen zugängliche, aufgeschlossene und erschließbare Ganzheit gibt es die »Welt« nicht mehr.

Als verschärfte Formen der Entüblichung stehen die »Willkommenskultur« seit 2015 und die »Neue Normalität« seit 2020 in einem engen Zusammenhang.[66] Im Rückblick erscheinen diese Ereignisse in ihrer Abfolge und Konsequenz wie verschiedene Phasen eines Gesellschaftsexperiments. Im Verlauf seiner Durchführung wurde immer deutlicher, dass es nicht nur ohne jede Rücksicht auf lebensweltliche und institutionelle Üblichkeiten, sondern sogar mit dem Ziel ihrer Auslöschung vorangetrieben wurde und wird. Zunehmend erhärtete sich der Verdacht, dass soziales und kulturelles Kapital mit voller Absicht vernichtet werden soll. Spaltung ist offenbar kein Kollateralschaden, sondern wird bis in die molekulare Struktur sozialer Beziehungen hinein mit maximaler

66 Den Zusammenhang zwischen Migrations- und Coronakrise akzentuiert Raymond Unger, wobei er auch Klima- und Genderpolitik einbezieht. Unger erklärt die deutsche Übersteuerung bei diesen Themen mit einem transgenerationalen Kriegstrauma der Babyboomergeneration. Eine von historischem Schuldkomplex, Infantilität, Hypermoral und Konformitätsdruck geprägte Gefühlslage führe zu einer besonderen Bereitwilligkeit, die jeweilige supranationale Agenda zu übernehmen und zu verinnerlichen (Raymond Unger, *Vom Verlust der Freiheit*).

Zerstörungskraft vorangetrieben. Als Impfstatusabfragen und Zertifikatsüberprüfungen sogar im Freundeskreis und bei Familienfeiern zum Standard wurden, war der Nullpunkt des Sozialen nicht mehr fern. Der durchreglementierte, mit wechselnden Statuszuschreibungen, Zugangshürden und Nachweispflichten formalisierte Alltag im Hygieneregime ist das Negativ des Lebensweltlichen. Entlastende Fraglosigkeit wurde flächendeckend durch Abhängigkeit und Kontrolle ersetzt.

Der neue Panoptismus erfüllt eine disziplinierende Funktion. Diese könnte dazu beitragen, die zentrifugalen Tendenzen einer kulturell zersplitterten Gesellschaft wenn nicht aufzuhalten, so doch in ihren Folgen abzumildern. Die Installation der »Neuen Normalität« wäre so gesehen der sozialtechnologische Versuch, die »multitribale Gesellschaft«[67] zusammenzuhalten oder jedenfalls die Auflösungserscheinungen zu verdecken. Das biopolitische Klassifizierungssystem mit seinen künstlich erzeugten, digital erfassbaren Zuschreibungen ist geeignet, die ethnisch-kulturellen Bruchlinien in den Hintergrund treten zu lassen.[68] Das Kalkül könnte sein, den »Clash of Cultures« mit planbaren, künstlich anzuheizenden Konflikten und beherrschbaren Polaritäten zu überdecken.

Das durch den Lebensweltzerfall entstandene Vakuum wurde zunächst mit hypermoralischen Deutungsmustern und Narrativen aus dem Umkreis der »Klimarettung«

67 Sieferle, *Das Migrationsproblem*, S. 104.

68 Vor diesem Hintergrund ist es bemerkenswert, dass Jürgen Habermas 2021 zum wohl prominentesten intellektuellen Apologeten des Hygieneregimes wurde (Jürgen Habermas, »Corona und der Schutz des Lebens«, in: *Blätter für deutsche und internationale Politik* 9, 2021, S. 65–78).

aufgefüllt. Als Lebensweltsurrogate boten diese sich nicht zuletzt deshalb an, weil auch die Evidenz des Guten, die Sinnfälligkeit der richtigen Haltung, selbsterklärend ist. Anders als die verortete Lebenswelt, die auf das Nahverhältnis eingestellte Vorverständigung, sind die auf den planetarischen Maßstab geeichten und auf die Einbeziehung des Fernsten ausgerichteten Ersatzevidenzen nicht räumlich gebunden. Auch sind sie nicht auf die langwierige Reproduktion ihrer symbolischen Bestände angewiesen. Das Hygieneregime mit seinen ständig wechselnden Regeln sowie seiner digitalen Infrastruktur der Kontrolle und Überwachung ging insofern darüber hinaus, als es das lebensweltliche Vakuum nicht mehr kaschierte, sondern gezielt ausweitete. Dabei entstand eine absurde Gleichzeitigkeit des Unvereinbaren: Die Binarität der Geschlechter soll zugunsten einer neuen selbstbestimmten Fluidität überwunden werden. Aber unter dem Vorwand des Infektionsschutzes wurde eine binäre Fraktionierung in Getestete und Ungetestete, Maskierte und Unmaskierte, Geimpfte und Ungeimpfte vorangetrieben. Diejenigen, welche die »queeren« Identitäten feierten, definierten sich und andere über den Impfstatus. Die Bannerträger der Antidiskriminierung rechtfertigten oder forderten die Diskriminierung und gesellschaftliche Ausgrenzung »Ungeimpfter«.

Aus dem Blickwinkel der Sozialtechnologie sind die intermediären Bindungsformen der Lebenswelt und der Institutionen nur Hindernisse, die einem direkten Zugriff des globalen Leviathans auf die atomisierten Individuen im Weg stehen. Ziel dürfte die

Neutralisierung, letztlich die Auslöschung des Sozialen als Vorstufe einer umfassenden digitalen Mediatisierung sein. »Die Kombination aus rasant fortschreitender ideologischer Kolonialisierung der Lebenswelt und Technologisierung bis in den hintersten Winkel kann jederzeit einen Umschlag in rigide Ordnung bewirken.«[69] Die Konturen einer solchen Ordnung zeichneten sich im Gesundheitstotalitarismus so deutlich wie nie zuvor ab.

Begriffe wie »Große Transformation«, »Great Reset« oder »Neue Normalität« offenbaren den Ehrgeiz, nicht nur Übliches und Gewohntes, sondern das Soziale selbst durch künstliche Äquivalente zu ersetzen. Der Normalismusdiskurs, der nach den Produktionsbedingungen und »Dispositiven« der Normalität fragt, kann dazu beitragen, die Motive der Sozialingenieure zu erhellen. Jürgen Link etwa sieht im »Normalen« nichts Gewachsenes, sondern ein Artefakt, eine künstlich erzeugte Querschnittskategorie. Hervorgebracht werde sie von einem spezifisch modernen Diskursregime, »das – gestützt auf kontinuierliche und flächendeckende Verdatung sowie auf statistisch gesteuerte Umverteilung – routinemäßig Normalitäten produziert und reproduziert«.[70] Die Theorie, die verborgene diskursive Weichenstellungen aufdeckt, stellt selbst Weichen des Sag- und Denkbaren, ohne über die blinden Flecke und Einseitigkeiten ihrer eigenen Begriffe und Konzepte Rechenschaft abzulegen. Die Kritik des »Dispositivs« hat die Tendenz, sich zu einem solchen zu verfestigen. Link orientiert die Kategorie

69 Sophie Liebnitz, *Antiordnung*, S. 82.

70 Jürgen Link, *Versuch über den Normalismus*, S. 7.

der »Normalität« einseitig an Messbarkeit und blendet dabei die lebensweltlichen Implikationen und Gehalte aus, die in der Coronakrise, in der Normalität zum Sehnsuchtswort wurde, deutlich hervortraten. Sein denormalisierter Begriff von Normalität wird der kulturellen und sozialen Ressource des Üblichen und Gewohnten, ihrem Bestandscharakter, nicht gerecht. Wo Normalität als Hergestelltes verstanden wird und sich diese Deutung durchsetzt, wird der Versuch nahegelegt, sie tatsächlich auch im globalen Soziallabor synthetisch zu erzeugen.

In diesem Experiment zeigte sich, in welchem Ausmaß sich die gewohnheitsbildende Kraft steuern, umleiten und kanalisieren lässt. So schliffen sich etwa die Regeln des biopolitischen Klassifizierungssystems erstaunlich schnell ein. Das Vorzeigen des Impfpasses in Restaurants und bei Veranstaltungen und das Scannen des QR-Codes in Alltagssituationen gingen, zumindest dem Anschein nach, leicht von der Hand und wurden rasch zur Routine. Entgegen stand dem jedoch einerseits der fortwährende Wechsel der Regeln, Pflichten und Gebote, andererseits ihre Willkür und ihr Zwangscharakter. Die Gewöhnung war von einer Konditionalisierung und Abrichtung nur schwer zu unterscheiden. Sie war auferlegt und fremdbestimmt. Und sie enthielt einen »Stachel«, der dem ähneln dürfte, der sich laut Elias Canetti in der Psyche von Befehlsempfängern festsetzt. Er »senkt sich tief in den Menschen, der einen Befehl ausgeführt hat, und bleibt dort unverändert liegen«.[71] Er sammelt sich aber nicht nur an, sondern drängt auf Entladung und Umkehr, birgt

71 Elias Canetti, *Masse und Macht*, S. 338.

also rebellisches Potenzial, das fortwährend neutralisiert oder umgeleitet werden muss. Entscheidend für den Fortbestand des »New Normal« ist die Frage, ob ein soziales Gefüge, das den »Kristall der Ranküne«[72] nicht nur einschließt, sondern auf diesem aufbaut, sich dauerhaft stabilisieren kann.

Von Beginn an bildeten sich inmitten des Hygieneregimes Inseln und Rückzugsorte der »alten« Normalität wie heimliche Vereinstreffen oder Partys im Untergrund. Es wäre jedoch voreilig, sie als Zeichen der Widerstandsfähigkeit der Lebenswelt zu deuten. Zwar standen sie der Totalisierung des digitalen Panoptikums entgegen. Aber sie waren auch das Ergebnis eines Ausweichmanövers und trugen das Gepräge des »New Normal« noch dort, wo sie dessen Regeln – zeitweise und partiell – außer Kraft setzten.

Selbst nach einer äußerlich vollständigen Wiederherstellung der früheren Normalität wäre der Status quo ante nicht erreicht, denn es handelte sich um eine Normalität unter Vorbehalt, auf Abruf und Bewährung – letztlich um einen Gnadenerweis. Die Gewohnheitsgefüge wären auch bei einer Restitution der vorpandemischen Lebensform anhaltend beschädigt, weil sich die Begründungslasten zu ihren Ungunsten verschoben haben. Sie haben ihre Selbstverständlichkeit – und damit ihre lebensweltliche Funktion und Tragfähigkeit – eingebüßt. Die Pathologisierung des Sozialen und die Vernichtung des Vertrauenskapitals werden lange nachwirken. Zudem wurden in der Pandemie

72 Ebd., S. 345.

Mechanismen zur Modifikation, Beseitigung und Ersetzung der Normalität geschaffen und erprobt, die weiterhin zur Verfügung stehen. Über der Gesellschaft wird fortan das Damoklesschwert eines Notstands schweben, der auch ohne Not und unter beliebigem Vorwand aktivierbar ist. Dies gilt insbesondere dann, wenn die Causa Corona nicht aufgearbeitet wird und die Protagonisten nicht zur Verantwortung gezogen werden. Die Suspendierung aller Üblichkeiten ist von nun an nicht mehr unüblich, sondern Teil des sozialtechnologischen Repertoires und wie auf Knopfdruck wiederholbar.

III.

BESTANDSLOSE VERNUNFT

Es fällt nicht schwer, die politischen Adepten von Postmoderne und Poststrukturalismus für die fortgeschrittene Bestandsvergessenheit der westlichen Gesellschaften verantwortlich zu machen. Die tragischen Grundlagentexte einer die eigenen Bestände verzehrenden Vernunft-, Zivilisations- und Kulturkritik datieren indes auf die vierziger Jahre des vorigen Jahrhunderts zurück und stammen von Max Horkheimer und Theodor W. Adorno. Der Poststrukturalismus mit seiner dionysischen Feier der Differenz und Heterogenität, des Nomadischen und Entgrenzten übertraf zwar die Frankfurter Schule vermutlich in weltweitem Maßstab noch an institutioneller Wirksamkeit. Aber er gleicht in der dramaturgischen Abfolge der Denkentwürfe dem ausgelassenen, orgiastischen Satyrspiel, das in der Tradition der griechischen Antike nach den Tragödien aufgeführt wurde. Neben der zwischen 1939 und 1944 entstandenen, 1947 in endgültiger Fassung erschienenen *Dialektik der Aufklärung* ist Horkheimers zeitdiagnostische Schrift *Zur Kritik der instrumentellen Vernunft,* die 1947 unter dem Titel *Eclipse of Reason* in englischer Sprache veröffentlicht wurde, der Schlüsseltext. Er ging aus Vorlesungen hervor, die Horkheimer im Frühjahr 1944 an der Columbia University in New York gehalten hatte. Man kann nicht umhin, diesen Text im Licht seines Nachwirkens zu lesen; den Augenzeugen der gegenwärtigen Entgleisungen erscheinen viele Passagen als fatale Weichenstellung.

Die im englischsprachigen Buchtitel aufgerufene Verfinsterung der bis dahin verlässlich mit der Lichtmetaphorik verknüpften Vernunft bricht über diese nicht von außen herein, sondern ist in ihr selbst angelegt. Vernunft, wie Horkheimer, der bürgerlichste Theoretiker der Frankfurter Schule, sie denkt, ist von Beginn an janusköpfig. Ihr erhellendes Moment, das der Epoche des Selbstdenkens den Namen gab, ist untrennbar von ihrer Schattenseite, die im Lauf der Geschichte der abendländischen Zivilisation immer stärker hervortritt und das Licht der Reflexion zum Erlöschen bringt.

Gleich zu Beginn, in einer Art Exposition, unterscheidet Horkheimer zwei Begriffe oder Aspekte von Vernunft: Die objektive Vernunft ist die Vernunft der platonischen Ideenlehre, der aristotelischen Metaphysik, der scholastischen Philosophie und der großen rationalistischen und idealistischen Systeme. »Sie zielte darauf ab, ein umfassendes System oder eine Hierarchie alles Seienden einschließlich des Menschen und seiner Zwecke zu entfalten«, schreibt Horkheimer. »Der Grad der Vernünftigkeit des Lebens eines Menschen konnte nach seiner Harmonie mit dieser Totalität bestimmt werden. Deren objektive Struktur, und nicht bloß der Mensch und seine Zwecke, sollte der Maßstab für individuelle Gedanken und Handlungen sein.«[73]

Dieses Konzept der Vernunft entspricht in der Begrifflichkeit der mittelalterlichen Philosophie dem *intellectus*, während der andere, gegenläufige Aspekt, die subjektive oder instrumentelle Vernunft, eine zunehmend verkümmerte Variante der *ratio* darstellt. Diese

73 Max Horkheimer, *Zur Kritik der instrumentellen Vernunft*, S. 28.

steht für die Fähigkeit des Schließens und Klassifizierens, ist auf Operationen und Verfahrensweisen fixiert und denkt in Relationen von Zweck und Mittel. Als »subjektiv« charakterisiert sie Horkheimer auch deshalb, weil sie den utilitaristischen Kalkülen des Subjekts unterstellt ist und im Bannkreis seines Bemühens um Selbsterhaltung verbleibt. In der Deutung Horkheimers, die eine Verfalls- und Herrschaftsgeschichte der okzidentalen Rationalität entfaltet, wird die subjektive Vernunft immer mehr zu einem für höhere Ziele und Zwecke blinden Werkzeug degradiert, wobei ihre Verkürzung im Zuge der Mathematisierung und Technisierung der Welt mit einem ungeheuren Machtzuwachs einhergeht. Dieser ist gleichbedeutend mit einem Substanzverlust der objektiven Vernunft, die ihre Maßgeblichkeit verliert, während sich das formalisierte und formalisierende Denken totalisiert und zum Inbegriff von Vernunft selbst wird: »Vernunft hat sich selbst als ein Medium ethischer, moralischer und religiöser Einsicht liquidiert.«[74] Horkheimer zeichnet ein Schreckensbild, man könnte auch sagen eine monströse Karikatur der instrumentellen Vernunft, welche die gesamte Gesellschaft durchwirkt und beherrscht. Sie fügt sich dem – kapitalistischen – Produktionsapparat ein, verdinglicht ihr Gegenüber und sich selbst, unterjocht die innere und äußere Natur und knechtet die Menschen. Angesichts dieses Herrschaftszusammenhangs einer mit der Warenform verknüpften instrumentellen Rationalität ist, so Horkheimer, »die Denunziation

74 Ebd., S. 40.

dessen, was gegenwärtig Vernunft heißt, der größte Dienst, den die Vernunft leisten kann«.[75]

Von der Anklage der abendländischen Rationalität bis zur Parteinahme für das von dieser Vernunft Unterdrückte, Ausgeschlossene und Verfemte nehmen die Texte von Horkheimer und Adorno viele Motive der postmodernen Logos-, Subjekt- und Machtkritik vorweg. In ihrer Maßlosigkeit nimmt diese Vernunftkritik, die das Verhängnis bis in die früheste Geschichte, bis in die Anfänge der menschlichen Zivilisation und Subjektivität hinein verfolgt, paranoide Züge an. »Man könnte sagen, daß der kollektive Wahnsinn, der heute um sich greift, von den Konzentrationslagern bis zu den scheinbar höchst harmlosen Wirkungen der Massenkultur, im Keim schon in der primitiven Objektivation vorhanden war, in des ersten Menschen kalkulierender Betrachtung der Welt als Beute.«[76] Nicht nur in dieser Passage erscheint die Kritik, die sich als Retterin ausgibt, totalitärer als die Vernunft, die sie des Totalitarismus bezichtigt. Mit ihrem Gegenstand, dem Denken, verfährt sie rücksichtsloser und gewaltsamer als dieses mit seinen Objekten. Von der Paranoia, die sie der instrumentellen Vernunft attestiert, ist sie selbst befallen.

Bemerkenswert ist, dass etwa zur gleichen Zeit auch der Seinsdenker Martin Heidegger die ganz großen Bögen spannt. Er diagnostiziert eine Einseitigkeit und Dominanz des berechnenden, zurüstenden Denkens und betrachtet die Technik, die er als »Gestell«

75 Ebd., S. 186.

76 Ebd., S. 176 f.

charakterisiert, als handgreifliche, »machenschaftliche« Fortsetzung der abendländischen Metaphysik. Während Horkheimer die Verfinsterung einer im Kern schon schattenhaften, weil machtversessenden Vernunft nachzeichnet, sieht Heidegger in der Vorherrschaft des operationalisierenden Denkens, welches die Frage nach dem Wesen der Wahrheit nicht mehr stellt, das Kennzeichen einer Epoche der »Weltverdüsterung«[77] und den Tief-, aber zugleich auch Wendepunkt der Seinsvergessenheit.

Die Maßlosigkeit der Vernunftkritik, in der Horkheimer und Adorno mit dem Antipoden Heidegger zu wetteifern schienen, setzte den Standard, hinter dem auch die jüngeren, nietzscheanisch inspirierten französischen Theoretiker nicht zurückbleiben wollten. Ähnlich wie Jahrzehnte später Michel Foucault betrachtet Horkheimer, der die Hoffnung auf das Proletariat als revolutionäres Subjekt aufgegeben hat, Wahnsinn und individuelle Kriminalität als Formen der »Revolte« der unterdrückten Natur gegen die sie unterjochende Rationalität.[78] Autorität ist mindestens präfaschistisch, Familie und Geschlechterbeziehungen sind ein Zwangs- und Herrschaftszusammenhang. Alle Bestände werden von der aufs Ganze gehenden Vernunftkritik abgeräumt. In der Nation sieht Horkheimer bereits in der Zeit der Weimarer Republik nicht mehr als ein »Machtmittel«[79]

77 Martin Heidegger, *Beiträge zur Philosophie (Vom Ereignis)*, S. 119.

78 Horkheimer, *Zur Kritik der instrumentellen Vernunft*, S. 107.

79 Max Horkheimer, *Dämmerung*, S. 372. Die aphoristischen Notate unter diesem Titel sind zwischen 1926 und 1931 entstanden.

und einen Kapitalinteressen dienlichen »Fetisch«[80]. Dem Verdikt verfallen auch Tugenden wie Opferbereitschaft, Disziplin und Heroismus.[81] Die Ich-Identität wird wie später bei Gilles Deleuze und Félix Guattari, die die Psychoanalyse durch eine »Schizoanalyse«[82] ablösen möchten und einer vervielfältigten, entgrenzten Subjektivität das Wort reden, als Verkörperung des Führerprinzips verstanden und unter Faschismusverdacht gestellt. »Das Ichprinzip scheint sich im ausgestreckten Arm des Herrschers zu manifestieren, der seinen Männern zu marschieren befiehlt oder den Angeklagten zur Hinrichtung verurteilt.«[83]

Den Zusammenhang zwischen Identität und Herrschaft, der auch im Begriff, der Urteilsform und dem Identitätsprinzip als den Grundbeständen des Denkens ausgemacht wird, decken Horkheimer und Adorno sowohl in ontogenetischer als auch phylogenetischer Hinsicht auf: »Furchtbares hat die Menschheit sich antun müssen, bis das Selbst, der identische, zweckgerichtete, männliche Charakter des Menschen geschaffen war, und etwas davon wird noch in jeder Kindheit wiederholt.«[84] Damit war das Phantombild gezeichnet, das die politischen Dekonstrukteure im Verbund mit Gender- und Postkolonialismustheoretikern bis heute als Steckbrief für ihre Fahndungsaufrufe verwenden und weiter ausmalen.

80 Ebd.

81 Ebd., S. 344.

82 Gilles Deleuze, Félix Guattari, *Tausend Plateaus*, S. 20.

83 Horkheimer, *Zur Kritik der instrumentellen Vernunft*, S. 116.

84 Max Horkheimer, Theodor W. Adorno, *Dialektik der Aufklärung*, S. 40.

Nicht Jacques Derrida, Gilles Deleuze und Michel Foucault, sondern die Dioskuren der Frankfurter Schule machten diese nach den Maßstäben des Common Sense überspannten Überlegungen diskursfähig und etablierten die radikale Vernunftkritik als akademisches Geschäftsmodell. Überdies lieferte die Kritik der instrumentellen Vernunft die Verfahrensweise und Begrifflichkeit für eine Generalisierung des Faschismusverdachts. Unübertroffen in der Extrapolation aus dem Kleinsten und Abseitigsten ins Große und Epochale ist Adorno. Er schlägt aus ihr literarische Funken und kultiviert sie als Darstellungsform. »In den Bewegungen, welche die Maschinen von den sie Bedienenden verlangen, liegt schon das Gewaltsame, Zuschlagende, stoßweis Unaufhörliche der faschistischen Mißhandlungen«[85], vermerkt Adorno in seinen *Minima Moralia*. Der systemkritische Ansatz, die ausgestellte Fragmentarizität sowie die programmatische Vorliebe für Essay und Aphorismus verdecken den gewaltsamen Zug dieser Vernunft- und Gesellschaftskritik. Die Analogien sind so weitgespannt wie willkürlich und beliebig. Das Denken bezieht aus der literarischen Form die Lizenz, alles auf jedes zu beziehen und als Zeichen des gesamtgesellschaftlichen, gesamtgeschichtlichen Verhängnisses zu deuten.

Das Prinzip, dass es »nichts Harmloses«[86] mehr gebe, wird nicht nur aphoristisch zugespitzt und essayistisch entfaltet; es kommt auch in den empirischen Forschungen des Instituts für Sozialforschung zur

85 Theodor W. Adorno, *Minima Moralia*, S. 43.

86 Ebd., S. 21.

Anwendung. Ein Beispiel ist die in Fragebogenform umgesetzte »Faschismus-Skala«, kurz »F-Skala«, die antidemokratische und potenziell faschistische Einstellungen aufdecken und messbar machen soll. Zum Einsatz kam sie im Rahmen des groß angelegten, interdisziplinären Forschungsprojekts »Studies in Prejudice«, dessen Ergebnisse 1949 und 1950 in New York veröffentlicht wurden. Merkmale wie »Konventionalismus«, »Stereotypie« und »Anti-Intrazeption«, also die Abwehr des Subjektiven und Emotionalen, verdichten sich dort zum finsteren Charakterbild des Antidemokraten. »Muße ist zwar eine feine Sache, aber gute harte Arbeit macht das Leben erst interessant und der Mühe wert«[87], lautet ein Satz des von Adorno entworfenen Fragebogens. Als Charakterindikator eignet sich aus seiner Sicht auch die folgende Bemerkung: »In den Colleges wird den intellektuellen und theoretischen Themen zu viel und den praktischen Dingen und schlichten Tugenden des Lebens zu wenig Wert beigemessen.«[88] Oder: »*Was* ein Mensch macht, ist nicht wichtig, solange er es gut macht.«[89] Wer mehreren solcher Sätze zustimmt, passt ins Raster und liefert Anhaltspunkte, um ihn als potenzielle Gefahr für die Demokratie zu identifizieren. Bezeichnend ist, dass Adorno in seiner Typologie des Autoritären und Faschistischen mit der in anderen Zusammenhängen verabscheuten klassifikatorischen Logik schnell zur Stelle ist. Auch darin sollte er viele Nachahmer finden.

87 Theodor W. Adorno, *Studien zum autoritären Charakter*, S. 47, 53.

88 Ebd., S. 42, 46 f., 53.

89 Ebd., S. 43, 54.

Es geht nicht um eine ideengeschichtliche Rekonstruktion. Vielmehr dient dieses Denken bis heute der Selbstvergewisserung der antifaschistischen Linken und trifft einen Nerv, wie sich 2019 zeigte, als ein erstmals publizierter Text Adornos sich lange in den Bestsellerlisten hielt. Es handelt sich um den Vortrag »Aspekte des neuen Rechtsradikalismus«, den Adorno 1967 auf Einladung des Verbands Sozialistischer Studenten Österreichs in Wien gehalten hatte. Die Aktualität, auf die Klappentext und Feuilletons hinwiesen, ist eine beschworene. Es ist eine Rückkehr zum Quell der Diskurshegemonie und eine Suggestion klarer Fronten. Adorno betrachtet die rechtsradikalen Bewegungen seiner Zeit als »Gespenst eines Gespenstes«[90]. Es sei erstaunlich, »wie wenig zu dem alten Repertoire an Neuem hinzugekommen ist«[91], betont er. Revenanthafte Züge trägt indes auch die antifaschistische Linke selbst, die sich mit Adorno im heute mit einem Milliardenbudget ausgestatteten »Kampf gegen rechts« munitioniert und auf die »Wiedergänger«[92] dringend angewiesen ist.

In der Rückschau ist die Schieflage und Unwucht der Vernunftkritik größer, zugleich folgenreicher als die der kritisierten und denunzierten Vernunft selbst. Die Deutung einer verhängnisvollen Reflexionssperre instrumenteller Rationalität setzte sich weithin durch und institutionalisierte sich in Bildungswesen, Kulturbetrieb und Medien. Sie ist »zu einem konstituierenden Element und Prinzip dessen geworden [...], was man früher

90 Theodor W. Adorno, *Aspekte des neuen Rechtsradikalismus*, S. 25.

91 Ebd., S. 37.

92 Diesen Begriff verwendet Volker Weiß in seinem Nachwort (ebd., S. 70).

den objektiven Geist einer Zeit genannt hat«[93], konstatierte der Philosoph Günter Rohrmoser, der die weichenstellende Wirkung dieses Denkens früh erkannte und auf den Begriff brachte, bereits 1969, im Todesjahr Adornos. Nicht nur die Studentenbewegung der späten sechziger Jahre wurde von dieser Rationalitäts- und Zivilisationskritik beeinflusst, sondern auch die Anti-Atom-, Friedens- und Umweltbewegung der siebziger und achtziger Jahre. Aus ihr speisten sich die verbreitete Technikskepsis, ein ebenso entschiedener wie vager Antikapitalismus und eine Kritik am Konsumismus, die sich eben diesem bruchlos einfügte. Die Zerstörung der natürlichen Lebensgrundlagen, die ein bedrohliches Ausmaß angenommen hatte, schien der Kritik an der instrumentellen und technologischen Vereinseitigung der Vernunft augenfällige Plausibilität zu verleihen. Die Protestbewegungen sorgten für eine unterschwellige Verbreitung und Popularisierung dieser Ideen, erwiesen sich aber auch als Katalysatoren einer entgrenzten Moralisierung. Es wurde wieder groß und planetarisch gedacht, mit religiöser Inständigkeit, missionarischem Eifer und eschatologischer Dringlichkeit. Horkheimer hatte davor gewarnt, dass die instrumentelle Rationalität die Verbindung zur Moral und den großen, emphatischen Begriffen der objektiven Vernunft wie Freiheit, Gleichheit und Gerechtigkeit unwiederbringlich zerstört. Nun erlebten die von der philosophischen Tradition geadelten Begriffe eine neue Konjunktur, die aber keineswegs zu einer Rückbesinnung auf die abgeschnittene Tradition

93 Günter Rohrmoser, *Das Elend der kritischen Theorie*, S. 9.

der Vernunft, der Autonomie und des Selbstdenkens führte, sondern – im Gegenteil – eine starke Tendenz ins Irrationale, in eine aufgeklärte Besinnungslosigkeit aufwies. Die dröhnende Allgegenwart dieser Begriffe in den neuen sozialen Bewegungen ist eine Folge ihrer Aushöhlung, die unter dem Banner der Weltrettung noch beschleunigt statt gebremst wurde.

Aufklärung schlägt in Mythos um – dies ist die zentrale These der *Dialektik der Aufklärung*. Nun vollzog sich dieser Rückfall nicht als Folge einer szientifisch verengten, für große Ziele und Zwecke blinden Rationalität, sondern im Namen des Guten, Gerechten und überlegener Moral. Nicht die Reduktion einer allzu betriebsamen Vernunft auf berechnendes Denken ist das vordringliche Problem, sondern der holistische Überschwang einer auf globale Maßstäbe geeichten und moralisch aufgerüsteten Übervernunft. Nicht die »Zielreflexionsabstinenz«[94] (Hermann Lübbe), sondern die Besessenheit von höheren und höchsten Zielen führt auf eine abschüssige Bahn. Mythisch ist weniger der Bann einer naturverfallenen Naturbeherrschung als vielmehr der unentrinnbare Zusammenhang von Hyperfaktizität und Hypermoral in den zeitgenössischen Klima- und Weltrettungsnarrativen. Die Überevidenz des Guten enthält die Lizenz, Fakten als disponibel zu betrachten und sich über die Empirie hinwegzusetzen. Die einseitige Kritik an der vermeintlichen Einseitigkeit abendländischer Rationalität, die sich in den Schlüsseltexten der Kritischen Theorie zur Invektive steigert und als »Denunziation« program-

94 Hermann Lübbe, *Fortschritt als Orientierungsproblem*, S. 87.

matisch wird, hat dazu beigetragen, die Gefahren einer moralischen Überwucherung der Rationalität und eines neuen Jakobinismus auszublenden. Wer überall blinde Flecken und schuldhafte Verstrickungen sieht, ist selbst mit Blindheit geschlagen.

Nicht nur bei zeitgenössischen Phänomenen versagt Horkheimers Theorie als Diagnoseinstrument und Erklärungsmodell. Die Deutung der bürokratisch organisierten, industriell betriebenen Massenvernichtung der europäischen Juden als Exzess instrumenteller Rationalität ist allenfalls vordergründig plausibel. Die Barbarei ist keine Konsequenz formalisierter Vernunft, folgt keiner positivistischen Eigenlogik, sondern ist nur im Kontext einer zielsetzenden Großideologie zu verstehen. »Man kann Hitler und seinen Anhängern vieles nachsagen, aber nicht, sie seien ›Positivisten‹ gewesen«[95], formulierte Hermann Lübbe bereits in den siebziger Jahren in seiner Kritik der Kritik, die zwar Gehör fand, aber wie die anderen konservativen Einwände und Entgegnungen dieser Jahre in institutioneller Hinsicht weitgehend wirkungslos blieb. Analoges gilt auch für die Verbrechen kommunistischer Regime: Der Terror ist nicht zielblind, sondern äußerst zielbewusst. Das Irrationale speist sich aus einer pervertierten objektiven Vernunft, nicht etwa aus einer verselbstständigten oder verabsolutierten instrumentellen. Erst die ideologische Rechtfertigung im großen Maßstab und in weltgeschichtlicher Perspektive, die alle Zweifel der planenden und handelnden Akteure zerstreut und sie auf um-

95 Ebd., S. 90.

fassende Ziele einschwört, ermöglicht das reibungslose Funktionieren. Und eine Kritik, die direkte Linien vom Faustkeil zum KZ, von der Odyssee zu Auschwitz zieht, ist wenig geeignet, einem solchen Vernichtungswahn zu widerstehen.

Politische Mythen werden im 20. Jahrhundert mit technischer Perfektion hergestellt und verbreitet. Sie werden zur Waffe »wie Maschinengewehre oder Aeroplane«[96], wie der Philosoph Ernst Cassirer unter dem Eindruck der Mobilisierung des Mythischen im Nationalsozialismus feststellt. Aber dies ist gerade kein Beleg für einen Rückfall oder ein Umschlagen der Aufklärung in Mythos. Die Mythisierung der politischen Bewegung ist kein blinder, sondern ein hochgradig geplanter Prozess – so wie auch die magische Aufladung der Worte in der Propaganda nicht einfach *passiert,* sondern beabsichtigt ist und bewusst gesteuert wird. »Nichts bleibt dem Zufall überlassen; jeder Schritt ist wohlvorbereitet und vorbedacht.«[97]

Das Denken wurde zur »*ancilla administrationis*«[98], zur Magd der Verwaltung, aber anders als Horkheimer dies in seiner Kritik an Positivismus und Pragmatismus im Blick hatte und zum Problem erklärte. Die von ihm geforderte Selbstreflexion der Vernunft wurde längst als gesellschaftliches Bußritual institutionalisiert. Es entstand ein akademischer und behördlicher Apparat der Aufarbeitung, Selbstanklage und Schuldbewirtschaftung der abendländischen, männlichen, weißen, »hetero-

96 Ernst Cassirer, *Vom Mythus des Staates,* S. 368.

97 Ebd., S. 367.

98 Horkheimer, *Zur Kritik der instrumentellen Vernunft,* S. 76.

normativen« Rationalität. Während die moralisierte Übervernunft triumphiert, gerät die geschmähte berechnende und instrumentelle überall ins Hintertreffen. Totalitär ist nicht ihre universelle Verbreitung, sondern ihre kollektive Austreibung wie in Orwells 2 + 2 = 5. Der Rückfall in die Barbarei ist dort vorgezeichnet, wo wissenschaftliche Maßstäbe und logische Grundsätze in der Suggestion einer moralischen Evidenz außer Kraft gesetzt werden; wo diskursive Standards nicht nur systematisch missachtet, sondern geradezu abtrainiert und aberzogen werden; wo Begriff, Urteil und Schluss einem Gesinnungs-Apriori unterstellt und *höheren* Zielen geopfert werden. Den unüberbietbaren Werten der Weltvernunft wird man im Zweifel auch Menschenleben opfern.

Horkheimer wirft der Vernunft die Fixierung auf Selbsterhaltung vor und verkennt dabei, welche desaströsen Folgen es hat, wenn man beim Gegenüber und gesamtgesellschaftlich keine Orientierung an Zweck-Mittel-Kalkülen mehr unterstellen kann und die Anforderung der Selbsterhaltung, das *suum esse conservare*, moralisch in ein schiefes Licht gerückt wird. Die Krise der Vernunft ist insofern existenziell, als die Erschütterung des Rationalitätsgefüges unabsehbare lebensweltliche und institutionelle Konsequenzen hat. Die beidseitig vorausgesetzte berechnende Vernunft stiftet Berechenbarkeit, schafft Handlungs- und Planungssicherheit und ist eine soziale Ressource, die leicht verspielt, aber nur sehr schwer wiederhergestellt oder erneuert werden kann. Blind ist nicht die Orientierung am Common Sense, dessen Verbindlichkeit Verhaltenserwartungen stabilisiert, sondern die kollektive und systemische Abkehr von ihm. Diese ist dort weit fortgeschritten, wo in Unternehmen ein sich verselbstständigendes »Virtue Signalling« das Profitinteresse in den Hintergrund treten lässt und Volkswirtschaften ihre Schlüsselindustrien zur »Klimarettung« abwickeln sowie die »Dekarbonisierung« der Gesellschaft bis zur Selbstaufgabe vorantreiben, während gleichzeitig der Weltraumtourismus als zukunftsträchtiges Geschäftsfeld gefeiert wird.

Eigenartige Universalität

Horkheimers und Adornos Formel für eine zur Besinnung gebrachte, über sich selbst aufgeklärte Aufklärung lautet »Eingedenken der Natur im Subjekt«[99]. Erst die Rückbesinnung des Geistes auf die abgespaltene Naturhaftigkeit, auf die verdrängten *mimetischen* Impulse, vermag den Bann der Herrschaft – und damit auch der Naturverfallenheit – zu lösen, deuten die Autoren der *Dialektik der Aufklärung* an, ohne diesen Gedanken argumentativ zu entfalten. Ausgespart bleiben in diesem therapeutischen Konzept die symbolischen, kulturellen und institutionellen Voraussetzungen der Vernunft. Der Ort ihrer Entstehung und ihre Herkunft werden nur dort in die Reflexion einbezogen, wo sich die Quelle als verdorbene und kontaminierte entlarven lässt. Bereits die Gründungsgeschichte ist eine Herrschaftsgeschichte.

99 Horkheimer, Adorno, S. 47.

Auch die poststrukturalistischen Theoretiker thematisierten das Erbe der abendländischen Rationalität nur, um es als Zwangszusammenhang zu denunzieren und zu verwerfen. Und der Versuch einer kommunikations- und diskurstheoretischen Rekonstruktion der Vernunft und der Vernunftkritik, wie sie von der zweiten Generation der Kritischen Theorie, in elaboriertester Form von Jürgen Habermas, unternommen wurde, verfehlt jene *Eigenarten* der Vernunft, die eine Überwindung des Partikularismus allererst ermöglichten.

Statt von der Betriebsblindheit der instrumentellen Vernunft auszugehen, wäre die Dialektik der Aufklärung von der Bestandsblindheit und -vergessenheit der abendländischen Rationalität neu zu denken. Die Vernunft sonnt sich im Glanz ihrer Autonomie, die sie für voraussetzungslos hält. Sie verkennt, dass sie die Fähigkeit, die eigenen Bestände auszublenden, den Horizont ihrer Herkunft zu überschreiten oder zu erweitern, eben diesen historischen und kulturellen Beständen verdankt. Reflexivität und Autonomie setzen nicht nur intakte lebensweltliche Üblichkeiten, sondern auch institutionell gesicherte Rationalitätsroutinen voraus. Erst die in ihnen verankerte Fraglosigkeit im Wissen und Können, die als »Hintergrundserfüllung« (Gehlen) wirksam wird, eröffnet die Freiräume, um sich reflexiv zu diesen Üblichkeiten und Routinen zu verhalten und sie kritisch zu hinterfragen. Die eigenen Bestände zu ignorieren, das Überkommene und Tradierte hinter sich zu lassen, gilt als Ausweis aufgeklärter, kritischer Rationalität, so wie auch die Fähigkeit zur Verallgemeinerung der Vorstellungen und Interessen kognitiv wie moralisch prämiert wird. Verkannt wird dabei aber, dass dieses Vermögen gewachsen ist, eine Vorgeschichte hat und an spezifische Voraussetzungen geknüpft ist.

Die abendländische Rationalität hat diese Fähigkeit zur Generalisierung in besonderer Weise entwickelt, verfeinert und kultiviert. Sie hat eine beispiellose Fülle universeller Gehalte hervorgebracht, die der späte Max Weber in der »Vorbemerkung« zu seinen gesammelten religionssoziologischen Schriften rekapituliert und inventarisiert. Weber nennt die mathematisch fundierte und experimentelle Wissenschaft, den systematisch organisierten Wissenschaftsbetrieb, die rationale Bürokratie und fachgeschulte Beamtenorganisation, den Parlamentarismus und das Parteiensystem sowie den »*Staat* überhaupt im Sinn einer politischen Anstalt, mit rational gesatzter *Verfassung*, rational gesatztem Recht und einer an rationalen, gesatzten Regeln: *Gesetzen*, orientierten Verwaltung«[100]. Auch ästhetische Errungenschaften wie Kontrapunktik und Akkordharmonik in der Musik, Linear- und Luftperspektive in der Malerei und die Verwendung des gotischen Gewölbes als konstruktives Prinzip sind Teil der Bestandsaufnahme. Webers Metaphorik verrät einen unterschwelligen Konservatismus. Überall dort, wo er von »universeller Bedeutung und Gültigkeit«[101] spricht, ist er zugleich um Situierung und Einordnung bemüht. Die universellen Gehalte abendländischer Rationalität sind auf einem ganz *bestimmten* »Boden«[102] gewachsen, sie haben kultu-

100 Max Weber, *Religion und Gesellschaft*, S. 13.

101 Ebd., S. 11.

102 Ebd.

relle, ethische und vor allem religiöse Voraussetzungen, die Weber in seiner Religionssoziologie eingehend rekonstruiert. Beispielhaft dafür ist seine Herleitung des modernen Wirtschaftsethos, das die Grundlage des modernen Kapitalismus darstellt, aus der asketischen Pflichtethik des Protestantismus, insbesondere des Calvinismus. Das Vermögen zur Universalisierung, aber auch die Offenheit und Erneuerungsfähigkeit dieser abendländischen Rationalitätskultur, sind in einem buchstäblichen Sinn *eigenartig*. »Denn es handelt sich ja in all den angeführten Fällen von Eigenart offenbar um einen spezifisch gearteten *Rationalismus* der okzidentalen Kultur.«[103]

Weber blendet die Schattenseiten und Ambivalenzen der Rationalisierung keineswegs aus. Die Entzauberung geht mit einer Zerstörung transzendenter Bezüge und metaphysischer Weltbilder einher, ist also mit einem Sinnverlust erkauft. Auch in seinem mehrfach und in unterschiedlichen Zusammenhängen verwendeten Bild des »Gehäuses«, das gleichermaßen Schutz und Enge konnotiert, wird diese Ambivalenz moderner Rationalität aufgerufen. Aber diese Einsicht verleitet ihn nicht zu einem grundsätzlichen Verdikt oder zu einer Totalrevision. An Rang, Wert und zivilisatorischem Niveau des Gewachsenen und Errungenen lässt der Soziologe keinen Zweifel.

Die besondere Tragik ist, dass die *Eigenartigkeit* dieser Rationalität entweder verkannt wird oder ausschließlich als das Verdorbene, Schuldhafte und zu Überwindende

103 Ebd., S. 19.

ins Visier gerät. Die Vernunft entwickelt keinen positiven Begriff ihrer eigenen historischen und kulturellen Voraussetzungen. Die Fähigkeit der Selbstdistanzierung, die eine kulturelle und rationale Errungenschaft darstellt, sofern sie sich auf einzelne Gehalte bezieht und somit maßvoll bleibt, entwickelt eine zunehmend destruktive, selbstzerstörerische Tendenz und führt schließlich zur Infragestellung des gesamten Rationalitätsgefüges. Zugleich bringt die Universalisierung die Vernunft auf die Bahn einer Moralisierung, die jedes Maß verliert und eine weitere eigenartig-universelle Errungenschaft zunichte zu machen droht: die Ausdifferenzierung der Wertsphären, also etwa die Trennung von wissenschaftlicher Wahrheit und normativer Richtigkeit.

Unterstellt wird, dass die Universalisierung nur dort gelingt, wo die Vernunft entweder ihre Bestandsvoraussetzungen ausblendet und von ihnen abstrahiert oder sie als Makel hinter sich lässt, sich gewissermaßen von ihnen säubert. Die Rationalität erkauft den Reflexions- und Abstraktionsgewinn mit Herkunftsblindheit. Der Fortschritt ist das Ergebnis einer Entortung und Entgeschichtlichung, welche die Vernunft, nachdem sie alle Spuren ihrer Herkunft getilgt und sich auf diesem Weg purifiziert hat, zum Programm erhebt. Im Dünkel ihrer Eigenmächtigkeit und Erhabenheit ist die sich von ihren Beständen lösende Vernunft auf die strikte Trennung von Genesis und Geltung aus, die aber gerade dort misslingt, wo sie diese ohne Rücksicht auf Verluste durchzusetzen versucht.

Die neuzeitliche Rationalität ist in ihrem Selbstverständnis in einem radikalen Sinn bestandskritisch, wobei sie sich und die eigenen Voraussetzungen nicht ausspart. Sie setzt eine Zäsur, lässt das Überkommene und Überlieferte hinter sich und stellt es in seinen Grundfesten in Frage. Aber dieses in der Geschichte beispiellose bestandskritische Potenzial der okzidentalen Rationalität ist seinerseits aus Beständen hervorgegangen und auf sie angewiesen. Es ist nicht selbst gesetzt, sondern gewachsen. Konservatismus und die in der Aufklärung programmatisch gewordene, systematisierte Bestandskritik erscheinen nur demjenigen als unvereinbar, der die Eigenartigkeit dieser Rationalität, ihre Wurzeln und ihre Herkunft, ausblendet oder *in toto* verwirft.

Die Fähigkeit zur Distanzierung und Selbstreflexion, aber auch zur Selbstbegründung, welche die neuzeitliche Vernunft in Auseinandersetzung mit dem Absolutismus der spätmittelalterlichen Theologie ausbildete, zur Selbstbehauptung des Menschen ausbilden musste, ist ihrerseits Erbe, Errungenschaft, Bestand im emphatischen Sinn. Zugleich ist sie, wie Hans Blumenberg gezeigt hat, der legitime Versuch, sich von den Zumutungen eines sich den Menschen entziehenden, verbergenden Willkürgottes, dessen Ratschluss unergründlich und unerforschlich ist, zu befreien. Ziel ist die Wiedergewinnung einer verlässlichen Welt. »Der Gott, der sich nicht selbst nötigt, der auf keine Konsequenz seiner Manifestationen festgelegt werden kann, macht die Zeit zur Dimension schlechthinniger Ungewißheit«, schildert Blumenberg die existenzielle Ausgangssituation der Neuzeit. »Das betrifft sowohl die Identität des Subjekts, dem der Augenblick seiner Gegenwart keine Zukunft verbürgt, als auch den Bestand der Welt, deren radikale Kontingenz von jedem Augenblick zum nächsten aus dem Sein in Schein, aus der Wirklichkeit in Nichtigkeit umschlagen kann.«[104] Auch hier zeigt sich die lebensweltliche Dimension: Die neuzeitliche Vernunft stiftet Sphären der Berechen- und Lebbarkeit. Die aufkommenden Naturwissenschaften mit ihrem Anspruch der Mathematisierung der Natur lassen sich vor diesem Hintergrund als Versuche verstehen, sich des Bestands einer von Kontingenz bedrohten Welt neu zu vergewissern. Dieser Bestand wurde von einer radikalen Auslegung des theologischen Allmachtspostulats in Frage gestellt, die Gott weder an die Konsequenz der eigenen Beschlüsse noch an die Gesetzmäßigkeit der Natur gebunden sah.

Der Bestandscharakter der Vernunft zeigt sich heute in einem historischen Moment, in dem diese Bestände zur Disposition stehen und ein vollständiger Rückfall hinter die Standards der neuzeitlichen Rationalität nicht mehr ausgeschlossen ist. Wo die Verlierbarkeit augenfällig ist, wird die Vernunft als Errungenschaft erkennbar. Herausgefordert wird die kritische Rationalität heute nicht vom Absolutismus der Theologie, sondern von einer angemaßten Weltvernunft, die im Bewusstsein ihrer moralischen Überlegenheit privilegierte Wahrheitsansprüche erhebt und rücksichtslos durchsetzt. Die Vernunft, die sich zum Weltgewissen aufspreizt, fällt ins Bodenlose. Wenn sie heute als

104 Hans Blumenberg, *Die Legitimität der Neuzeit*, S. 181.

»Organ eines absoluten Anfangs«[105] auftritt, dann geschieht dies nicht mit dem kritischen Impetus einer Befreiung von Dogmatismus, Vorurteil und Idolatrie, sondern im Wahn einer Selbstermächtigung, die den Absolutismus der spätmittelalterlichen Theologie noch in den Schatten stellt. Der neue Absolutismus der Willkür ist nicht theologisch begründet, aber er trägt religiöse Züge.

Der Entdeckergeist der Neuzeit, das Pathos des Aufbruchs ins Unbekannte, ist nicht nur Triebfeder der theoretischen Neugierde, sondern auch eine immaterielle wirtschaftliche Ressource. Zu den motivationalen Grundlagen ökonomischen Erfolgs gehören nicht nur die asketischen Ideale der protestantischen Ethik. Wirtschaftliche Dynamik, Innovationskraft und der daraus resultierende Wohlstand haben kulturelle und mentale Voraussetzungen, die, wie der Ökonom Edmund Phelbs darlegt,[106] mindestens bis in die Renaissance zurückreichen und den Vitalismus des Barock ebenso einschließen wie die Aufklärung als Zeitalter der Vernunft und die Expressivität der Romantik. Die Tragik ist, dass ein Konservatismus, der die neuzeitliche Rationalität für illegitim hält, als Verteidiger dieses bestandskritischen Bestands,

105 Ebd., S. 159. In der Auseinandersetzung mit Carl Schmitt, deren Ergebnisse in die Überarbeitung von *Die Legitimität der Neuzeit* eingeflossen sind, würde der Verteidiger einer bestandsbewussten Vernunft eher Blumenberg sekundieren. Aus der Perspektive Schmitts und seiner Konzeption von Säkularisierung können Neuzeit und Moderne nur als etwas Abkünftiges, letztlich Illegitimes betrachtet werden.

106 Edmund Phelbs, *Mass Flourishing*, S. 109 ff. Phelbs sieht diese Kultur der Moderne nicht nur durch sozialistische Ideen, sondern auch durch Staatsgläubigkeit und einen neuen Korporatismus bedroht.

der sich in Ideen von Freiheit, Selbstbestimmung und Autonomie kristallisiert, ausfällt. Er sieht in der Rationalitätskultur der Moderne kein zu verteidigendes Erbe, nichts Bewahrenswertes, sondern ein Ferment der Zersetzung. Umgekehrt neigen Progressive und Liberale dazu, Werte wie Individualismus und Selbstbestimmung von ihren Wurzeln zu trennen und naturrechtlich zu hypostasieren. Sie verkennen mit den Eigenarten auch die Bestandsvoraussetzungen und Reproduktionsbedingungen der modernen Kultur, was sie dazu verleitet, in geistiger Hinsicht über ihre Verhältnisse zu leben – bis zu dem Punkt, an dem sie die eigenen Grundlagen zerstören.

»Der Besitz an selbstbewußter Vernünftigkeit, welcher uns, der jetzigen Welt angehört«, sagt der Geschichtsdenker Hegel, »ist nicht unmittelbar entstanden und nur aus dem Boden der Gegenwart gewachsen, sondern es ist dies wesentlich in ihm, eine Erbschaft und näher das *Resultat* der Arbeit, und zwar der Arbeit aller vorhergegangenen Generationen des Menschengeschlechts zu sein.«[107] Das Erbe der Vernunft hat einen universellen Charakter, aber es ist keineswegs ubiquitär. Der Weltgeist ist nicht überall. Er ist an eine Landschaft gebunden und öffnet sich einem ganz bestimmten Horizont. Das Erbe der Vernunft ist sowohl geschichtlich als auch räumlich situiert und damit in einem hohen Maß *eigenartig*, woran Hegel an anderer Stelle keinen Zweifel lässt: »Im Glanze des Morgenlandes verschwindet das Individuum nur; das Licht wird im Abendlande erst zum Blitze des

107 G. W. F. Hegel, *Vorlesungen über die Geschichte der Philosophie I*, S. 21.

Gedankens, der in sich selbst einschlägt und von da aus sich seine Welt erschafft.«[108]

Nicht erst im Poststrukturalismus, sondern bereits in der Kritischen Theorie Horkheimers und Adornos wird die Vernunftkritik im Namen der »Emanzipation« zu einer umfassenden Bestandskritik radikalisiert, welche die Grundlagen der Rationalität selbst untergräbt. Die Kritik ist abstrakter als die kritisierte Vernunft. Sie blendet die »Vielfalt des gemeinschaftlichen Geistes«[109] und die institutionalisierten Formen der Vernunft aus, wie sie etwa Hegel in seiner Rechtsphilosophie entwickelt und inventarisiert. Jede Bindung erscheint als Manifestation eines umfassenden Identitätszwangs und steht im Verdacht eines mindestens präfaschistischen Autoritarismus. Der Terminus »Affirmation«, der auf die eingangs erwähnte *firmitas* verweist, ist nicht nur der Gegenbegriff der »Kritik«, sondern auch der Name des Verhängnisses und das Schmähwort schlechthin. Für Adorno ist es gar die »verruchte Affirmation«[110]. Die Festigkeit des Dauernden, an Ort, Zeit und Geschichte Gebundenen, verfällt dem Verdikt. Die Tragik der Kritischen Theorie ist, dass mit den Beständen zugleich das preisgegeben wird, was der Ökonomisierung aller Lebensbereiche, der Herrschaft des Rentabilitätsprinzips und der Totalisierung der Warenform widerstehen könnte. Die Kritik wird bodenlos.

Die Kipp- und Umschlagpunkte der Aufklärung sind nicht auf der Seite einer verabsolutierten instrumentel-

108 Ebd., S. 121.

109 Roger Scruton, *Narren, Schwindler, Unruhestifter*, S. 224.

110 Theodor W. Adorno, *Noten zur Literatur*, S. 424.

len Vernunft, sondern einer bestandsvergessenen und moralisch überhöhten objektiven Vernunft zu finden. Naheliegendes Beispiel aus der Geschichte ist der blutige Tugendterror der Jakobinerherrschaft im Gefolge der Französischen Revolution. Das Moralprinzip amalgamiert sich am ehesten dort mit dem Machtprinzip, wo es sich als höherwertiges statuiert und seine Erhabenheit über partikularistische Ziele und Zwecke behauptet. Gerade die universalistischen Gehalte der Vernunft sind anfällig für einen Rückfall in Barbarei – nicht nur, weil sie sich der Instrumentalisierung für politische Ziele und einer interessegeleiteten selektiven Anwendung geradezu exponieren, sondern auch, weil ihr Unbedingtheitsanspruch selbst eine hegemoniale, nicht selten sogar totalitäre Tendenz hat. Die bestandsblinde, moralisch überdehnte Vernunft verliert jedes Maß. Ihren vom Sein entkoppelten Geltungsansprüchen und Wertsetzungen eignet, wie Carl Schmitt erkennt, eine »potenzielle Aggressivität«[111], ein tyrannischer Zug. Dass die Beispiele für Kriege im Namen der Menschenrechte Legion sind, ist auch aus Sicht des Philosophen Rudolf Brandner kein Zufall und auch nicht nur ein Indiz für den ideologischen Missbrauch oder die rhetorische Ausbeutung hehrer Ziele; es liegt vielmehr ganz in der Konsequenz innerer Motive: »Indem die ›Menschenrechte‹ als reaktive Überkompensation aus dem Schrecken diktatorischer Gewalt resultieren, reproduzieren sie diese im moralischen ›Overkill‹ absoluter Unbedingtheiten,

111 Carl Schmitt, *Die Tyrannei der Werte*, S. 43.

die zum Machtprinzip globaler Übermächtigung werden.«[112]

Gleichzeitig wird immer deutlicher erkennbar, dass ein bestandsblinder Universalismus die eigenen Grundlagen untergräbt. Die Realisierung der Menschheitsunmittelbarkeit des Individuums, die im Begriff universeller »Menschenrechte« angelegt ist, führte zu einer Ausschaltung aller intermediären Instanzen und damit auch zu einer Zerstörung jener Rechtsgemeinschaften, die diese Rechte sichern und durchsetzen können. Die Vernichtung des Bestands kann für die universellen Gehalte der Vernunft nicht folgenlos bleiben. »Recht ist nicht etwas, das im Kopfe von Philosophen spukt oder im Munde von Propagandisten gedeiht, sondern zu seinem Begriff gehört die grundsätzliche Einklag- und Durchsetzbarkeit«[113], weiß Panajotis Kondylis. Rolf Peter Sieferle hat die politischen Paradoxien eines bestandsvergessenen und darum überdehnten Universalismus am Beispiel des Sozialstaats westlicher Prägung aufgezeigt: Die universalistischen Prinzipien fordern, seine Leistungen nicht auf die eigenen Staatsbürger zu beschränken, sondern tendenziell auf alle Menschen weltweit auszudehnen. Wenn ein solcher Staat die eigenen Prämissen ernstnimmt, kann er sich mit materieller Ungleichheit zwischen den Nationen nicht abfinden und darf folglich der Einwanderung Ärmerer und Benachteiligter in die eigenen Sozialsysteme keinen Riegel vorschieben. Eine unbegrenzte Einwanderung – gleichviel ob aus politischen

112 Rudolf Brandner, »Die Ideologie der Menschenrechte«, *TUMULT*, Winter 2019/2020, S. 37.

113 Panajotis Kondylis, *Das Politische im 20. Jahrhundert*, S. 61.

oder materiellen Gründen – muss jedoch zwangsläufig zur ökonomischen Überforderung des Sozialstaats führen. Eine soziale, kulturelle Auflösung der Staatlichkeit hat die unbegrenzte und ungesteuerte Einwanderung insbesondere dann zur Folge, wenn die Einwanderer einen kulturellen Hintergrund haben und mitbringen, der nicht mit universalistischen Prinzipien zu vereinbaren ist, ja diesen sogar feindlich gegenübersteht.

Die tragische Pointe in Sieferles Überlegungen ist, dass der Universalismus zum eigenen Totengräber wird, weil er dem entfesselten Partikularismus einer fragmentierten, multitribalen Gesellschaft den Weg bahnt, in welcher der humanitäre Universalismus nur noch ein »Stamm unter Stämmen«[114] ist. Es geht hier nicht nur um eine Umsetzungsfrage; die von Sieferle herauspräparierte Paradoxie berührt zuinnerst auch das ethisch-moralische Prinzip selbst. Mit der Ordnung, die eine Durchsetzung universalistischer Prinzipien – wenn auch nur auf begrenztem Raum – allererst ermöglicht, wird die ethische Substanz selbst zerstört. Ein Universalismus, der von der Möglichkeit seiner – immer nur annäherungsweisen – Verwirklichung abgeschnitten ist, verdient diesen Namen nicht und ist keiner. Er wäre tatsächlich nur noch etwas, »das im Kopfe von Philosophen spukt oder im Munde von Propagandisten gedeiht« (Kondylis).

Erst die Rückbesinnung auf die eigenen Bestandsvoraussetzungen und -grundlagen bewahrt den Humanismus vor einer Überdehnung, die in letzter Konsequenz in die Selbstzerstörung mündet. Eine Vernunft,

114 Sieferle, *Epochenwechsel*, S. 472.

die diesen Zusammenhang ausblendete, wäre im doppelten Sinn des Wortes ohne Bestand. Deshalb müssen Anwendung und Umsetzung universalistischer Grundsätze dort eine Grenze finden, wo sie ihre Bestandsgrundlagen und deren Reproduktionsbedingungen gefährden.

Zwischen Weltvernunft und Tabula rasa

Heute erscheint die pervertierte objektive Vernunft in unterschiedlichen Maskeraden. Das angemaßtes Weltethos der »Global Governance« zählt ebenso dazu wie die planetarische Agenda des Klimaschutzes und der Absolutismus des Gesundheitsschutzes im Hygieneregime. Erkennbar ist sie auch in einer im Singular auftretenden, zur unanfechtbaren Autorität erhobenen Wissenschaft, die Gefolgschaft erheischt (»Follow the Science«). Nicht die verselbstständigte Technik, sondern der Anspruch, über instrumentelle Kalküle und Herrschaftsmotive erhaben sowie nur dem Guten verpflichtet zu sein, führt in die Knechtschaft. Bestandsvergessenheit ist der gemeinsame Nenner dieser Entwicklungen und Formationen.

Es handelt sich weniger um eine Technokratie als vielmehr um einen Absolutismus der Vernunft – durchaus in der Tradition der platonischen Konzeption einer Philosophenherrschaft, nur diesmal im planetarischen Maßstab. Die Pandemie stelle ein »seltenes, aber enges Zeitfenster zum Umdenken, Neuerfinden und

Neustarten unserer Welt dar«,[115] sagte Klaus Schwab im März 2020. Im »Great Reset« gehe es darum, »die Welt weniger gespalten, weniger verschmutzend, weniger zerstörerisch, integrativer, gerechter und fairer zu machen, als wir sie in der Zeit vor der Pandemie hinter uns gelassen haben.«[116] Wendungen wie diese lesen sich wie nachträgliche Belegstellen für Karl R. Poppers bereits 1945 formulierte Warnung vor dem Totalitarismus einer utopischen Sozialtechnologie. »Die platonische Methode, an die ich hier denke, kann man *die Methode des Planens im großen Stil, die utopische Sozialtechnik, die utopische Technik des Umbaus der Gesellschaftsordnung oder die Technik der Ganzheitsplanung nennen*«[117], schreibt Popper unter dem Eindruck von Stalinismus und Nationalsozialismus. Dieser Utopismus, dem Popper sein Konzept einer sich in Bescheidenheit übenden »*Sozialtechnik der kleinen Schritte*«[118] gegenüberstellt, ist gerade in seiner Fixierung auf große und letztgültige Ziele blind und gefährlich. Planungsregime dieser Art tendieren zu Zentralismus und dogmatischer Erstarrung. Sie erweisen sich als unfähig, Komplexität zu verarbeiten und auf veränderte Rahmenbedingen angemessen zu reagieren. Fehlentwicklungen werden nicht korrigiert, einmal eingeschlagene Wege verbissen verfolgt, Opfer als Kollateralschäden achselzuckend hingenommen. Deshalb münden diese Regime Popper

115 Schwab, Malleret, *Der Große Umbruch*, S. 292. Das Zitat stammt aus einer Rede, die Schwab am 3. 3. 2020 im Rahmen des Weltwirtschaftsforums hielt.

116 Ebd., S. 293.

117 Karl R. Popper, *Die offene Gesellschaft und ihre Feinde*, Bd. I, S. 187.

118 Ebd.

zufolge »aller Wahrscheinlichkeit nach«[119] in eine Diktatur.

Heute ist – neben dem Gesundheitsschutz im Hygieneregime – der Klimawandel die bevorzugte moralische Unbedingtheitsressource. Aus ihr wird die Erlaubnis, ja Verpflichtung abgeleitet, trotz der blutig gescheiterten Gesellschaftsexperimente noch einmal sozialtechnologisch aufs Ganze zu gehen. »Das kohlenstoffbasierte Weltwirtschaftsmodell ist auch ein normativ unhaltbarer Zustand, denn es gefährdet die Stabilität des Klimasystems und damit die Existenzgrundlagen künftiger Generationen«[120], heißt es in einem 2011 erschienenen voluminösen Gutachten des Wissenschaftlichen Beirats der Bundesregierung Globale Umweltveränderungen. »Die Transformation zur Klimaverträglichkeit ist daher moralisch ebenso geboten wie die Abschaffung der Sklaverei und die Ächtung der Kinderarbeit.«[121] Das Papier mit dem Titel »Welt im Wandel. Gesellschaftsvertrag für eine Große Transformation« nimmt viele Thesen des »Great Reset« vorweg. Die »Große Transformation« sei »hinsichtlich der Eingriffstiefe«[122] nur noch mit der Neolithischen Revolution, also dem Aufkommen von Ackerbau und Viehzucht, sowie der Industriellen Revolution vergleichbar, argumentieren die Autoren um Hans Joachim Schellnhuber, damals Direktor des von ihm gegründeten Potsdam-Instituts für Klimafolgenforschung. Die bishe-

119 Ebd., S. 190.

120 Welt im Wandel. *WBU*, S. 11.

121 Ebd.

122 Ebd., S. 5.

rigen Umwälzungen seien weitgehend ungesteuerte, evolutionäre Prozesse gewesen – im Unterschied zu heute. »Die historisch einmalige Herausforderung bei der nun anstehenden Transformation zur klimaverträglichen Gesellschaft besteht darin, *einen umfassenden Umbau aus Einsicht, Umsicht und Voraussicht voranzutreiben.*«[123]

Der neue Gesellschaftsvertrag der »Weltbürgerschaft«[124], der nicht erst in *The Great Reset*, sondern bereits in diesem Gutachten in Aussicht gestellt wird, degradiert die Nationalstaaten, ihre Institutionen und politischen Akteure zu bloßen Statisten. »Stoßrichtung einer neuen Global-Governance-Architektur muss letztlich im Sinne des globalen Gesellschaftsvertrags zur Nachhaltigkeit die Schaffung einer gerechten Weltordnung sein.«[125] Als Treiber einer geistig-moralischen Globalisierung soll ein Netzwerk »von Global-Governance-Theoretikern, Völkerrechtlern, Kosmopoliten, Transnationalisten und Gerechtigkeitsphilosophen zur Formulierung legitimer und umsetzbarer Normen, Regeln und Verfahren, die insgesamt einen ideellen globalen Gesellschaftsvertrag begründen könnten«[126], etabliert werden. Macht ist hier die akkumulierte Begründungsmacht einer kognitiven Elite. Sie nimmt im neuen digitalen Feudalismus, wie Joel Kotkin darlegt, die legitimatorische, meinungs- und bewusstseinsbildende Funktion des mittelalterlichen Klerus ein.[127]

123 Ebd., S. 21.

124 Ebd., S. 8.

125 Ebd., S. 21.

126 Ebd.

127 Noel Kotkin, *The Coming of Neo-Feudalism*, S. 49 ff.

Dass der »Gesellschaftsvertrag« nicht als heuristischer Grenzbegriff, sondern als konkrete Agenda aufgerufen wird, offenbart die Vermessenheit dieses gleichermaßen sozialtechnologischen wie utopischen Ansatzes. Der Technizismus, der sich in der Metaphorik des Neustarts zeigt, ist nicht das Ergebnis einer positivistischen Verengung der Vernunft; er ist das Resultat überspannter Ziele und höchster Dringlichkeiten, in deren Prospekt dann alles zum Werkzeug und Mittel degradiert wird.

Ähnliche Töne schlägt auch die im September 2015 in der Generalversammlung der Vereinten Nationen verabschiedete »Agenda 2030« an, die den unbescheidenen Titel »Transformation unserer Welt«[128] trägt. Stichwortgeber, Bezugspunkt und metaphorischer Fonds dieser und anderer, verwechselbar ähnlicher Entwürfe ist das 1944 erschienene Werk *The Great Transformation* des ungarisch-österreichischen Wirtschaftshistorikers Karl Polanyi. Die Formel steht dort zunächst nicht für einen Umbau oder eine Wende zum Besseren, sondern für die Verselbstständigung der Märkte und den Sündenfall des Kapitalismus. Das Verhängnis begann laut Polanyi damit, dass Land, Geld und Arbeit am Beginn der Industrialisierung als gewöhnliche Waren behandelt, mit einem Preis belegt und den Gesetzen von Angebot und Nachfrage unterworfen wurden. Die Autonomisierung der Märkte, die in der Darstellung Polanyis zerstörerische Kräfte entfesselt und die Desintegration der Gesellschaft befördert, ist für ihn nicht das Ergebnis eines selbstlaufenden evolutionären

128 Transformation unserer Welt. UN-Resolution, 25.9.2015, S. 1.

Prozesses, sondern einer politischen Entscheidung, eines gezielten Eingriffs. Die »Große Transformation« ist gewollt und gemacht. Umgekehrt gedacht, bedeutet dies, dass sie in einer konzertierten Aktion, einer zweiten umfassenden Transformation auch wieder rückgängig gemacht werden kann.

Wie sich die Gesellschaft wieder *einrenken* lässt, deutet Polanyi im Schlussteil seiner Schrift an: »To take labor out of the market means a transformation as radical as was the establishment of a competitive labor market.«[129] Neben der Arbeit sollen auch Geld und Boden im Rahmen einer zweiten »Großen Transformation« den Marktmechanismen entzogen und einem regulatorischen Regime unterstellt werden, um die Gesellschaft vom kapitalistischen Verhängnis zu befreien. Nicht in allen vorgeschlagenen Stellschrauben, wohl aber im holistischen Ansatz machte Polanyis Buch Schule und inspiriert die Architekten des »Build back better« bis heute.

Die Pandemie seit 2020 ist der historische Kairos, in dem die absolutistische Vernunft im Weltmaßstab praktisch werden kann, woraus die Weltarchitekten aus Davos keinen Hehl machen: »Einige Staats- und Regierungschefs und Entscheidungsträger, die bereits an vorderster Front im Kampf gegen den Klimawandel standen, möchten den Schock, den die Pandemie verursacht hat, möglicherweise nutzen, um langfristige und umfassende Umweltveränderungen durchzuführen. Sie werden die Pandemie in der Tat ›gut nutzen‹, indem sie sich die Chance, die die Krise bietet, nicht entgehen

129 Karl Polanyi, *The Great Transformation*, S. 259.

lassen.«[130] Es entbehrt nicht der Ironie, dass sich die Exzesse einer bestandsvergessenen Vernunft bevorzugt unter dem Vorwand und im Namen der Nachhaltigkeit austoben.

Die Hyperbel der objektiven Vernunft ist in ihren instrumentellen Zugriffen rücksichtsloser, als es die von Horkheimer charakterisierte subjektive Vernunft je sein könnte. Das Einfallstor des Irrationalen ist in dieser auktorialen Anmaßung und Selbstüberhebung zu suchen, nicht in engstirniger Faktenhuberei. Die Vernunft verfinstert sich nicht im positivistischen Klein-Klein, sondern in einem megalomanischen Objektivismus. Die Übervernunft kippt in Un- und Widervernunft um. Für die höchsten und heiligen Zwecke ist die Vernunft bereit, alles zu opfern – auch sich selbst und ihre Errungenschaften. Die Dogmatisierung der wissenschaftlichen Rationalität und der Umschlag in Szientismus sind hier bereits vorgezeichnet. »Wissenschaft« wird monolithisch gedacht. Sie ist nicht mehr der Bereich des Vorläufigen, Diskutablen und Falsifizierbaren, sondern erscheint über jeden Zweifel erhaben. Wer Kritiker als »Wissenschaftsleugner« denunziert, statuiert Erkenntnis als Lehre und stellt sie auf den Sockel. Orthodoxe Klimatologen und Virologen umströmt die Weihe der Wahrheitspriesterschaft. Sie sind nicht nur der Klerus der refeudalisierten Gesellschaft, sondern zugleich die Exekutivorgane einer moralisch überhöhten Weltvernunft.

Als Rationalisierung der Hypermoral sowie als nüchtern-prosaische Entsprechung eines gefühligen

130 Schwab, Malleret, *Der Große Umbruch*, S. 169.

Humanitarismus dient heute der Begriff der Externalität. In der Makroökonomie versteht man darunter unkompensierte Auswirkungen ökonomischen Handelns auf Unbeteiligte, also Folgen, für die niemand bezahlt oder einen Ausgleich erhält. Als Musterbeispiel einer negativen Externalität werden die von der Allgemeinheit zu tragenden Folgekosten des Klimawandels herangezogen, die im Flugticket oder im Rindersteak nicht enthalten seien. Der sogenannte CO2-Preis wird dadurch gerechtfertigt, dass die externen Effekte und Folgekosten für die Gesellschaft in diesem Preisaufschlag *internalisiert* werden. Die Erweiterung der eigenen Perspektive im Hinblick auf mögliche Folgen für Dritte ist unverzichtbarer Bestandteil ethischer Abwägungen. So wären Grenzen in der Freiheit der eigenen Lebensgestaltung dort anzusetzen, wo diese die Gestaltungsfreiheit anderer Menschen einschränkt. »Das Problem ist, dass man die Externalitäten beliebig weit fassen kann«[131], gibt der Wissenschaftsphilosoph Michael Esfeld zu bedenken, der die Überdehnung des Begriffs von einem liberalen Standpunkt aus kritisiert. In der Coronakrise wurde die von Ethikräten und anderen Begründungslieferanten strapazierte Externalität zum Vehikel einer Entgrenzung der Verantwortung und einer Generalisierung des Verdachts. So wie beinahe jede Handlung Auswirkungen auf die Umwelt und das Klima hat, so steht nun jeder physische Kontakt im Verdacht, das Virus zu streuen. Mit diesem Generalverdacht, der jeden Menschen zum potenziellen Überträger stempelt, wird jene Sphäre des Sozialen

131 Michael Esfeld, »Die geschlossene Gesellschaft und ihre neuen Freunde«, *NZZ*, 1.4.2021.

zerstört, in der die Übernahme von Verantwortung sich selbst versteht.

Auch hier zeigt sich die selbstzerstörerische Logik einer maßlosen, bestandsvergessenen Vernunft: Die Ausweitung der Externalitäten und der aus ihnen abgeleiteten Internalisierungspflichten vernichtet die lebensweltlichen Kapazitäten zur Generalisierung von Geltungsansprüchen. Zugleich ist der tyrannische Objektivismus der Vernunft mit Irrationalität geschlagen, wie beispielsweise in der strukturellen Ähnlichkeit von CO_2-Zertifikaten und Gesundheitspässen mit Ablassbriefen offenkundig wird.

Der Gegensatz zwischen der Überhöhung der Vernunft und der rückhaltlosen Dekonstruktion besteht nur an der Oberfläche. Die Totalarisierung wird in der Kritik und Dekonstruktion der abendländischen Rationalität eingeübt – und zeigt sich etwa im Generalverdacht gegen das identifizierende Denken. Es gibt einen inneren Zusammenhang zwischen Selbsterniedrigung und Selbsterhöhung. In der Rücksichtslosigkeit gegenüber den eigenen Beständen entwickelt diese Vernunftkritik eine Intransigenz, die sich in der Folge gegen alle Verteidiger der Bestände richtet. Hinzu kommt, dass die Selbstkasteiung mit höchsten moralischen Prämien belegt ist, die als Evidenzgewinn gutgeschrieben werden können. Auch haben die Ritualisierung und Institutionalisierung die Fähigkeit zur Selbstkritik und Besinnung eher blockiert als befördert. Vernunft- und Machtkritik wurden und werden akademisch bewirtschaftet und an Diskursmaschinen delegiert. Aufarbeitungsroutinen von Genderismus bis

Postkolonialismus dienen der Selbstvergewisserung und Selbstbewahrheitung. Dass die »Metaerzählungen«[132], deren Ende Jean-François Lyotard in seiner berühmten Programmschrift der Postmoderne 1979 ausgerufenen hatte, ausgerechnet im Gefolge des Poststrukturalismus und seiner radikalisierten Vernunftkritik zurückkehren, ist wenig erstaunlich. Die durch das Stahlbad der Dekonstruktion gegangene, in maßloser Selbstkritik und Selbstdekonstruktion geläuterte, moralisch gereinigte Vernunft verlässt die Niederungen kritisierbaren Wissens und wird unanfechtbar. Auf der Linie dieser Entwicklung liegt auch die unübersehbare Drift ins magische und mythische Denken. In der Klimabewegung beginnt sie bei der Entterminologisierung des zu schützenden und zu rettenden Klimas, das zu einer quasipersonalen Wesenheit nach dem Modell antiker Kosmogonien wird, und setzt sich in der Stilisierung der Bewegung um Greta Thunberg zur mythischen Heldenfahrt fort.[133] Zum Comeback der »Großen Erzählungen« passt auch, dass es wieder zum guten Ton gehört, das ganz große Panorama zu entfalten. Ein Treffen des Weltwirtschaftsforums in Dubai im November 2021 trug die Überschrift »The Great Narrative Meeting«. Diese Maßlosigkeit spiegelte sich in den Reden: »In order to shape the future, you have first to imagine the future, you have to design the future, and then execute.«[134]

132 Jean-François Lyotard, *Das postmoderne Wissen*, S. 14.

133 Dazu ausführlich: Michael Esders, *Sprachregime*, S. 71 ff.

134 https://www.weforum.org/videos/the-great-narrative-narrating-the-future-english (ab min. 1.13). Die Formel bildete später sogar den Titel einer Buchveröffentlichung: Klaus Schwab, Thierry Malleret, *Das Große Narrativ* (engl. Ausgabe: *The Great Narrative*).

Vor dem großen Wurf steht die Rückkehr zum Nullpunkt. Das globale Gesellschaftsdesign kann nur auf einem leeren, unbeschriebenen Blatt Formen annehmen. Die Metapher der leeren Tafel ist aus der empiristischen, sensualistischen Erkenntnistheorie John Lockes bekannt, der das anfängliche Bewusstsein mit einer Tabula rasa vergleicht, die erst durch Sinneseindrücke und Erfahrungen gefüllt, *beschrieben* wird. Die staatsphilosophische Tradition dieser Metapher ist indes viel älter. In seinem großen Dialog *Politeia* vergleicht Platon den Philosophen, der den idealen Staat entwirft, wozu er durch seinen privilegierten Einblick in das überzeitlich Wahre, Gute und Gerechte befugt ist, mit Zeichnern. »Wenn sie nun, sprach ich, wie eine Tafel den Staat und die Gemüter der Menschen zur Hand nehmen, werden sie sie wohl zuerst rein machen müssen, was gar nicht eben leicht ist.«[135] Popper sieht in diesem Reinheitsideal einen verhängnisvollen Ästhetizismus des Politischen, der eine totalitäre Tendenz entfaltet. In die politische Praxis übertragen, bedeutet Säuberung nicht nur die Auslöschung der Tradition, sondern auch die Deportation von Menschen. Platon lässt Sokrates vorschlagen, alle Staatsbürger, die das zehnte Lebensjahr überschritten haben, aus der Stadt zu vertreiben und aufs Land zu deportieren. Die jüngeren Kinder, die dem Einfluss ihrer Eltern und deren verderblichen Sitten entzogen sind, werden, den ausschließlich vernunftgeleitenden Vorstellungen des Philosophenherrschers entsprechend, zu guten – und das heißt: brauchbaren – Staatsbürgern erzogen. »So

135 Platon, *Politeia*, S. 519 (501 a).

also hat der künstlerische Politiker vorzugehen. Das ist es, was ›Reinigen der Leinwand‹ bedeutet«, folgert Popper. »Er muß die bestehenden Institutionen und Traditionen ausrotten. Er muß reinigen, austreiben, deportieren und töten.«[136] Die sich aus Platons Ideenlehre ableitende fixe Idee der Voraussetzungslosigkeit, des gesellschaftlichen Nullpunkts kehrt in den globalen Gesellschaftsentwürfen und -experimenten von heute auf gespenstische Weise zurück. Sie begegnet in der Fetischisierung der Disruption, des Neuanfangs, des totalen Umbruchs – diesmal eher in technische als in künstlerische Metaphern gekleidet, aber mit einer ähnlich totalitären Tendenz. Die »Säuberung« ist das ausdrückliche oder insgeheime Ziel der lebensweltlichen und institutionellen Entüblichung.

Popper enthüllt die Gefahren dieses Machbarkeitswahns und geht ihnen politisch wie philosophisch auf den Grund. Aber zum Problem wird, dass sein liberalistisches Konzept einer offenen Gesellschaft letztlich keinen positiven Begriff lebensweltlicher und institutioneller Üblichkeiten zulässt. Alles, was die Tafel füllen könnte oder sie immer schon füllt, steht im Verdacht, in den Kollektivismus, in die Geschlossenheit einer Stammesgesellschaft zurückzuführen oder die *Öffnung* der Gesellschaft für Vernunft, Individualismus und Selbstbestimmung zu verhindern. Alle Üblichkeiten, alle Bestände stehen unter einem fallibilistischen Vorbehalt. Popper kritisiert die utopische Sozialtechnologie scharf und lastet ihr die totalitären Exzesse des 20. Jahrhunderts

136 Popper, S. 198.

an. Aber sein eigenes Verständnis gesellschaftlicher Evolution ist technizistisch, was der Übertragung seiner Wissenschaftstheorie auf Staat und Gesellschaft geschuldet ist. Auch Popper plädiert für den sozialtechnischen Umbau der Gesellschaft, allerdings ohne utopischen Überschwang und in kleinem Maßstab nach dem »Trial-and-Error«-Prinzip. Dieser reformistische Ansatz ist zwar gegen den Größenwahn des Objektivismus gefeit, bleibt aber allzu sehr naturwissenschaftlicher Methodik verhaftet und ist wenig geeignet, die Bindungskräfte der Gesellschaft adäquat zu beschreiben und die fortschreitende Desintegration zu erklären. Die lebensweltlichen und institutionellen Gewohnheitsgefüge, die eine Gesellschaft zusammenhalten, bilden und entwickeln sich weder auf der Grundlage von Vertragsbeziehungen noch von falsifizierbaren Hypothesen.

IV.
SPRACHVERLUST

Sprache ist nicht ein Bestand unter vielen, sondern dessen Inbegriff. Das Sprachdenken schult darin, Bestände als bestimmte, eigenartige Universalität zu denken. Deshalb führt die geistige Bestandsaufnahme zwingend zur Sprache, in der sich einige der hier verfolgten Fäden zusammenführen und verknüpfen lassen. Die Besinnung auf die Sprachlichkeit des Denkens könnte die Vernunft an den verlorenen Horizont erinnern. Sprache zeigt, dass die universalistischen Gehalte der Vernunft nicht von ihren Eigenarten zu trennen sind. Sie weist den Ausweg aus den Aporien einer totalisierenden Vernunftkritik und trägt dazu bei, die Vernunft vom Wahn planetarischer Ambitionen zu befreien.

Sprache überführt Flüchtiges in eine dauernde Formation, Individuelles ins Allgemeine, Subjektives in intersubjektiv Zugängliches. Sie *orientiert* die flüchtige Empfindung, gibt ihr eine Richtung und ein Ziel, indem sie diese an ein Gegenüber adressiert. Sie ist ein verästeltes System der Normierungen, aber zugleich auch Medium des individuellen Ausdrucks. In dieser doppelten Eigenschaft ist sie eine Metapher des Institutionellen, wie Arnold Gehlen es fasst: bindend und befreiend zugleich, ein Bewahren, Bei-sich-Bleiben in der Entäußerung. Deshalb spricht der Soziologe von der »Sprachmäßigkeit des menschlichen Antriebslebens, aller Interessen und Bedürfnisse«[137]. Sprache ist indes nicht nur *wie* eine Institution. Als Bestand des welterschlie-

137 Gehlen, S. 85.

ßenden Bedeutens *ist* sie vielmehr auch die umfassendste, zugleich ungreifbarste Institution. »Als Institution in diesem Sinne ist schon die Sprache aufzufassen, weil sie Stabilisationskerne in die Wahrnehmung und über diese hinweg in das gegenseitige Verhalten der Menschen legt«[138], sagt Gehlen. Diese »Stabilisationskerne« stehen heute mehr denn je zur Disposition.

Symbolisch verfasst und sprachlich strukturiert ist auch die Lebenswelt. Sie ist, wie Alfred Schütz und Thomas Luckmann entwickeln, *das* Medium der lebensweltlichen Vorgegebenheit. »Sprache ist das hauptsächliche Mittel des gesellschaftlichen Aufbaus jeder *menschlichen* Wirklichkeit; sie ist aber auch das Hauptmedium der *Vermittlung* einer bestimmten, also geschichtlichen, gesellschaftlich schon aufgebauten Wirklichkeit.«[139] Diese Charakterisierungen der institutionellen und lebensweltlichen Qualität der Sprache erhellen, warum Sprache nicht nur der umfassendste kulturell-symbolische Bestand, sondern auch der Schlüssel seiner Vernichtung ist. Die Angriffe auf die Institutionen und die Kolonialisierung der Lebenswelt vollziehen sich vorrangig im Medium der Sprache. Sie ist Schauplatz und Ziel dieser Attacken, aber zugleich auch Werkzeug, Waffe, Trojanisches Pferd.

»Doch die Sprache als Performanz aller Rede ist weder reaktionär noch progressiv; sie ist ganz einfach faschistisch«, stellt Roland Barthes 1977 in seiner berühmten Antrittsvorlesung am Collège de France fest. Denn

138 Ebd., S. 200.

139 Schütz, Luckmann, S. 668.

»Faschismus heißt nicht am Sagen hindern, er heißt zum Sagen zwingen. Sobald sie hervorgebracht wird, und sei es im tiefsten Innern des Subjekts, tritt die Sprache in den Dienst einer Macht.«[140] Barthes und andere Poststrukturalisten betrachten Sprache als zuinnerst mit Macht verknüpft und von Identitätszwängen durchsetzt. Sprache hält das Denken in starren Gegensätzen gefangen und reproduziert diese mit jedem Satz, jeder Äußerung. Sprache und Rede sind Verdikt, deshalb verfallen sie dem Verdikt. Die Parallelen zur totalisierenden Perspektive einer bestandsvergessenen Vernunftkritik, die ebenfalls mit dem Faschismusverdacht rasch zur Stelle ist, sind offensichtlich.

Die Pauschalkritik im Namen der Differenz verkennt, dass mit der Fähigkeit zur Identifikation auch das Unterscheidungsvermögen und mit diesem das Potenzial zur Bestimmung, Konkretion, Individuation wächst. Sprache lässt sich weder auf Begriffssprache noch auf Urteilsform und Prädikation reduzieren. Mit jeder Feststellung ist die Möglichkeit der Lockerung, Sprengung und Überwindung gesetzt – nicht *eine* Option, sondern unzählige Möglichkeiten, ein unerschöpfliches Reservoir des Bedeutens. Vielfalt und Differenz sind nicht etwas, was Sprache mühsam abgerungen, ihr abgetrotzt werden muss, wie Barthes unterstellt, der Sprache ein fundamentales Differenzdefizit und eine tiefe Affinität zur Macht vorhält. Als Beschreibung des Status quo des herrschenden Sprachgebrauchs verstanden, sind Barthes Ausführungen durchaus triftig.

140 Roland Barthes, *Leçon/Lektion*, S. 19.

Aber der Semiologe lastet der Sprache an, was man aus ihr gemacht hat. Er erklärt die restringierte und restringierende Gestalt der Sprache, die er vorfindet, zu ihrem Wesen und ontologisiert das Sprachregime.

Als *Vermittlung* im emphatischen Sinn ist Sprache über starre Dichotomien immer schon hinaus, wie der Sprachdenker Wilhelm von Humboldt darlegt: »Die Sprache ist gerade insofern objectiv einwirkend und selbstständig, als sie subjectiv gewirkt und abhängig ist.«[141] In der Sprache durchdringen sich Rezeptivität und Spontaneität, Anschauung und Begriff, Sinnliches und Geistiges, Individuelles und Allgemeines. Das Selbst- und Weltverhältnis der Subjekte bildet sich ebenso im Medium der Sprache heraus wie die Beziehung zwischen ihnen. Nur wer sich vor Augen führt, dass sowohl die Selbstorganisation einer Gesellschaft als auch die Identitätsbildung ihrer Mitglieder von der Sprache abhängt, kann das Ausmaß des Bestandverlusts ermessen.

Auch im poetischen Sprechen sind Bindung an Tradiertes und sprachliche Erneuerung keine Gegensätze. Universalität kann sich immer nur in der gestalteten Partikularität verwirklichen. Die Geschichte eines literarischen Genres wie das Sonett lehrt, dass formale Strenge und Selbstbeschränkung die Ausdrucksmöglichkeiten nicht einengen, sondern erweitern. Die Vorgaben bezogen auf Strophenform, Reim und Versmaß sind so streng wie in kaum einer anderen lyrischen Form. Gleichzeitig ist ihre Geschichte von Petrarca und Dante über Shakespeare bis zu Baudelaire, George und

141 Wilhelm von Humboldt, *Ueber die Verschiedenheit des menschlichen Sprachbaues*, S. 56.

Rilke eine Geschichte der sprachlichen Expedition ins Unbekannte, der Grenzüberschreitung und Grenzverschiebung, der fortwährenden Erweiterung des Sagbaren. Auch hier zeigt sich, dass der Gipfel ohne das »Basislager« (Sloterdijk) tradierter Bestände unerreichbar ist. Erst das eminente Bewusstsein des Bestands, der überlieferten Formen und Sprechweisen, ermöglicht die Überschreitung des Vorgegebenen – und zwar in der je eigenen Sprache. Nur wer deren Eigensinn im lyrischen Idiom zum Klingen bringt, vermag Gültiges zu schaffen, das über den Horizont der jeweiligen Nationalsprache hinausweist und weltliterarischen Rang erlangt.

Modell einer eigentümlichen, eigensinnigen Universalität ist nicht nur das poetische Sprechen. In der Sprache schafft die Kombinatorik einer begrenzten Anzahl artikulierter Laute die Grundlage für eine Unerschöpflichkeit des Ausdrucks und der Weltaneignung. Es enthüllt sich eine ähnliche Struktur wie in der »generalisierten Reziprozität« (Putnam) der Lebenswelt. Horizonte öffnen sich nur im gestalteten, gegliederten, artikulierten Eigenen der Sprache. Es gibt keine Abkürzung, keinen Sprung ins Allgemeine und Universelle.

»Gliederung/Artikulation ist auch die Funktion des Denkens, denn Denken ist: Unterschiede in der Welt machen und das Unterschiedene wieder neu kombinieren – Trennung und Zusammensetzung«, schreibt der Sprachwissenschaftler Jürgen Trabant, der sich in dieser Charakterisierung vor allem auf Wilhelm von Humboldt bezieht. »Die lautliche Artikulation, die Trennung und Zusammensetzung vokaler Bewegungen, folgt also demselben strukturellen Prinzip wie das Denken der

Welt, die semantische Artikulation der Welt, deren Potential sie ins Unendliche steigert.«[142] Umgekehrt bedeutet dies, dass mit der Vernichtung des eigenartigen lautlich und semantisch gegliederten Bestands der Sprache, der Auslöschung des in ihr sedimentierten kollektiven Unterscheidungsvermögens, eine potenzielle Universalität zerstört wird.

Es wäre verfehlt, die nationale Prägung und Eigentümlichkeit der Sprachen ausschließlich kulturrelativistisch zu verstehen. Sie behindern oder versperren nicht die Universalität des Sinns, sondern ermöglichen sie. Jede Sprache enthält die Intention auf ein Ganzes und die implizite Aufforderung und Anleitung, es zu denken, und zwar nicht als abstrakte Allgemeinheit, sondern als eine in der gestalteten, artikulierten Konkretion von Laut und Sinn, Materialität und geistigem Gehalt erfüllte Universalität. Diese Intention zeigt sich auch im Verhältnis der Sprachen untereinander, wie Walter Benjamin in seinem Aufsatz »Die Aufgabe des Übersetzers« ausführt: »Während nämlich alle einzelnen Elemente, die Wörter, Sätze, Zusammenhänge von fremden Sprachen sich ausschließen, ergänzen diese Sprachen sich in ihren Intentionen selbst.«[143] Der Übersetzer, wie Benjamin ihn charakterisiert, wird bei seiner Arbeit von der »großen Sehnsucht nach Sprachergänzung«[144], die den Sprachen selbst innewohnt, getragen und lässt sie in seinem Werk durscheinen.

142 Jürgen Trabant, *Sprachdämmerung*, S. 28.

143 Walter Benjamin, *Die Aufgabe des Übersetzers*, S. 13 f.

144 Ebd., S. 18.

Die Fähigkeit zur Gliederung und damit auch zur Differenzierung ist vom artikulierten Laut nicht zu trennen. Sie ist von der Materialität der Sprache, aber auch von der organischen Ausstattung des Menschen abhängig, der gegliederte Laute, die sich als Bedeutungsträger eignen, hervorzubringen vermag. Diese Erkenntnis steht in scharfem Kontrast zu Jacques Derridas Postulat eines unauflöslichen Zusammenhangs zwischen Logozentrismus und Phonozentrismus. Die einseitige Fixierung des Sprechens und Denkens auf die stimmliche Vergegenwärtigung, auf die Präsenz des selbsterzeugten Lauts, hatte aus Sicht von Derrida eine folgenreiche Abwertung des Ungegenwärtigen, Abwesenden, Nicht-Identischen zur Folge.[145] Ausgerechnet die stimmlich-artikulatorische Dimension der Sprache und des Sprechens, auf der sich laut Wilhelm von Humboldt nicht nur sprachliche Distinktionen, sondern auch das geistige Unterscheidungsvermögen, ja das Denken selbst gründen, gerät in den Ruch einer besinnungslosen Differenzvergessenheit.

Wie weichenstellend die in den Faschismusverdacht mündende Sprachkritik ist, wird an einer Stelle deutlich, an der Barthes die sprachlichen Unterwerfungszwänge benennt, denen er sich als Sprecher ausgesetzt sieht. Er charakterisiert Rede als »Gesetzgebung« und »Klassifikation« und spricht vom grammatischen Zwang, innerhalb der Sprache »als Subjekt aufzutreten, bevor ich die Handlung ausspreche, die dann nichts mehr als

145 Derrida spricht von einem »Vorrecht der Gegenwärtigkeit«, das »durch die Vortrefflichkeit der Stimme« begründet sei (Jacques Derrida, *Die Stimme und das Phänomen*, S. 26).

nur noch mein Attribut ist«.[146] Dann geht er auf das grammatische Geschlecht ein, das dem Sprecher eine Entscheidung zwischen Maskulinum und Femininum aufnötige – in einer rigorosen Ausschließlichkeit, die »das Neutrum oder das Komplexe«[147] verbiete. »Neutrum« steht hier nicht für das *sachliche* Genus, sondern ist eine Chiffre für alles, was Optionen zurückweist, Paradigmen sprengt und binäre Strukturen unterläuft.[148] Es ist in einem prononcierten Sinn »ne-utro«, »keins von beiden«. Diese Betonung der Nicht-Binarität berührt sich mit Judith Butlers Strategie einer parodistischen Verwirrung und Subversion der Geschlechtsidentitäten. Ziel ist, »Geschlechter-Konfigurationen zu vervielfältigen, die substantivische Identität zu destabilisieren und die naturalisierten Erzählungen der Zwangsheterosexualität ihrer zentralen Protagonisten: ›Mann‹ und ›Frau‹ zu berauben.«[149]

Eine Parodie der Geschlechtsidentitäten wäre ein Mummenschanz der »queeren« Identitäten nach dem Modell des »Christopher Street Day«. Aber der lässt sich schwerlich in den Alltag überführen. Deshalb wurde die Aufgabe, die angestrebte Geschlechtersensibilität herzustellen und Diversität zu verwirklichen, einer Bürokratie übertragen, die das »Neutrum« mit behördlicher Gründlichkeit exekutiert. Antidiskriminierung ist ein behördlicher Apparat, der Sprache zum Objekt und Medium der Entwöhnung, Entüblichung macht. Bei

146 Barthes, *Leçon/Lektion*, S. 17.

147 Ebd.

148 Vgl. dazu: Roland Barthes, *Das Neutrum*.

149 Judith Butler, *Das Unbehagen der Geschlechter*, S. 215.

der Suche nach einer Sprache jenseits unterwerfender Diskurse setzt Barthes auf die Poesie und ihren *listigen*[150] Umgang mit der Sprache sowie auf die Lektüre, die ihre subversiven Gehalte freilegt und aktiviert. Die Strategie des »Gender Mainstreaming« ist weder poetisch noch parodistisch im Sinne Butlers, sondern administrativ-bürokratisch.

Wie weit die Institutionalisierung und Kodifizierung fortgeschritten ist, zeigt ein Gutachten, das die Rechtswissenschaftlerin Ulrike Lembke 2021 im Auftrag der niedersächsischen Landeshauptstadt Hannover verfasste. Sie kommt zu dem Ergebnis, dass die Einführung des Genderns in Verwaltungen verfassungsrechtlich geboten sei. »Aus rechtlicher Sicht ist die Verwendung geschlechtergerechter Amtssprache inklusive des Gendersterns keine Irregularität, sondern für hoheitliches Sprachhandeln und damit die Verwaltung insgesamt im demokratischen Rechtsstaat unverzichtbar.«[151] Lemke, die an der Humboldt-Universität in Berlin lehrt, verweist zur Begründung auf Erkenntnisse »zu erheblichen psychischen Belastungen von Inter*, Trans* und non-binären Personen durch rein männliche oder rein binäre Personenbezeichnungen«[152]. Die Vermeidung möglicher Benachteiligungen und Herabsetzungen von Minderheiten rechtfertigt den »grundlegenden Wandel staatlichen Sprachhandelns«[153], der für die Verwaltungen sogar verpflichtend werden soll.

150 Vgl. Barthes, *Leçon/Lektion*, S. 23.

151 Ulrike Lembke, *Geschlechtergerechte Amtssprache*, S. 6.

152 Ebd., S. 4.

153 Ebd., S. 5.

Was heute als »gendergerechte« oder »diskriminierungssensible« Sprache firmiert und in Sprachleitfäden in Unternehmen, Behörden, Medien und Bildungseinrichtungen durchgesetzt wird, ist eine als hoheitliche Aufgabe verstandene, als regulatorische Maßnahme umgesetzte bürokratische Lesart der Dekonstruktion. Schwundstufen und Versatzstücke poststrukturalistischer Theoreme wurden zu einer Gesinnungsgrammatik umfunktioniert. Die ironische Pointe ist, dass ein Denken, das auf die Subversion der Diskursmacht und die Rettung des von dieser Macht entstellten Sinns zielt, seinerseits zum Quellcode eines neuen Diskurssystems wurde, das »Vielfalt« obligatorisch macht und »Diversität« als verpflichtenden Standard ohne Rücksicht auf Verluste durchsetzt.

Die gendergerechte Sprache *neutralisiert,* aber anders als von Barthes zum Ziel erhoben. Ihr konformistischer und reduktionistischer Charakter tritt auf verschiedenen Ebenen zutage: Die Einebnung beginnt bei der Identifikation des grammatischen mit dem biologischen Geschlecht, von Genus und Sexus. Sie setzt sich in sprachlichen Behelfsmitteln wie dem substantivierten Partizip Präsens fort, die als geschlechtsneutrale Formen herangezogen werden. Geopfert wird der präsentische Sinngehalt, die Implikation der Gleichzeitigkeit, die etwa darin zum Ausdruck kommt, dass »Studenten« eine Party feiern können, »Studierende« aber nicht, weil ihre momentane Tätigkeit dies ausschließt. »Zuschauende« können, anders als »Zuschauer«, nicht in ein Fußballstadion gehen, weil sie sich als jetzt gerade Schauende dort schon befinden. In diesen Ausweichformen zeigt sich:

Die – vorgebliche – Diskriminierungsvermeidung wird mit schwerwiegenden Differenzierungsverlusten erkauft. Identifikatorisch ist diese Sprache auch darin, dass sie die Geschlechterrollen, die sie zu überwinden vorgibt, übermäßig hervorkehrt. Die Pluralform »Ärzt*innen« lässt die Semantik des Begriffs, alle mit ihm verknüpften Vorstellungsattribute, hinter der ausgestellten Geschlechtlichkeit verschwinden. Die weibliche Endung verselbstständigt sich und dominiert das Nomen, degradiert es zum bloßen Anhängsel. Diese Verengung auf einen Aspekt folgt einer Logik der Entsprachlichung. Überdies erfüllen die unter dem Vorwand des Diversitätsgewinns durchgesetzten Genderformen eine wichtige sozialtechnologische Funktion. Sie sind ein sprachlicher Geßlerhut, der fortwährende Konformitäts- und Loyalitätsnachweise erzwingen soll, und liegen damit ganz auf der Linie des gesellschaftlichen Großtrends, der auch im Hygieneregime sichtbar wurde.

Die Darstellungs- und Ausdruckfunktion der Sprache tritt zunehmend hinter die Anforderungen der Geschlechtergerechtigkeit zurück. Im Sommer 2021 vereinbarten die deutschsprachigen Nachrichtenagenturen ein gemeinsames Vorgehen, »um diskriminierungssensibler zu schreiben und zu sprechen«[154]. Fortan ziehen sie alle Register zur »Sichtbarmachung der Diversität«[155] – von geschlechtsneutralen Pluralformen und Funktionsbezeichnungen über substantivierte Partizipien bis hin zu Umschreibungen mit Infinitiv.

154 Pressemitteilung der dpa, 21.6.2021 (https://www.presseportal.de/pm/8218/4947122).

155 Ebd.

Auch syntaktischen Lösungen wie »Wer raucht, hat eine kürzere Lebenserwartung« als Alternative zu »Raucher haben eine kürzere Lebenserwartung« werden vorgeschlagen. Umständlichkeit wird in Kauf genommen, Sprachökonomie und Präzision werden selbst dort geopfert, wo sie, wie im Nachrichtengeschäft, am nötigsten wären.

Die neu etablierte Gesinnungsgrammatik macht befangen und lähmt den Ausdruck. Die Sprache erscheint als illegitim und unzureichend, als materialisiertes Vorurteil. Die Sicherheit und Ungezwungenheit im Umgang mit ihr gehen verloren. In der aufgenötigten Deklination der Diversität wird das Vertraute fremd. Diese Entfremdungserfahrung mit und in der eigenen Sprache erinnert an den Angsttraum von einer nach Jahrzehnten zu wiederholenden Abiturprüfung. Die »Stabilisationskerne«, von denen Gehlen sprach, lösen sich auf. Was lange galt, gilt nicht mehr; was Halt und Sicherheit gab, wird zum rutschigen Parkett.

Der Sprachumbau folgt einem ähnlichen Muster wie der von einer hybriden Sozialtechnologie vorangetriebene Lebenswelt- und Weltumbau. Was als Sensibilität ausgelegt werden will, entpuppt sich als rücksichtslose Selbstermächtigung. Der totalitäre Geist dieses vorgeblichen Antitotalitarismus zeigt sich im vermessenen Anspruch, die organisch gewachsene Sprache zugunsten eines abstrakten Ideals umzubauen, sowie im Wahn, eine neue, gerechtere Wirklichkeit sprachbürokratisch erschaffen zu können.

Die Gesinnungsgrammatik hat eine expansive Tendenz, die sich gegenüber dem Aktivismus und den

Absichten ihrer Befürworter verselbstständigt. Die natürlichen Sprachen können das Diversitätsideal, welches an sie herangetragen wird, nie erfüllen. Immer wenn eine Repräsentationslücke geschlossen wird, bildet sich an anderer Stelle eine neue. So hätte etwa die Abschaffung oder Einschränkung des geschlechtsübergreifenden, offenen generischen Maskulinums, welche die Präsenz und Sichtbarkeit des Weiblichen in der Sprache erhöhen sollen, eine Verfestigung jener Binarität zur Folge, die überwunden werden soll. Der sprachfremde Technizismus des Gendersterns schließt die Lücke nur notdürftig. Er ist bestenfalls ein Alibi der angestrebten Nicht-Binarität. Deshalb werden Forderungen nach weiteren Schritten wie geschlechtsneutralen Pronomen und Endungen nach seiner Einführung nicht verstummen. So schlagen etwa Lann Hornscheidt und Ja'n Sammla in ihrem »Praxis-Handbuch« die Einführung des geschlechtsneutralen Kunstpronomens »ens« vor, das sie dem Mittelteil des Worts »Mensch« entlehnen. Diese Form soll außerdem als gendergerechte Endung und bestimmter Artikel dienen.[156] Man mag diese Radikalposition einer »Grammatik des Respekts«[157] belächeln. Aber die Erfahrung lehrt, dass die Diskussion einer solchen Forderung dazu beiträgt, eine abgeschwächte, aber noch immer extreme Position im milden Licht der Kompromissfähigkeit erscheinen zu lassen und letztlich durchzusetzen.

156 Lann Hornscheidt, Ja'n Sammla, *Wie schreibe ich divers? Wie spreche ich gendergerecht?*

157 Davon spricht Lann Hornscheidt in: »›Eine Frage der Haltung‹«, *taz.de*, 31.3.2021.

Barthes denkt Sprache als Machtwort, klassifikatorischen Zwangszusammenhang und Prokrustesbett der Identität. Zum Konformitätszwinger wird sie indes unter dem Banner der Vielfalt gemacht. Eine treibende Kraft neben dem Bildungssystem sind die Dekonstruktionsbürokraten in Gleichstellungsämtern und Diversity-Abteilungen. Sie rekrutieren sich nicht zuletzt aus Absolventen der sogenannten Geschlechterstudien (Gender Studies), in deren Lehrplänen poststrukturalistische Theorien – oder zumindest deren Schwundstufen – einen wichtigen Platz einnehmen. Die Sachwalter der Diversität sind von ihrer mit hehren Zielen geadelten Mission so durchdrungen, dass sie blind für die eigenen Zwänge sind. Diese treten dort hervor, wo das Denken praktisch wird, Tatsachen schafft, sich institutionalisiert. Im Dünkel seiner Unangreifbarkeit mutiert es selbst zu dem, wogegen es angetreten war.

In einem Interview erläutert Michel Foucault einen zentralen Begriff seiner späteren Texte. Ein »Dispositiv« sei »ein entschieden heterogenes Ensemble, das Diskurse, Institutionen, architekturale Einrichtungen, reglementierende Entscheidungen, Gesetze, administrative Maßnahmen, wissenschaftliche Aussagen, philosophische, moralische oder philanthropische Lehrsätze, kurz: Gesagtes ebensowohl wie Ungesagtes umfaßt.«[158] Dies ist die treffendste Charakterisierung der Sprachregime der Gegenwart, in denen sich diskursive und institutionelle Elemente wechselseitig stützen und erhärten. Foucaults Analysen liefern den Schlüssel zur

158 Foucault, S. 119 f.

Kritik, aber – ähnlich wie die dystopischen Klassiker der Weltliteratur – auch das leicht verwertbare Negativ eines Bauplans. Als Handlungsanweisung verstanden und verwendet, bringt seine Machtkritik die Machttechnologie auf die Höhe der Zeit. Das hartnäckigste Dispositiv ist inklusiv, mit den besten Absichten gepanzert und über den Verdacht erhaben, eines zu sein.

Monopolistische Wortmacht

Die Sprache ist ein Frühindikator der kulturellen Bestandsvergessenheit. Im Triumph des global Geläufigen über regionale Färbungen, Idiome und Nuancen zeigt sich eine Entwicklung, die weit über die Sprache hinausweist. In seiner Bestandsaufnahme, die ein düsteres Bild zeichnet, nimmt Jürgen Trabant den fortschreitenden Verlust sprachlicher Vielfalt und die unaufhaltsame Tendenz zur globalen Vereinheitlichung im Siegeszug des »Globalesischen« in den Blick. Die sprachliche Einebnung bleibt dem Denken nicht äußerlich. Mit jeder Sprache, jedem Idiom geht eine eigenartige Universalität, eine Weltansicht[159] verloren, so wie für die Bestände insgesamt gilt, dass mit dem Eigenen eine Welt untergeht. Aus Trabants Sicht setzt sich mit und in dieser Einebnung ein reduktionistisches Konzept der Sprache durch, das in ihr nur ein austauschbares, letztlich beliebiges und gleich-gültiges Zeichenarsenal ohne eigenen kognitiven Wert sieht. »Der Weltgeist ist heute

159 Jürgen Trabant akzentuiert Wilhelm von Humboldts Konzept der sprachlichen »Weltansichten« als »Gegenbegriff zum Zeichen« (*Trabant*, S. 42).

semiotisch, nicht sprachlich«[160], lautet sein illusionsloses Fazit.

Diese Entwicklung wird durch eine Digitalökonomie verstärkt, die Semantik als milliardenschweres Geschäftsmodell erschlossen hat und Sprache in handelbare Bedeutungsquanten auflöst, die global konvertierbar sind. Seit Oktober 2015 firmiert der Suchmaschinenkonzern Google als Tochterunternehmen von Alphabet. Der Name der Dachgesellschaft bringt die enge Verflechtung sprachlicher, enzyklopädischer und ökonomischer Macht zum Ausdruck. Die Monetarisierung von Wörtern und Zeichenketten ist in großem Stil möglich, weil die Suchmaschine den Zugang zum Weltwissen, das vor allem semantisch erschlossen wird, monopolisiert hat. »Wir mochten den Namen Alphabet, weil er eine Sammlung von Buchstaben bedeutet, die Sprache repräsentieren, eine der wichtigsten Innovationen der Menschheit, und der Kern dessen ist, wie wir mit der Google-Suche indexieren.«[161] So begründete Google-Mitgründer Larry Page die Namenswahl – und wies auf einen weiteren Aspekt hin: In der Terminologie der Finanzmärkte bezeichnet ein positives Alpha das Maß für die Überrendite einer Anlage gegenüber dem Vergleichswert, dem Benchmark. »Alpha-bet« ist also die Wette, dass die neue Holding überdurchschnittlich profitabel sein werde.

Die hohen Erwartungen wurden noch übertroffen, was sich in der Bilanz zeigt. Alphabet erzielte im Jahr

160 Ebd., S. 44.

161 https://abc.xyz.

2021 einem Umsatz von 254,28 Milliarden und einen Gewinn von 73,42 Milliarden US-Dollar. Erstaunlich wenig Beachtung findet der Umstand, dass die digital- und aufmerksamkeitsökonomische Verwertung von Sprache das wichtigste Geschäftsfeld des Konzerns ist. Einen Großteil des Umsatzes erwirtschaftet das Unternehmen mit Werbung, die auf einer algorithmisch gesteuerten Auktion von Suchwörtern basiert. Diese Wort- und Begriffsbörsen sind nicht nur die mit großem Abstand wichtigste Einnahmequelle des Konzerns, aus der andere, bislang defizitäre Sparten finanziert werden. Angewandte Semantik ist vielmehr auch eines der erfolgreichsten Geschäftsmodelle der Netzökonomie überhaupt,[162] was unabsehbare, aber noch kaum bedachte Folgen für die Schriftkultur und ihre Institutionen hat.

Als wichtigster Wegbereiter dieser Bedeutungsökonomie erwies sich der Domainhandel, der Ende der neunziger Jahre boomte. Damals berichteten Wirtschaftsmedien über spektakuläre Auktionen, Millionendeals und erbitterte juristische Auseinandersetzungen. Begriffe wurden zu begehrten Spekulationsobjekten. Internetadressen wie »sex.com«, »insurance.com« oder »vaccationrentals.com« wechselten für zweistellige Millionenbeträge den Besitzer. Sedo, nach eigenen Angaben die größte Online-Handelsplattform für Internetadressen, listete im Jahr 2021 noch 19 Millionen Domains und verzeichnete 3500 Verkäufe

162 Vgl. dazu Frédéric Kaplan, »Quand les mots valent de l'or«, *Le Monde diplomatique*. Nov. 2011, S. 28. Der Kulturwissenschaftler charakterisiert dieses Geschäftsmodell als »linguistischem Kapitalismus«. Ausführlich dazu: Michael Esders, *Alphabetisches Kapital*.

monatlich.[163] Allerdings schwand die ökonomische Bedeutung der Domains, seitdem sich der Zugang ins Netz statt über Adressnamen fast ausschließlich über – zunehmend auch mündliche – Suchanfragen vollzieht.

Vorreiter in der monetären Wortverwertung war Google mit seinem im Jahr 2000 eingeführten Werbekonzept »AdWords«, mit dessen Etablierung Semantik in den Blickpunkt der Digitalökonomie rückte. Mit Hilfe von Schlüsselwörtern – sogenannten Keywords – legt der Werbekunde fest, welche Suchwörter seine Anzeige aktivieren. Außerdem kann er gezielt bestimmte Regionen bewerben, mehrere Begriffe kombinieren und negative Schlüsselwörter definieren, mit denen seine Werbung auf keinen Fall in Verbindung gebracht werden soll. Die Anzeige erscheint rechts neben oder über den per Algorithmus ermittelten »natürlichen« Suchtreffern. Die Kunden zahlen erst, wenn die Anzeige tatsächlich angeklickt wird. Der Preis wird in einer automatisierten Auktion ermittelt, die bei jeder Suche innerhalb von Millisekunden im Hintergrund abläuft. Werbetreibende geben den Maximalbetrag an, den sie für einen Klick auf ihre Anzeige zu zahlen bereit sind. Der dynamisch errechnete Anzeigenrang bemisst sich nach der Höhe dieses Gebots und einem Qualitätsfaktor, mit dem der Suchmaschinenanbieter die Relevanz einer Website gewichtet.

Die Literaturwissenschaftlerin Pip Thornton führte die Heteronomie der Verwertung 2016 drastisch vor Augen. Sie setzte den »Keyword-Planer« von Google,

163 https://sedo.com/de/ueber-uns/.

der Auskunft über den voraussichtlichen Preis eines werblichen Schlüsselworts gibt, ein, um die Kosten eines Gedichts zu berechnen. In ihrem Blog veröffentlichte sie die Preisliste in Form eines Kassenbons.[164] In seine Wörter zerlegt, würden für das Gedicht »At the Bomb Testing Site« des US-amerikanischen Lyrikers William Stafford laut Google-Kalkulation 45,88 britische Pfund anfallen. In den digitalen Begriffsbörsen werden Wörter semantisch entkernt und nach kommerziellen, aufmerksamkeitsökonomischen Gesichtspunkten neu gewichtet. Nicht die poetische Qualität oder der Bedeutungsreichtum treiben den Preis eines Worts wie »Cloud« in die Höhe, sondern dessen Häufigkeit als Suchbegriff, seine Eigenschaft als Klickfänger und seine werbliche Verwertbarkeit als Stichwortgeber der »Cloud-Technologie«. Die strukturelle Bevorzugung lukrativer Wörter, Begriffe und Zeichenketten setzt sich in anderen Anwendungen fort: Google schlägt den Nutzern der Suchmaschine bereits während der Eingabe der ersten Buchstaben besonders frequentierte Begriffe vor. Hinter der Komfortfunktion verbergen sich kommerzielle Interessen: Vorgegeben werden jeweils die Begriffe, welche die meisten Klicks auf Anzeigen und damit die höchsten Erlöse versprechen.

Die Suchanfragen sind ein unerschöpflicher Sprachfundus, aus dem Algorithmen Formulierungsroutinen ableiten und stetig optimieren. Hinzu kommt die Übersetzungsfunktion, die riesige Textmengen verarbeitet, zerlegt, abgleicht, konvertiert und rekombi-

164 https://pipthornton.com/2016/06/12/poem-py-a-critique-of-linguistic-capitalism/.

niert. Google setzt »AdWords« auch im Videoportal YouTube ein. Microsoft nutzt ein ähnliches Werbesystem für seine Suchmaschine Bing. Letztlich basieren diese Werbemodelle darauf, dass jede beliebige Zeichenformation mit einem wirtschaftlichen, monetären Wert verknüpft wird.

Google alias Alphabet ist nicht nur Begriffsbörse und Sprachverwerter, sondern auch Textmaschine und Sprachproduzent großen Stils. 2015 führte der Konzern in seinem E-Mail-Dienst die Funktion »Smart Reply« ein. Sie setzt maschinelle Intelligenz ein, um eingehende Nachrichten zu analysieren und auf dieser Grundlage standardisierte Antworten zu erzeugen, die vom Nutzer nur noch ausgewählt und bestätigt werden müssen. Wachsende Anteile der digitalen Korrespondenz sind maschinell souffliert oder vollständig erzeugt. »Google erlangt dadurch eine Sprach- und Wortgewalt, die es in dieser Form noch nicht gab«[165], beobachtete der Journalist Adrian Lobe.

Wie weitreichend diese Macht ist, zeigt die Disziplin der »Search Engine Optimization«, kurz SEO, die zu einem eigenen Geschäftszweig geworden ist und zahlreiche hochspezialisierte Werbeagenturen beschäftigt. Unter SEO versteht man Maßnahmen, die das Suchmaschinenranking einer Website verbessern. Neben der Programmierung und Linkstruktur sind Inhalt und Textgestalt der Seite entscheidende Faktoren. Suchmaschinenoptimierte Prosa konzentriert sich auf Keywords, Aufmerksamkeitsmagneten

165 Adrian Lobe, »Tech-Konzerne formatieren die Wirklichkeit«, *SZ*, 19.12.2018.

und stark nachgefragte Suchbegriffe. Deren Auswahl, Dichte und Variation beeinflussen die Platzierung in der Rangliste der Suchtreffer und somit die Reichweite einer Seite.

Das *quid pro quo* kehrt sich um: Nicht die Suchalgorithmen richten sich nach der Struktur der Texte, die sie im Netz auffindbar machen; die Texte haben sich vielmehr umgekehrt bereits in ihrer Entstehung nach den Gewichtungsfunktionen der Suchmaschine zu richten. So wie die Gesinnungsgrammatik, die in behördlichen Sprachleitfäden kodifiziert wird, Geschlechtergerechtigkeit und Antidiskriminierung zum obersten sprachlichen Gebot erhebt, werden hier die digitale und aufmerksamkeitsökonomische Verwertbarkeit nicht nur stil-, sondern sprachbildend. Wenn der kommerzielle Wert von Wörtern zum entscheidenden Kriterium eines Textes wird, verfestigt sich eine monetäre Grammatik. Etabliert wird sie von Algorithmen, die es ermöglichen, natürliche Sprachen als ein umfassendes und zugleich unendlich verzweigtes System der Speicherung, Quotierung, Distribution und Verwertung von Aufmerksamkeit zu nutzen. Dabei wird Kommunikation nicht zu einem Modus des Handelns, sondern des Handels, zum Marktgeschehen.

Bei Twitter sind die besonders frequentierten Begriffe und Hashtags in Trenddarstellungen gelistet, die als Werbemodell fungieren. Unternehmen können sich als Werbung gekennzeichnete Hashtags kaufen und die gesponserten Begriffe in den standortbezogenen und personalisierten Trendlisten anzeigen lassen. Auch die Werbekonzepte der anderen Sozialen Netzwerke basieren auf semantischen Trends und Kategorisierungen, also auf Begriffsbörsen.

Der sprachökonomische Komplex expandiert im Bereich der Sprachsteuerung. Sprachassistenten wie »Siri« von Apple oder »Alexa« von Amazon sind dialogfähig und übernehmen einfache Interaktionen. Chatbots dienen sich als persönliche Assistenten an, stellen auf Zuruf Informationen bereit, buchen Reisen oder reservieren Restauranttische. Die großen Internetkonzerne arbeiten intensiv an der Entwicklung einer Künstlichen Intelligenz, die nicht nur lern-, sondern auch konversationsfähig ist. Es geht um Betriebssysteme der Alltagskommunikation, die auch das gesprochene Wort in die digitale Wertschöpfung einbeziehen.

Der Übergang von smarter Zuvorkommenheit dieser Komfortfunktionen für eine reibungslose Konversation zur unmerklichen Sprachlenkung und -kontrolle, somit auch zur Gedankensteuerung, ist fließend. Wer Sprechen und Schreiben an Assistenten, Bots und Automaten delegiert, dürfte auch geneigt sein, sich das Denken abnehmen zu lassen. Algorithmen, die in die Wort- und Satzbildung eingreifen, legen die Räume des Sagbaren fest und bringen das Denken unterschwellig auf Linie. Es entsteht ein Umfeld, in dem technische und politische Systemkonformität zusammenfallen. Die Totalisierung des Geläufigen in geschlossenen Verwertungskreisläufen schließt nicht nur sprachliche Originalität, sondern auch Widerspruch aus. Kritik, im ursprünglichen Wortsinn als Unterscheidung, kann sich nur sprachlich artikulieren – und zwar nur dort, wo die digitalsemantische Systemimmanenz, die ausschließlich Erwartbares hervorbringt und reproduziert, zumindest punktuell gesprengt wird.

Die Kommunikation im Netz wird von Trend- und Ranglisten beherrscht. Wer reüssieren will, muss sich als Begriffsbroker betätigen und die semantischen Konjunkturen für seine Zwecke zu nutzen wissen. Allerdings sind die Märkte längst nicht mehr frei. An den Börsen ist eine zunehmende Tendenz zu Interventionen mit politischer Stoßrichtung zu beobachten, die sich etwa in künstlich befeuerten oder ausgebremsten Hashtag-Konjunkturen zeigt. Der linguistische Kapitalismus hat nicht nur eine monopolitische Tendenz, er nimmt auch zunehmend korporatistische, autoritäre, neofeudale Züge an. Die Plattformbetreiber arbeiten offenkundig mit Regierungen und globalen Institutionen zusammen und stimmen ihre Lösch- und Zensurpraxis auf die jeweilige politische Agenda ab. Dabei zeigt sich, dass die digitale Infrastruktur der Begriffsbörsen nicht nur der Wortverwertung, sondern auch der mikrologischen Sprach- und Gedankensteuerung dient. Unerwünschte Narrative lassen sich in den Sozialen Netzwerken mit Hilfe von semantischen Filtern auf Wortebene detektieren und neutralisieren, sei es durch Markierungen und Warnhinweise, Einschränkungen der Sichtbarkeit und Reichweite oder Löschung und Sperrung.

Ein grundsätzlicher Zielkonflikt zwischen ökonomischen und politisch-administrativen Anforderungen setzt der synergetischen Nutzung der digitalsemantischen Infrastruktur Grenzen: Zensur, gleichviel ob offen oder verdeckt, schränkt den verwertbaren »Traffic« ein und schmälert den Zeichenumsatz. Wo Algorithmen nur noch Geläufiges oder politisch Genehmes umwälzen, erlahmt die Aufmerksamkeitsökonomie, die auf Neues, Überraschendes und Polarisierendes angewiesen ist. Dieser Zielkonflikt zeigte sich, als der Aktienkurs von Twitter im Januar 2021 einbrach, nachdem das Unternehmen das Nutzerkonto des damals noch amtierenden US-Präsidenten Donald Trump dauerhaft gesperrt hatte.

Die »Sprache des Ge-Stells«[166] und die »Sage des technischen Bestandes«[167] sind wortreicher, als es der Sprachdenker Martin Heidegger in den fünfziger Jahren absehen konnte. In den geschlossenen, selbstbezüglichen Systemen der automatisierten Transcodierung von Sätzen, Wörtern und Zeichen entkoppelt sich die Sprache von Realien der erfahrbaren Wirklichkeit und büßt die Erdung des Bedeutens ein. »Der Text braucht das Ding nicht mehr. Er kann sich im Unding niederlassen, sich darin verschieben und verschwimmen«, schreibt der Autor und Philosoph Hannes Bajohr. »Weil das Unding nicht einen Körper hat, kann es so viele Körper annehmen, wie es auszulesen bereit ist.«[168]

Das Verhängnis ist weniger die Sprachverwirrung als Ergebnis unüberbrückbarer Sprachräume als vielmehr die globale Geläufigkeit algorithmisch aufeinander abgestimmter, wechselseitig konvertierbarer Zeichenketten. Diese nivelliert alle Unterschiede, planiert die Bedeutungen und tilgt sprachliche Eigenarten zugunsten einer ubiquitären Beliebigkeit. Die Übersetzungs-

166 Martin Heidegger, *Unterwegs zur Sprache,* S. 251.

167 Ebd., S. 252.

168 Hannes Bajohr, *Halbzeug. Textverarbeitung,* S. 101.

funktionen bevorzugen die Sprache mit dem größten Textkorpus – im Fall von Google das Englische. Die Übersetzungen der weniger verbreiteten Sprachen nehmen den Umweg über die operationalisierten Bedeutungen der *lingua franca*, was zur Folge hat, dass deren Semantik und Grammatik nach und nach die aller anderen Sprachen überformen.[169] Für den literarischen Übersetzer, wie Walter Benjamin ihn charakterisiert, wird der Hiatus zwischen den Sprachen zum Antrieb, die verschiedenen Intentionen zusammenzuführen und die Weltansicht der einzelnen Sprache zu erweitern. Die auf Abgleich und Einpassung des Kurrenten, auf kommunikative Reibungslosigkeit geeichten Algorithmen löschen mit den sprachlichen Eigenarten auch alle Möglichkeiten aus, den sprachlichen Horizont der eigenen Sprache zu überschreiten. Das bestandslose »Globalesische« ist der kleinste gemeinsame sprachliche Nenner.

Der semiotische Trend, den Jürgen Trabant ausmacht, wird in den digitalen Begriffsbörsen und Zeichenumschlagplätzen verstärkt. Die Zeichen lösen sich von ihren Referenten, die Bedeutungen von den außersprachlichen Realien. Der italienische Philosoph Franco »Bifo« Berardi vergleicht diese zunehmende Selbstbezüglichkeit des »Semiokapitalismus« mit jener der Finanzmärkte, die sich von der industriellen Produktion, der Realökonomie insgesamt, immer weiter entfernen. Er spricht von einem »Deterritorialisierungseffekt, der die Worte von ihren semiotischen Referenten und das Geld von den Handelsgütern

169 Vgl. dazu: Frédéric Kaplan, Dana Kianfar, »Il pleut des chats et des chiens«, *Le Monde diplomatique*, Jan. 2015, S. 28.

abgekoppelt hat«.[170] Die symbolistische Poesie eines Arthur Rimbaud oder Stéphane Mallarmé habe diese Entwicklung mit ihrer Betonung der Autonomie und Selbstbezüglichkeit der Sprache vorweggenommen, argumentiert Berardi. Von der Poesie erhofft er sich zugleich die ästhetische Initialzündung für eine »Deautomatisierung des Wortes«[171], die eine gesellschaftliche Wiederaneignung des enteigneten Bedeutungsbestands der Sprache vorbereiten könnte.

Hannes Bajohr zeigt in seinem mit Hilfe von Sprachassistenten verfassten Gedichtband *Halbzeug,* wie sich dem algorithmischen Maschinenpark lyrische Zeilen abgewinnen lassen, welche die Sprachregelungen und das kurrente Sprechen unterlaufen. Allerdings lassen sich die sprachlichen Automatismen und Operationalisierungen bestenfalls in winzigen Nischen durchkreuzen. Auf breiter Fläche hat die Verfeinerung der sprachlichen Automatismen keine poetische, sondern eine planierende Funktion und Wirkung. Überdies schafft die semiotische Entkopplung die Voraussetzung dafür, dass das Zeichen an die Stelle des Bezeichneten, die Darstellung an die Stelle des Dargestellten treten kann. Diese Entwicklung birgt die Gefahr, dass sich die monopolisierte Deutung in globalem Maßstab zur Hyperrealität verfestigt und vergegenständlicht.

Die Symbolmacht kommt harmlos und verspielt daher. Sie versteckt sich hinter einem Lächeln oder einem Augenzwinkern. Emojis sind mehr als nur Äquivalente

170 Franco »Bifo« Berardi, *Der Aufstand,* S. 43.

171 Ebd., S. 37.

des Mimischen und Gestischen; sie sind Fluchtpunkt, heimliches Ideal der Netzkommunikation und offenbaren deren regressive Tendenz. Die Piktogramme haben keine Syntax, sind folglich auch nicht urteilsbildend und ersetzen Widerspruch durch affektive Reaktion. Ihre Semantik ist standardisiert, festgelegt und kontrollierbar. Über die Zulassung der Bildschriftzeichen und ihre Implementierung in die Betriebssysteme entscheidet das Unicode-Konsortium im kalifornischen Mountainview, dem die Großen der Branche wie Apple, Facebook alias Meta, Google alias Alphabet, IBM und Microsoft angehören. Dass mit dem Ausdrucks- und Zeichenrepertoire Politik gemacht wird, wurde überdeutlich, als 2018 ein Pistolen-Emoji durch eine bunte Wasserpistole ersetzt wurde, um die »Hassrede« im Netz zu entwaffnen. Seit einem Update des Apple-Betriebssystems iOS im Sommer 2020 schlägt die Tastatur automatisch Emojis der schwarzen Faust vor, wenn Nutzer »Black Lives Matter« oder das Akronym »BLM« eingeben. 2022 führte Apple nicht nur einen schwangeren Mann als Emoji ein, sondern auch 25 Versionen des Händeschüttelns in allen denkbaren Kombinationen von Hautfarben. Wie in der Gendersprache nimmt das Bemühen um die vollständige Repräsentanz von Vielfalt groteske Züge an. Letztlich nähert sich die totale identitätspolitische Ausdifferenzierung dem Rassismus, auf dessen ikonisch-symbolische Überwindung sie zielt. »Die Übersicht der schüttelnden Hände erinnert an Rassenkunde-Tafeln des 19. Jahrhunderts.«[172]

172 Pauline Voss, »Apples neue Emojis«, *NZZ*, 1.2.2022.

Mit einem animierten Logo auf der Startseite, dem sogenannten Doodle, erinnerte Google seit Frühjahr 2020 wiederholt an Hygienemaßnahmen, Abstandsregeln und Impfung. An mehreren Tagen erschienen die Lettern des Schriftzugs mit Maske, dem wichtigsten Accessoire des Hygieneregimes. Der letzte Buchstabe, das »e«, stellt eine Pflegekraft dar. Die übrigen, ebenfalls vermenschlichten Buchstaben springen freudig in die Höhe und lassen bunte Pflaster an ihren Ärmchen sichtbar werden – mit Ausnahme des »l«, das zunächst bewegungslos bleibt. Erst nachdem es vom Nebenbuchstaben »geimpft« worden ist, vollführt es den Freudensprung. Wer auf das animierte Logo klickt, wird über Impfmöglichkeiten in seiner Nähe informiert.

Die putzige Figürlichkeit verharmlost die politische Mobilisierung der Zeichen, die hier nicht mehr nur ein Nebeneffekt der ökonomischen Verwertung ist. Auf der semantischen Ebene sind die Eingriffe ungleich größer und weitreichender. Alle Applikationen und Funktionen führen mit sanfter Bestimmtheit auf den Pfad des Leitnarrativs. Wer nach dem Stichwort »Corona« sucht, wird unter den ersten hundert Treffern keinen von der offiziellen Deutung abweichenden Eintrag finden.

Neben den medialen »Faktencheckern« ist auch Wikipedia Teil des digital-enzyklopädischen Machtkomplexes, wie der Medienwissenschaftler Michael Meyen betont. Er weist auf den in den vergangenen Jahren stark gewachsenen Einfluss von ideologisch motivierten Bloggernetzwerken, Lobbyorganisationen und PR-Firmen hin und spricht in diesem Zusammenhang unter Berufung auf Foucault von einem

»Wahrheitsregime«[173]. Google behandelt die Wikipedia-Einträge nicht nur als bevorzugte Quelle, sondern sorgt auch für deren flächendeckende Verbreitung.

Soufflierende Vorschlagfunktionen und Sprachassistenten, kanalisierte Suchanfragen, gewichtete Keywords und Quellen, gefilterte und arrangierte Suchtreffer bilden eine semantische Matrix. Diese reguliert die Sichtbarkeit im Netz, die zunehmend deckungsgleich mit der Existenz selbst ist. Das digitale Deutungskartell, das Coronamaßnahmen wie Kontaktverbote und »Lockdowns« rechtfertigte, beförderte damit auch die Digitalisierung der Kommunikation, die mangels persönlicher Kontakte tatsächlich »alternativlos« wurde. Mit der Marktmacht wuchs die politische Einflusssphäre, die wiederum dazu genutzt werden konnte, das Monopol und damit auch künftige Gewinne abzusichern. Diese Win-win-Situation ist eine Erklärung für die enge Komplizenschaft zwischen Tech-Konzernen, nationalen Regierungen und globalen Institutionen, die sich seit Frühjahr 2020 unter dem Vorwand der Pandemiebewältigung offen zeigte. Die sprachliche und enzyklopädische Monopolstellung wird genutzt, um Sprachregelungen weltweit zu synchronisieren, gewünschte Deutungen global durchzusetzen und sie gegen jeden Widerspruch abzuschirmen. Die »Realität« wird zum hermetischen Bezugssystem nach dem Modell der Poésie pure.

173 Michael Meyen: »Das neue Wahrheitsregime«. *Multipolar-Magazin*, 18.5.2021. »Den Kampf um die *Wikipedia*-Wahrheit gewinnen die, die am meisten Zeit haben, am wenigsten Skrupel oder die größten Sponsoren. Dies gilt natürlich zunächst nur für die Einträge, die irgendwie ›umstritten‹ sind. Personen, Themen. Der Nahost-Konflikt, Impfen, Homöopathie. Die Liste ist lang.« (https://multipolar-magazin.de/artikel/das-neue-wahrheitsregime)

Biopolitisches Sprachregime

Das Hygieneregime ist ein Sprachregime. Es gründet sich auf einer politisch in globalem Maßstab durchgesetzten, medial flankierten und von den Digitalplattformen abgesicherten Definitionsmacht. Sein Betriebssystem ist semantisch, was sich in der weitgehenden Politisierung medizinischer Begriffe zeigt. Diese beschreiben, ordnen und klassifizieren den Phänomenbereich nicht nur, sie bringen ihn vielfach auch hervor. Der Philosoph Georg Meggle[174] wies darauf hin, dass die Weltgesundheitsorganisation (WHO) die bis dahin geläufige Definition einer Pandemie im Jahr 2009, kurz vor dem Ausbruch der sogenannten Schweinegrippe (H1N1), an einem entscheidenden Punkt geändert hatte. Entfernt wurde das Kriterium der Krankheitsschwere und erheblichen Letalität (»with enormous numbers of deaths and illness«), was den Begriff für jede neue, zeitlich begrenzt in Erscheinung tretende, weltweit stark verbreitete Infektionskrankheit, wie beispielsweise eine Influenzawelle, öffnete. Genau dies beanstandete damals auch der Europäische Rat, der auf die folgenschwere Änderung hinwies. Die WHO räumte zwar ein, den betreffenden Passus auf ihrer Homepage gestrichen zu haben, verteidigte sich aber mit dem Hinweis, es habe sich nicht um eine Definition, sondern eine bloße Erklärung (»description«) gehandelt.[175] Ein Faktor

174 Georg Meggle: »Die CORONA-Panik – ein Irrtum?«, *Telepolis*, 12.7.2020 (https://www.heise.de/tp/features/Die-CORONA-Panik-Ein-Irrtum-4841490.html).

175 Vgl. dazu: Peter Doshi, »The elusive definition of pandemic influenza«, *Bulletin of the World Health Organisation*, 2011, 89, S. 532–538 (https://www.who.int/bulletin/volumes/89/7/11-086173.pdf).

der Definitionsmacht ist die Fähigkeit, die semantische Eingriffe im Nachhinein unkenntlich zu machen und Spuren zu verwischen.

Exemplarisch für eine der politischen Agenda angepasste wissenschaftliche Terminologie ist auch die Einengung des Begriffs der »Herdenimmunität« auf Impfimmunisierung, die seit Mitte 2020 zu beobachten ist und ebenfalls von der WHO ausgeht.[176] Ziel des Sprachmanövers ist eine Diskreditierung der natürlichen und eine Aufwertung der impfinduzierten Immunität.[177] Je dehnbarer und letztlich beliebiger die Definitionen sind, desto rigoroser werden sie angewandt und durchgesetzt, wobei die Kategorisierung nicht selten mit Stigmatisierung einhergeht. Ein Beispiel ist die Gleichsetzung positiv Getesteter, deren Befund zudem in einem mit zahlreichen Unschärfen behafteten Verfahren ermittelt wird, mit »Infizierten« oder gar »Erkrankten«. Im neuen biopolitischen Klassifizierungssystem wurde dieser Personenkreis dann seit Frühsommer 2021 nicht weniger willkürlich mit dem bevorrechtigten Status des »Genesenen« wieder entschädigt.

Sprache ist ein Äther der Üblichkeiten. Das Gewohnte, Übliche, »Normale« zeichnet sich im Vergleich zum Unüblichen und Devianten durch eine merklich verringerte Begründungs- und Rechtfertigungsbedürftigkeit aus. Das Übliche verfügt über eine Teilimmunität gegen diskursive Anforderungen, die es bis zu einem gewissen

176 Vgl. dazu: Wodarg, S. 267.

177 Daran beteiligte sich auch einer der führenden Virologen, Christian Drosten. »Wer glaubt, durch eine Infektion sein Immunsystem zu trainieren, muss konsequenterweise auch glauben, durch ein Steak seine Verdauung zu trainieren«, schrieb er auf *Twitter* (29.12.2021).

Grad vor Problematisierung schützt. Wer es kritisiert, gar antastet und in Frage stellt, braucht gute Gründe. Das Gewöhnungsbedürftige ist auch erklärungsbedürftig. Hier setzt das biopolitische Sprachregime an, das unbefragt Gültiges als fragwürdig, ja gefährlich erscheinen lässt und so die symbolische Struktur der Lebenswelt – als Inbegriff der Fraglosigkeit – neu codiert. Diese Umdeutung und Neuformierung ist gerade dort besonders einschneidend, wo sie schleichend, unbemerkt, minimalinvasiv abläuft; wo mithin die Umverteilung der Begründungs- und Rechtfertigungslast, auf der die »Neue Normalität« aufbaut, sich im semantischen Vorfeld des Diskurses ereignet somit ihrerseits nicht problematisierbar, nicht verhandelbar ist.

Die Entüblichung, die Raum für die »Neue Normalität« schafft, vollzieht sich vorrangig in, mit und durch Sprache. Das Neologismen-Wörterbuch[178] des Leibniz-Instituts für deutsche Sprache verzeichnet über 2000 Einträge zum Komplex »Corona«. Das schnelle Anwachsen des Korpus zeigt die anhaltende verbale Virulenz des Themas ebenso an wie den lebensweltlichen Durchdringungsgrad der in den Begriffen verdichteten Deutungsmuster. So wie die Masken die Gefahr, vor der sie schützen sollen, erst sichtbar machen, so erzeugt die medial über Monate durchgehaltene Monothematik jene Unausweichlichkeit, als deren bloßer Reflex sie sich ausgibt. Die Omnipräsenz der Masken hat wie die des Vokabulars einen Effekt selbstlaufender Plausibilisierung: Was so lange und so hart-

178 https://www.owid.de/docs/neo/listen/corona.jsp

näckig besprochen wird, kann nicht gegenstandslos sein. Die schiere Dauer und mediale Persistenz unterschiedet das Großthema »Corona« von allen sonstigen Themenkonjunkturen und Aufmerksamkeitszyklen – auch deshalb, weil »vor Corona« eher eine beschleunigte Abnutzung von Neuigkeitswerten zu verzeichnen war.

Unter den Einträgen befinden sich nicht wenige Begriffe und Wendungen, wie »Coronoia« oder »Zeugen Coronas«, in denen sich Gegennarrative verdichten. Aber dies ändert nichts daran, dass die Allgegenwart des Vokabulars, unabhängig von seinem ideologischen Bedeutungsgehalt, eine Unabweisbarkeit erzeugt, die das Angstnarrativ – damit auch die dominierende Deutung insgesamt – stärkt und die Versuche seiner Subversion entkräftet. Die schiere Masse der Sprechakte verleiht diesen eine performative Macht; auch dadurch, dass die Konter ihrerseits Entgegnungen provozieren, die den monothematischen Sprachfluss anschwellen lassen.

Neben der überwältigenden Quantität der Sprechakte hat auch deren Synchronisation einen starken plausibilisierenden Effekt, der vom Inhalt des Gesagten und dessen Wahrheitsgehalt unabhängig ist. Diese Wirkung ist vermutlich nicht oder nicht allein auf zentralistische Planung zurückzuführen. Vielmehr ließe sie sich nach dem Modell einer »Open Source«-Software analysieren, deren Quelltext veröffentlicht wurde und somit von allen verwendet, modifiziert und weiterentwickelt werden konnte. Daran beteiligt waren nicht nur die Spindoktoren der Regierung, der nationalen und globalen Gesundheitsorganisationen sowie der Pharmakonzerne, sondern auch die öffentlich-rechtlichen Medien und das zunehmend vom Staat abhängige Redaktionsprekariat der Printmedien.

Erstaunlich ist, wie rasch die biopolitische Nomenklatur in die Alltagssprache sickerte und wie umstandslos die Deutungsmuster als neue Selbstverständlichkeiten übernommen wurden. Die Kürzel »3G« und »2G«, die vorher nur als Bezeichnungen für Mobilfunkstandards gebräuchlich waren, bürgerten sich 2021 binnen Wochen ein und verfestigten in ihrer Geläufigkeit das neue Klassifizierungssystem als nicht zu hinterfragende soziale Realität. Frappierend leicht über die Lippen ging auch die Wendung »Ich bin geboostert«, die ein transhumanistisches Deutungsmuster transportierte. Ein Terminus aus der Elektro- und Raketentechnik wurde zum Identitätsmerkmal. Das Ich gewöhnte sich erschreckend schnell daran, in regelmäßigen Abständen technisch aufgerüstet zu werden. Das Wort »Querdenker«, bis Frühjahr 2020 in zahlreichen Anforderungsprofilen und Stellenausschreibungen zu finden, wurde noch im selben Jahr Zeit zum Synonym für »Extremist«, ein Jahr später für »Terrorist«.

Neben der täglichen Litanei der Infizierten- und Todeszahlen und den medialen Schreckensbildern übernahm die Sprache eine wichtige Funktion im Prozess der Selbstbewahrheitung des Narrativs. Die Lebenswelt wurde nicht nur durch eine Flut von Warnhinweisen, Markierungen und Piktogrammen, sondern auch und vor allem durch Sprache auf Abstand geeicht. Soziale Beziehungen und menschliche Nähe wurden zunächst punktuell, dann flächendeckend unter Vorbehalt gestellt, mit Rechtfertigungspflichten belegt und konditionalisiert. Der Alltag wurde zur Gefahr, zum gefährlichen Exzess (»Öffnungsorgien«) umgedeutet. Umgekehrt rückte das Exzeptionelle in die zunehmend vakant gewordene Zone der Fraglosigkeit. So stand etwa der im Frühjahr 2020 eingeführte Begriff »Alltagsmaske« nicht nur für ein selbstgeschneidertes, Mund und Nase bedeckendes Stück Stoff oder eine provisorische Maske, sondern im Subtext auch für die Veralltäglichung dieser vorgeblichen Schutzmaßnahme. Soziale Distanz und eine als Häuslichkeit verklärte Selbstisolation wurden zur Chiffre der »neuen Nähe« und wahren Verbundenheit. Das Negativ des Sozialen trat in Parolen wie »Mit Abstand die besten Kollegen« an die Stelle des Positivs.

In solchen Sprachmanövern wird sichtbar, dass sich die Kolonialisierung der Lebenswelt als semantischer Prozess vollzieht. Die lebensweltliche Normalisierung des Exzeptionellen – bei gleichzeitiger Entüblichung des vormals Normalen – schuf die Basis für die Umkehr der Beweislasten im rechtlichen Bereich, letztlich für die Aushöhlung des Rechtsstaats selbst. Als die Usancen des Hygieneregimes eingefleischt und selbstverständlich waren, ließen sich auf dieser Grundlage auch Freiheits- und Bürgerrechte zu gönnerhaft eingeräumten Privilegien umdeuten. Grundrechte standen von nun an unter Vorbehalt. Sie einzufordern, erschien als Anmaßung. Der Begriff »Lockerung«, der im Strafvollzugsgesetz[179] Verwendung findet, impliziert einen arretierten Grundzustand. Freiheit nimmt den Charakter eines »Freigangs« oder eines »offenen Vollzugs« an. Diese

179 § 11 StVollzG. Darauf weist Peter J. Brenner hin: »Tabula rasa«, *TUMULT*, Sommer 2021, S. 12.

Deutung dürfte auch unter den Bedingungen einer äußerlich wiederhergestellten Normalität nachwirken.

Das biopolitische Sprachregime konnte bei der begründungslosen Beglaubigung und semantischen Normalisierung des Ausnahmezustands auf die bereits im Klimanarrativ bewährte Mischung aus Alarmismus, Angst und Hypermoral zurückgreifen. Diese war auch deshalb so wirksam, weil das Publikum schon konditioniert war. Ein entscheidender Unterschied ist, dass das Szenario von Klimawandel und Treibhauseffekt die Gefahr global dimensioniert und zugleich in die Zukunft projiziert, während sie mit dem Virus einem buchstäblich auf den Leib rückt und in der unmittelbaren Gegenwart dringlich wird. »Gesundheit« und »Leben« dienen dabei als semantische Klammer, als *tertium comparationis* von Angst und Moral, und zugleich als psychosoziales Relais.

Giorgio Agamben sieht im »nackten Leben« die äußerste soziale Schwundstufe, die Reduktion dessen, was das Menschsein ausmacht. »Das nackte Leben – und die Angst, es zu verlieren – ist nicht etwas, was die Menschen verbindet, sondern etwas, was sie trennt und blind macht.«[180] Aber dieser Reduktionismus ist nur ein Aspekt. In der Binnenstruktur des Narrativs erfüllt der semantische Komplex aus »Leben«, »Schutz« und »Gesundheit« noch eine andere Funktion: Er verknüpft die Verletzlichkeit des Einzelnen mit einem unüberbietbaren Universalismus. So gelang es, die durch Schreckensbilder aus den Intensivstationen mit ihren Triage- und Intubations-Szenarien geschürte Angst um

180 Giorgio Agamben, *An welchem Punkt stehen wir?*, S. 26.

das eigene Leben moralisch zu überhöhen. »Sich und andere schützen«, lautete die Formel für diese Engführung, die einen großen Anteil an der Wirksamkeit des Narrativs hatte. Egoistische und selbstlos-altruistische Motive wurden so zur Deckung gebracht, dass sie sich wechselseitig bestätigten und stärkten.

Ein weitreichender Eingriff in die Normalität ist erklärungsbedürftig – aber nur unter normalen Umständen. Mit seiner Konzeption des Ausnahmezustands zeigt Carl Schmitt einen Weg auf, wie diese suspendiert werden können. Die absolute Souveränität der Entscheidung, die sich auf keine vorgegebene Norm stützt, sondern eine neue Normativität setzt, muss sich nicht erklären. »Das Normale beweist nichts, die Ausnahme beweist alles; sie bestätigt nicht nur die Regel, die Regel lebt überhaupt nur von der Ausnahme.«[181] Es liegt eine abgründige Ironie darin, dass der Denker, der den Zusammenhang von Ordnung und Ortung wie kein zweiter ergründete, bei der Einsetzung eines globalen Hygieneregimes Pate stand. Der Dezisionismus, an dem die Problemverwalter Gefallen fanden, ist dem ersten Anschein nach auf Maßnahmen der Sprachregulation nicht mehr angewiesen, weil ihm mit der voraussetzungslosen Entscheidung eine andere Quelle der Selbstbewahrheitung zur Verfügung steht. Allerdings galt dies nicht in einer Situation, in der zumindest vorläufig der Schein einer parlamentarischen Demokratie mit Rechtsstaat und Gewaltenteilung gewahrt bleiben musste. Erst im zweiten Jahr der Pandemie konnte eine

181 Carl Schmitt, *Politische Theologie*, S. 21.

Politik ohne »rote Linien«[182] offen ausgerufen und programmatisch werden.

Der Übergang zur »Neuen Normalität« vollzog sich nicht in der Punktualität einer mit jeder Kontinuität brechenden Entscheidung, sondern vielmehr als schleichender Prozess der Umdeutung, also semantisch. Dabei half das bereits in der Migrations- und Klimapolitik verwendete, mit den Unbedingtheiten »Gesundheit« und »Leben« angereicherte hypermoralische Narrativ, das Prekäre der Selbstermächtigung zu verschleiern. Überdies erfüllte das Sprachregime die pragmatische Funktion, den Repressionsaufwand durch die Organisation von Zustimmung, die Lenkung von Affekten und die Kanalisierung des Sag- und Denkbaren so lange wie möglich in einem vertretbaren Rahmen zu halten.

Die Unausweichlichkeit des biopolitischen Sprachregimes zeigte sich auch in der maßlos gesteigerten Signal- und Symboldichte. Die Regulierungswut ging mit einem Kennzeichnungswahn einher, der kaum einen Winkel der Lebenswelt unplakatiert, unmarkiert und unbeschriftet ließ. Sprachliche Regression und Repression waren untrennbar. Zeichen drängten nicht nur in die »diktatorische Vertikale«[183] (Benjamin), sondern rückten den Menschen zunehmend auf den Leib.

Zentrales Symbol der Pandemie ist die Maske, die unverkennbar eine semiotische Funktion erfüllt. Von

182 »Es darf keine roten Linien geben, das hat uns die Pandemie nun wirklich gezeigt«, sagte Bundeskanzler Olaf Scholz im Dezember 2021. *Spiegel.de*, 12.12.2021 (https://www.spiegel.de/politik/deutschland/olaf-scholz-bundeskanzler-will-keine-roten-linien-im-kampf-gegen-corona-a-57506b74-0458-4928-a579-a2ec588fa5d2).

183 Walter Benjamin, *Einbahnstraße*, S. 103.

ausnahmslos allen Menschen getragen, kompensiert sie in der Öffentlichkeit das Fehlen des Symptoms, das Ausbleiben des natürlichen Krankheitszeichens. Sie verleiht der epidemischen Notlage Sichtbarkeit und ist das allgegenwärtige Memento der suspendierten Normalität. Zugleich markiert sie den Träger als – zumindest potenziellen – Überträger, als Gefahr, die auf Abstand zu halten ist. Der Zeichencharakter der Maske bewährt sich vor allem in der Reduktion. Die Maske uniformiert die Gesichter, beraubt sie ihres Ausdrucks, entmündigt im buchstäblichen Sinn, löscht Physiognomien aus und macht sie unlesbar. Als Konformitätsbeweis verspricht sie zugleich auch eine moralische Erhöhung in der Erniedrigung. Als »Zeichen für Solidarität«[184] emanzipiert sie sich vollends von ihrer medizinisch-prophylaktischen Funktion, die ohnehin auf das Niveau eines magischen Abwehrzaubers herunterzukommen droht.

Dass die Ziele, Kriterien und Messgrößen im Kampf gegen das Virus ständig wechselten, fiel ebenso wenig ins Gewicht wie die hochgradige Widersprüchlichkeit der politischen, behördlichen und wissenschaftlichen Stellungnahmen. Die »moralische Kohärenz«[185], von der die Linguistin Elisabeth Wehling in ihrer Sprachanleitung für die ARD sprach, stabilisierte das Narrativ noch dort, wo die Brüche der Argumentation und die Willkür der getroffenen Maßnahmen offen zutage traten. Wenn

184 Diesen Ausdruck verwendete die Theologin Margot Käßmann im Oktober 2020 in einem Gespräch mit dem Evangelischen Pressedienst (https://www.evangelisch.de/inhalte/177337/26-10-2020/kaessmann-maske-ist-ein-zeichen-fuer-solidaritaet).

185 Elisabeth Wehling, »Framing-Manual«, S. 80 (https://cdn.netzpolitik.org/wp-upload/2019/02/framing_gutachten_ard.pdf).

eine Studie etwa die Wirksamkeit der Maske in Frage stellte, genügte ein Hinweis auf die moralische Qualität, um Zweifel zu zerstreuen. Als zweite Konstante und Quelle der Hyperevidenz kam die Angst hinzu, die wie auf Knopfdruck nicht nur mit Zahlen und Bildern, sondern auch und vor allem mit semantischen Mitteln erzeugt wurde. Drohszenarien wie die unsichtbar-schwebende Gefahr der »Aerosole«, die zweite, dritte und vierte »Welle«, »Longcovid« sowie »Mutanten« und »Varianten« mit beliebig erweiterbarer Nomenklatur ließen Gegenargumente abprallen.

Im Verlauf der Pandemie gaben sich offizielle Stellen immer weniger die Mühe, Brüche und Widersprüche zu kaschieren. Die Verlautbarungen und Bulletins erweckten sogar zunehmend den Eindruck, dass Inkonsistenzen ganz bewusst, ja geradezu aufreizend ausgestellt wurden. Sich um die Widersprüchlichkeit der eigenen Aussagen nicht mehr zu scheren, könnte mehr als nur ein Zeichen verbreiteter Schamlosigkeit sein. Möglicherweise geht es auch darum, die Widerspruchstoleranz des Publikums zu steigern, sein Urteilsvermögen bis in die logischen Formen hinein zu zerstören und dabei zugleich die eigene, über Widersprüche erhabene Macht zu unterstreichen. Es drängt sich der Vergleich mit scholastischen Debatten über die Omnipotenz Gottes und deren Vereinbarkeit mit Gesetzen der Logik auf. Deren universelle Gültigkeit bedeutete eine Einschränkung der göttlichen Allmacht, die nicht zugelassen werden kann. Gott hat es nicht nötig, konsequent zu sein. Im Hygieneregime führte die Begründungswillkür zu einer Entwertung diskursiver Gepflogenheiten. Gute Gründe wurden nichtig. Man ließ die Argumentation der Kritiker wie ein allenfalls noch Eingeweihten verständliches Sprachspiel aus einer längst versunkenen Epoche ins Leere laufen.

Wie sich das Hygieneregime als Sprachregime ausprägt, ist nicht nur in der Makrostruktur des Narrativs, sondern auch auf sprachlich engstem Raum zu besichtigen. Ein Beispiel ist die im Frühjahr 2021 gestartete Plakatkampagne der AOK, die mit folgendem Slogan warb: »Alles bleibt anders. Und Gesundheit das Wichtigste«. Das komprimierte Framing, die bis zum Äußersten verdichtete Textur der Entüblichung, lässt sich als »enteignete Poesie«[186] lesen und deuten. Die Normalisierung der Ausnahme ist hier ebenso enthalten wie deren Totalisierung und endlose Verlängerung. Ein weiterer Bestandteil ist der Absolutismus der Gesundheit, der hier schon mehr Drohung als Versprechen ist und damit das Genre der werblichen Kommunikation sprengt. Der Slogan behauptet nicht nur das Paradox (»bleibt anders«), sondern übt es ein und normalisiert es, so wie die Wendung insgesamt die Aufweichung der Logik figuriert. Es drängt sich der Eindruck auf, dass diese Kampagne weniger die Leistungen der Krankenkasse als vielmehr das Hygieneregime selbst bewirbt und zur Verinnerlichung seiner Imperative beiträgt. Der Quellcode des Regimes ist allgegenwärtig.

Die Kommunikation zur Impfkampagne schichtete von Beginn an mehrere Motivkomplexe von pragmatisch-hedonistisch bis sublim-moralisch, die zum Teil gleichzeitig aktiviert wurden. Dabei profitierte

186 Vgl. dazu: Michael Esders, *Die enteignete Poesie*.

die Kampagne von den positiven Konnotationen der Begriffe »Impfung« und »Schutzimpfung«, die eine Kontinuität zum Bewährten suggerieren und die Neuartigkeit – damit auch die Risiken – des genbasierten Verfahrens ausblenden. Den Auftakt bildete der so plumpe wie wirkungsvolle Marketingtrick der künstlichen Verknappung, die mit sprachlichen Mitteln wie den im Frühjahr 2021 lancierten Neologismen »Impfneid« und »Impfdrängler« hergestellt wurde.

Breiteren Raum als die medizinische Schutzwirkung nahm das Versprechen einer durch die Impfung wiederzugewinnenden Normalität ein (»Mit einem Piks holen wir unser Leben zurück«). Die Impfung wurde zum Alltagselixier umgedeutet. Eigentlich Selbstverständliches, wie ein Theaterbesuch oder eine Geburtstagsfeier, das durch die Maßnahmen zur Verheißung, zum Sehnsuchtsziel geworden war, rückte, so wurde zu verstehen gegeben, durch die Impfung wieder in greifbare Nähe. Zugleich erreichte die hypermoralische Aufladung in der Impfkampagne ihren – vorläufigen – Höhepunkt. Impfung sei »gelebte Nächstenliebe«[187], sagte Sachsens Ministerpräsident Michael Kretschmer im Juli 2021, womit er zugleich den moralischen Druck auf die »Impfverweigerer« steigerte und ihrer Exkommunikation den Weg bahnte. »Sich impfen zu lassen, ist die reinste Form der Solidarität«, schrieb der Psychologe und Autor Ahmad Mansour im

187 *Zeit.de*, 9.7.2021 (https://www.zeit.de/news/2021-07/09/kretschmer-laesst-sich-zweites-mal-mit-astrazeneca-impfen?utm_referrer=https%3A%2F%2Fwww.google.de%2F).

April 2021.[188] In einer Zeit, in der soziale Nähe pathologisiert und kriminalisiert wurde, erschien die Impfung als gemeinschaftsstiftendes, zivilreligiöses Ritual. Die Injektion nahm unverkennbar sakramentalen Charakter an. Sie schützte, so wurde suggeriert, nicht nur das eigene Leben, sondern stellte die Integrität der Gemeinschaft auf höherer Ebene wieder her. Zugleich aber wurde in deren Namen die Spaltung zementiert.

Wirksam wurde dabei eine zerstörerische »Denk-Schaltung«[189], die der Logik des Wertdenkens immanent ist, wie Carl Schmitt darlegt. Wie in einem System kommunizierender Röhren bedingt die moralische Überhöhung der Impfung die Abwertung, letztlich auch Stigmatisierung und Entmenschlichung der »Verweigerer«. Diese wurden in der im Sommer 2021 fast zeitgleich von verschiedenen Politikern weltweit lancierten Wendung »Pandemie der Ungeimpften« (»pandemic of the unvaccinated«[190]) nicht nur als potenzielle Überträger markiert, sondern in die Position des Erregers selbst gedrängt. Weitere Zuspitzungen wie »Tyrannei der Ungeimpften«[191] waren in dieser Formel bereits angelegt. In den Frames war das massenpsychologische Leitungssystem vorinstalliert, das später alle negativen Affekte und Energien, Ärger, Unzufriedenheit

188 Twitter, 5.4.2021.

189 Schmitt, *Die Tyrannei der Werte*, S. 41.

190 US-Präsident Joe Biden verwendete diese Formel erstmals im September 2021 (https://www.whitehouse.gov/briefing-room/speeches-remarks/2021/09/09/remarks-by-president-biden-on-fighting-the-covid-19-pandemic-3/).

191 Davon sprach Frank Ulrich Montgomery, Ratsvorsitzender des Weltärztebundes, im November 2021. *ÄrzteZeitung.de*, 8.11.2021 (https://www.aerztezeitung.de/Politik/Tyrannei-der-Ungeimpften-Der-Zorn-der-Vernuenftigen-424260.html).

und Hass auf die »Verweigerer« lenkte. Die moralische Aufladung hatte aus Sicht der Regierenden den weiteren Vorteil, dass der epidemiologische und medizinische Nutzen sowie die Risiken der Medikation in den Hintergrund traten. Die »Ungeimpften« standen auch dort als Schuldige fest, wo der ursächliche Einfluss auf das Infektionsgeschehen zweifelhaft oder widerlegt war. Die moralische Deutung hatte eine Hyperkausalität erzeugt, welche durch die Beweiskraft empirischer Daten nicht zu erschüttern war.

V.

WIRKLICHKEITSVERLUST

Wirklichkeitsverlust und Hyperrealität sind die Signatur der Gegenwart. Unter dem Vorwand der Bekämpfung einer Pandemie mit einem hohen medialen und perzeptiven Anteil wird die Realwirtschaft lahmgelegt. Diese wird anschließend durch Geldschöpfung der Notenbanken künstlich beatmet, was wiederum die Verlängerung des Notstands ermöglicht. Schon vor der Coronakrise bestimmen künstliche Graswurzelbewegungen wie »Fridays for Future« die politische Agenda, die eine ähnlich zirkuläre Struktur der Selbsterfüllung und Selbstbewahrheitung aufweisen wie die Pandemie. Ein Verbund aus Massenmedien und Digitalplattformen, wie er 2020 etwa im Präsidentschaftswahlkampf der Vereinigten Staaten in Erscheinung trat, monopolisiert mit der kollektiven Wahrnehmung auch die erfahrbare Wirklichkeit selbst. Wissenschaft wird zum Erfüllungsgehilfen der Regierenden, deren Dringlichkeits- und Legitimationsbedarf sie willfährig deckt. Im Namen von Klima- und Gesundheitsschutz wird die Empirie nach Gesichtspunkten politischer Opportunität modelliert. Wo Realität unmaßgeblich wird, sind Widersinn und Widerspruch kein Ausschlusskriterium mehr. Dort werden Kartenhäuser zum Inbegriff von Stabilität, und »Schatten werfen Körper«[192].

Das Gefühl, jemand habe die dystopischen Klassiker auf der Weltbühne in Szene gesetzt, ist ein ständiger

192 Karl Kraus, *Untergang der Welt durch schwarze Magie*, S. 451.

Begleiter.[193] Die »Wirklichkeit« ist einerseits ein so geschmeidiges Material wie die Realien im Traum oder in der Fantasie, andererseits verfestigt und verhärtet sie sich wie die Alltagswirklichkeit der Pandemie, die in digital-panoptische Kontrollsysteme mündete. An geschaffenen Fakten ist nicht mehr zu rütteln. Die Aufweichung der Empirie und die Verfestigung des Scheins sind in dieser weltumspannenden ontologischen Falschmünzerei zwei Seiten einer Medaille.

Zum Gefängnis wird die Hyperrealität nicht über Nacht. Aufweichung und Verhärtung des Realen haben eine Vorgeschichte. Den 1931 erschienenen Epilog der gleichermaßen monumentalen wie anekdotischen *Kulturgeschichte der Neuzeit* überschrieb Egon Friedell mit »Sturz der Wirklichkeit«. Diese Wendung ist auch, aber nicht nur seinem Gespür für wirkungsvolle Titel und aphoristische Zuspitzungen geschuldet. Zu Beginn spielt der Dramatiker, Kabarettist und Theaterkritiker auf den Universalienstreit des Mittelalters und die Frage nach dem ontologischen Status der Allgemeinbegriffe an. »Das große Leitmotiv des Mittelalters lautete: *universalia sunt realia*. Aber das Finale des Mittelalters bildet der Satz: Es gibt keine Universalien.«[194] Am Beginn des 20. Jahrhunderts, das Friedell als späte, gealterte Neuzeit fasst, sieht er einen radikalisierten Nominalismus am Werk, der nicht nur die ontologisch ausgezeichnete Seinsweise der Allgemeinbegriffe, sondern die der

193 Nicht nur literarische, sondern auch filmische Dystopien, insbesondere aus dem Hollywood der siebziger Jahre, nehmen den Albtraum mit großer Plastizität vorweg, wie Thorsten Hinz in dem Artikel »Im Takt der großen Maschine« (*Junge Freiheit*, 22.1.2021) ausführt.

194 Egon Friedell, *Kulturgeschichte der Neuzeit*, S. 1493.

Wirklichkeit selbst in Frage stellt. »Es gibt keine Realien. Wir befinden uns in einer neuen Inkubationsperiode.«[195]

Bis in die Formulierungen hinein nimmt der Feuilletonist mit dem panoramatischen Blick die Diagnose einer »Agonie des Realen«[196] vorweg, die Jean Baudrillard über vier Jahrzehnte später stellte. Friedell verweist auf die Verflüchtigung der gegenständlichen Welt in den Naturwissenschaften, im mikro- und makroskopischen Zugriff, im unfassbar Kleinen der Atom- und im unendlich Großen der Astrophysik. Neben der Relativitätstheorie, die absolute Begriffe von Zeit, Raum und Bewegung erschütterte, sind die verschiedenen Spielarten der Ungegenständlichkeit in der zeitgenössischen Kunst und Literatur – vom Impressionismus über den Expressionismus bis zum Surrealismus – sowie der Hyperrealismus des Unbewussten in der Psychoanalyse weitere Indikatoren eines fortschreitenden Wirklichkeitsverlusts.

Bedenkenswert ist, dass etwa zur gleichen Zeit auch der Philosoph Max Scheler, der Begründer der materialen Wertethik, im radikalen Nominalismus ein bestimmendes Kennzeichen der Epoche ausmacht. Scheler charakterisiert den Nominalismus, der in Allgemeinbegriffen nichts als willkürliche Merkmalseinheiten – heute würde man sagen: »Konstrukte« – sieht, als Dekadenzphänomen, als Zeichen einer in Auflösung begriffenen Kultur. Zugleich aber sieht er in ihm nicht nur ein Symptom des Zerfalls, sondern auch dessen Katalysator. »Der Nominalismus

195 Ebd.

196 Vgl. Jean Baudrillard, *Agonie des Realen*.

ist das hervorragendste geistige Sprengmittel einer objektiv bis dahin geltenden Formenwelt jeder Art (philosophischer, wissenschaftlicher, künstlerischer, staatlich-korporativer, religiös-kirchlicher Formenwelt).«[197] Auch dieser Befund aus den dreißiger Jahren des vorigen Jahrhunderts ist von erstaunlicher Aktualität.[198] Streckenweise liest sich der Nachlasstext, als spreche Scheler nicht über die Wissensformen seiner Zeit, sondern über den »Neonominalismus« der Genderideologie, des Diversity-Kults, des »Wokeismus« und der identitätszersetzenden Identitätspolitik von heute. »Immer bleibt der Nominalismus schon aller Idee von Gestaltetheit des Seins prinzipieller Feind; immer ist seine Wirksamkeit *negativ, auflösend* und kulturrevolutionär – nicht aus der positiven Schau einer besseren, höheren Kultur heraus, sondern aus Prinzip«, stellt Scheler fest. »Das Wesen nominalistischer Denkart ist *Kritik* – nicht Aufbau; *Auflösung* – nicht Schöpfung.«[199] Der neue, dekonstruktive Nominalismus ist nicht nur Wissensform und theoretische Haltung, er ist politische, gesellschaftliche Praxis und wird mit dem Pathos der Befreiung und dem Ziel des Differenzgewinns sowie der Verwirklichung höherer Gerechtigkeit vorangetrieben.

Die Erkenntnistheorie des Physikers und Sinnesphysiologen Ernst Mach, in dessen »Analyse« sich die gegenständliche Welt in mehr oder wenige disparate Empfindungskomplexe auflöst, lässt sich als früher

197 Max Scheler, *Die Wissensformen und die Gesellschaft*, S. 436.

198 Darauf weist Johannes Eisleben hin: »Rassenunterschiede«, *TUMULT*, Herbst 2020, S. 48–51.

199 Scheler, S. 437.

Vorläufer dieser Tendenz verstehen. »Nicht die Körper erzeugen Empfindungen, sondern *Elementenkomplexe* (Empfindungskomplexe) bilden die Körper«[200], schreibt Mach in seinem 1886 erschienenen Hauptwerk *Die Analyse der Empfindungen*. Diese Theorie beeinflusste sowohl die Naturwissenschaften als auch Literatur und Kunst. Der Physiker Albert Einstein wurde ebenso von Mach angeregt wie der Romancier Robert Musil. Da auch das Ich dieser Theorie zufolge nur ein mehr oder weniger loses Bündel von Empfindungen ist, wird die Unterscheidung zwischen Physischem und Psychischem hinfällig. »Das Ich ist nicht scharf abgegrenzt, die Grenze ist ziemlich unbestimmt und willkürlich verschiebbar.«[201] Bereits hier zeichnet sich ab, dass sich beide Seiten des Weltverhältnisses aufweichen, ohne dass sich mit Sicherheit feststellen lässt, wo die Lockerung einsetzt. Beweglich und disponibel wird auch das Entsprechungs- und Maßverhältnis selbst. »Wahrheit«, sagt Friedrich Nietzsche, ist nichts als ein »bewegliches Heer von Metaphern, Metonymien, Anthropomorphismen«.[202]

Nicht nur konstruktivistische Auffassungen, sondern auch die verschiedenen Spielarten einer Kohärenz- und Konsenstheorie entkoppeln »Wahrheit« von Entsprechungsverhältnissen (*adaequatio rei et intellectus*) und beschreibungsunabhängigen Instanzen. Wahrheit, die nicht mehr relational gedacht wird, erscheint als Frage der systemischen Selbstorganisation. Solche Theorien

200 Ernst Mach, *Die Analyse der Empfindungen*, S. 34.

201 Ebd., S. 20 f.

202 Friedrich Nietzsche, *Ueber Wahrheit und Lüge im aussermoralischen Sinne*, S. 880.

lassen sich als Aufforderung verstehen, das Prädikat »wahr« machenschaftlich zu denken und im nächsten Schritt auch durchzusetzen. Was nicht mehr korrespondieren muss, lässt sich für beliebige Zwecke operationalisieren. Bezeichnend ist, dass sich etwa zeitgleich mit dieser Lockerung der Maß- und Referenzverhältnisse auch die Sprache als letzte Universalie, die Geistiges und Sinnliches, Objektives und Subjektives zur Vermittlung bringen könnte, von ihrer Darstellungsfunktion löst. Die Betonung der Selbstbezüglichkeit der Zeichen leitet die rhetorische Mobilisierung ein. Die ›beweglichen‹ Heere werden ins Feld geführt.

Wichtiger als die ontologischen, erkenntnis- und wissenschaftstheoretischen Folgen des Referenzverlusts sind die politischen und gesellschaftlichen Konsequenzen. Die soziale Welt ist von Haus aus ein Kandidat für weiche, formbare Realität. Deshalb erstaunt es nicht, dass angewandte Massenpsychologie und Propaganda die Krise der Bezugssysteme und die Aufweichung des Realen als Einladung auffassen, genehme Realitäten zu erschaffen. »Die soziale Täuschung herrscht heute auf allen Ruinen, die die Vergangenheit auftürmte, und ihr gehört die Zukunft«[203], schreibt Gustave Le Bon in seiner 1895 erschienenen *Psychologie der Massen*. Perspektivismus, Relativismus und Wertepluralismus sind nur eine Zwischenstufe. Wenn »Realität« als beschreibungs- und deutungsunabhängige Instanz ausfällt, haben Beschreibungen und Deutungen keine Schranke, kein Korrektiv mehr. Sie sind von der Pflicht entbunden,

203 Gustave Le Bon, *Psychologie der Massen*, S. 106.

angemessen und *adäquat* zu sein. Sie müssen sich mehr an Vorgegebenem messen lassen. Die Beschreibung erfüllt nur noch die Wahrheitskriterien, die sie selbst aufgestellt hat. Die Deutung bewahrheitet und *realisiert* sich in ihrem Selbstbezug.

Die nominalistische, poststrukturalistische, dekonstruktivistische Aufweichung der empirischen Faktizität, der Realität des Realen selbst, schafft die Voraussetzung dafür, dass sich Beschreibungen, Bilder und Deutungen zu einer Quasigegenständlichkeit verfestigen können. Die systemische Organisation der Wahrnehmungen – allem voran in den massenmedialen Perzeptionssystemen – ermöglicht die Objektivierung des Scheins. Sie macht das Simulacrum zur geteilten Erfahrung und verleiht ihm alle Attribute des Ansichseins. Durchgängigkeit und Invarianz, als Siegel objektiver Erkenntnis, werden weder von der Konstanz einer beschreibungsunabhängigen Realität verbürgt noch verdanken sie sich, wie von Kant gedacht, der begrifflichen Synthesisleistung des Subjekts. Vielmehr sind sie das Ergebnis einer systemischen Einpassung, Synchronisation und Wahrnehmungsorganisation, die sich heute an Plattformen delegieren und algorithmisch steuern lässt.

Die konstruktivistische Auffassung der Wahrheit hat eine ehrwürdige Tradition. Der italienische Philosoph Giambattista Vico setzt zu Beginn des 18. Jahrhunderts das Erkennen in enge Beziehung zum Erzeugen: Das Wahre und das Gemachte seien austauschbar.[204] Über die beste Kenntnis einer Sache und ihrer Zusammensetzung

204 »Latinis ›verum‹ et ›factum‹ reciprocantur, seu, ut Scholarum vulgus loquitur, convertuntur.« (Giambattista Vico, *Liber metaphysicus*, S. 34).

verfügt, wer ihre Entstehungsbedingungen am besten kennt und überblickt. Und niemand durchschaut diese besser als derjenige, der an ihrer Entstehung beteiligt war oder sie – besser noch – eigenmächtig erzeugt hat. Das Menschengemachte bleibt indes bei Vico bezogen auf das umfassende, unhintergehbare *factum* der Schöpfung. Gott verfügt über unbegrenztes und unbedingtes Wissen, weil er *alles* gemacht hat.

Selbstreferenziell und machenschaftlich wird der Konstruktivismus dort, wo dieser Maßstab verlorengeht und alle Maßverhältnisse disponibel werden. »Dann ist menschliches Machwerk nur noch an anderem menschlichen Machwerk meßbar und Konstruktion nicht länger begrenzte Tätigkeit innerhalb einer umfassenden, von Menschen nicht konstruierten Welt.«[205] Der Philosoph Christoph Türcke erinnert in seiner Kritik eines hybriden, wahnhaften Konstruktivismus an die Bedeutung des lateinischen Worts »constructio« als »geordnete schichtweise Zusammenfügung«[206]. Bereits die Etymologie gemahnt daran, dass Konstruktionen nie voraussetzungslos sind, sondern eine Grundlage, ein Ausgangsmaterial, ein Substrat erfordern. Sie sind notwendigerweise Konstruktion *von etwas*, das sie nicht schon selbst sind und auch nicht aus sich heraus erzeugen können. Die Radikalisierung des Konstruktivismus geht mit einer Ausblendung, mitunter auch Verdrängung dieser Voraussetzungen, dieser natürlichen oder kulturellen Mitgift einher. Beispiele sind für Türcke der

205 Christoph Türcke, *Natur und Gender*, S. 29.

206 Ebd., S. 14.

Diskursabsolutismus eines Michel Foucault und der vermessene Anspruch einer Dekonstruktion des logozentrischen Koordinatensystems abendländischen Denkens bei Jacques Derrida. Ihren vorläufigen Höhepunkt erreicht diese Entwicklung im Genderismus, welcher Geschlecht zu einer sozialen Konstruktion erklärt, für die es nur noch das Kriterium gefühlter Zugehörigkeit gibt. »Verglichen damit war der transzendentale Idealismus – ›Das Ich setzt sich selbst‹ (Fichte) – eine Übung in Selbstbescheidung«, sagt Frank Böckelmann, »denn er holte das stillschweigend Vorausgesetzte des *Bewusstseins* ans Licht.«[207]

Die *weiche* Wirklichkeit ist die Arena der Meinungsmacher und Propagandisten, welche die Lockerung des Weltbezugs und die neue Elastizität des Wahrheitsbegriffs für ihre Zwecke nutzen. Sie behandeln Fakten als Artefakte. Die aus dem Zusammenhang gelösten Realien werden zu beweglichen Kulissen für wünschbare Wirklichkeiten. Es entsteht eine Atmosphäre, in der wahr und wirklich wird, was oft, laut und eindringlich genug wiederholt wurde. Gleichzeitig wird die von ihrer Erkenntnis- und Darstellungsfunktion gelöste Sprache zum rhetorischen Arsenal, zum Instrument des Herbeiredens genehmer Wahrheiten und Wirklichkeiten. Ernst Cassirer weist darauf hin, dass die modernen politischen Mythen aus einer »Umformung der menschlichen Sprache«[208] resultieren, die sie gleichzeitig weiter vorantreiben. »Dieser Bedeutungswandel folgt aus der

207 Frank Böckelmann, »Der Nihilismus in seiner Epoche«, *TUMULT*, Sommer 2021, S. 4.

208 Cassirer, S. 369.

Tatsache, daß jene Worte, die früher in beschreibendem, logischem oder semantischem Sinne gebraucht wurden, jetzt als magische Worte gebraucht werden, die bestimmt sind, gewisse Wirkungen hervorzubringen und gewisse Affekte aufzurühren.«[209] Ein ähnliche Beobachtung macht der Ökonom Friedrich August von Hayek, der 1944 den Wahrheitsverlust in totalitären Systemen untersucht: »Nach und nach wird im Verlaufe dieses Prozeßes die ganze Sprache geplündert, und schließlich werden die Wörter zu leeren Gehäusen ohne feste Bedeutung, so daß man mit ihnen auch das Gegenteil bezeichnen kann und sie nur noch zum Ausdruck der Gefühlsassoziationen gebraucht werden, die mit ihnen einhergehen.«[210] Die bedeutungsindifferenten leeren Hülsen können zu verschiedenen Zwecken affektiv aufgeladen werden. Der Bedeutungsentzug schafft die Voraussetzung dafür, dass die »Empfindungskomplexe« nach Belieben neu formiert werden können. In der Repetition der Sprachregelungen und Parolen verfestigt sich der Schein zum Sein. »Drei Wochen Pressearbeit, und alle Welt hat die Wahrheit erkannt«[211], notiert Oswald Spengler in dem 1922 erschienenen zweiten Band von *Der Untergang des Abendlandes.* In der Fußnote zu dieser Bemerkung über den machenschaftlichen Charakter der Wahrheit in der zivilisatorischen Spätphase der abendländischen Kultur verweist er auf die Frage nach der Schuld und den Schuldigen am Ersten Weltkrieg. Diese laufe darauf hinaus, »wer durch Beherrschung der Presse und Kabel

209 Ebd.

210 Friedrich August von Hayek, *Der Weg zur Knechtschaft*, S. 201.

211 Oswald Spengler, *Der Untergang des Abendlandes*, S. 1139.

aller Erdteile die Macht besitzt, für die Weltmeinung diejenige Wahrheit herzustellen, die er für seine politischen Zwecke braucht, und sie solange zu halten, als er sie braucht«.[212]

Eine Lüge wird durch Wiederholung nicht wahrer, sagt man. Aber tatsächlich haben die Zahl der Wiederholungen und die mediale Reichweite einer Äußerung einen starken, für viele unwiderstehlichen Plausibilisierungseffekt. Frames bilden und verfestigen sich durch Repetition, nicht durch gute Gründe. Sind sie erst einmal verankert, lassen sie Begründungen und Argumente ins Leere laufen. In einer von mächtigen Deutungskartellen beherrschten Öffentlichkeit führt das eklatante Ungleichgewicht zu einer völligen Entwertung qualitativer Wahrheitskriterien. Die fehlende Quantität disqualifiziert den begründeten Einwand, dessen Geltung ein Mindestmaß an Ausgewogenheit voraussetzt. Die Meinungsmultiplikation schafft ein Umfeld, in dem Wahrheit und Wahrheitswirkung deckungsgleich sind. Quantität behält immer das letzte Wort und damit auch recht – ein weiterer Effekt der Selbstbewahrheitung nach dem Prinzip »Wer hat, dem wird gegeben«.

Der Begriff »Wirklichkeit« enthält ein Versprechen der überzeitlichen und überpersönlichen Invarianz. Sich der »Stabilität der Wirklichkeit«[213] zu vergewissern, ist ein Grundbedürfnis des Menschen, eine anthropologische Konstante. Die so verstandene Wirklichkeit enthält ein Moment des Konventionellen, der Übereinkunft. Sie

212 Ebd. (Anm.).

213 Gehlen, S. 63.

ist das, was man für wirklich zu halten gewöhnt ist. Sie ist insofern eine Institution im Sinne Gehlens, als ihre Haltbarkeit und Konstanz auf die Stabilität einer sozialen Ordnung, eines »Gewohnheitsgefüges« verweisen, so wie umgekehrt die Aufweichung der Realität als Anzeichen für dessen Zerrüttung gedeutet werden kann. Der konventionelle Anteil schließt die Übereinkunft ein, dass Wirklichkeit in ihrem Stabilitätskern nicht wahrnehmungsabhängig und disponibel ist. Selbst Ernst Mach, der Analytiker der Empfindungen, räumt ein, dass die Unterstellung ihrer Solidität und Beständigkeit ein unentbehrlicher Orientierungsbehelf ist und der ›naive‹ Realist in lebensweltlichen Zusammenhängen gegenüber dem analytischen Zergliederer immer recht behält und somit »höchste Wertschätzung«[214] verdient. Auch der erkenntnistheoretische Analytiker wird an der Stabilität des Gegenständlichen nicht zweifeln, wenn er einen Nagel in die Wand schlägt, um ein Bild daran aufzuhängen. Die theoretische und die natürliche Einstellung sind nicht deckungsgleich. Was aus naturwissenschaftlicher Sicht als perspektivische Erweiterung erscheint, kann in lebensweltlicher Hinsicht als bedrohliche Irritation empfunden werden.

Das »Wirkliche« ist nicht nur ein Maßstab unter vielen, es ist die Maßgeblichkeit selbst, ihr Inbegriff. Deshalb ist der Realitätsverlust vor allem ein Maßstabsverlust und als solcher der einschneidendste und folgenreichste Bestandsverlust überhaupt. Bestand »*wird auch für das wirkliche dasein und zustande kommen gesetzt, wie wir*

214 Mach, S. 41.

sagen, die sache besteht nunmehr, *hat bestand, existenz erlangt*«[215], erklärt das Grimmsche *Deutsche Wörterbuch.* Der Unbestand einer weichen Wirklichkeit, einer gelockerten Referenzialität, schafft die Voraussetzung für eine schrankenlose Ausbreitung der Ideologien, die ihrerseits an einer weiteren Lockerung und Aufweichung arbeiten. Der Objekt- und Gegenstandsverlust ermöglicht eine Totalisierung des Scheins, die nicht selten blutige, tödliche Folgen hat. »Die Wirklichkeit ist es, die dem Denken Gegenhalt bietet, einen Widerstand, an dem es sich abzuarbeiten hat – beim Beobachten, Interpretieren, Zuhören und Sprechen«[216], merkt Egon Flaig mit Bezug auf Hannah Arendt an. Die kollektivierte Tatsachenverachtung ist das Wesen totalitärer Propaganda. Diese beruht auf der Überzeugung, dass »Tatsachen nur von dem abhängen, der die Macht hat, sie zu etablieren«.[217] Ziel einer totalitären Propaganda ist, die Lüge so zu globalisieren, dass sie unumstößlich wird und somit von der Wahrheit nicht mehr zu unterschieden ist. Ist dieser Punkt erreicht, werden Macht und Gewalt zum einzigen Wahrheitskriterium. Hannah Arendt nennt ein Beispiel aus dem Sowjetregime: »Die Behauptung, daß nur Moskau eine Untergrundbahn habe, ist nur so lange eine Lüge, als die Bolschewisten nicht die Macht haben, alle anderen Untergrundbahnen zu zerstören.«[218] Die totalitäre Propaganda, die Wirklichkeit zur Machenschaft erklärt, macht sich die Krise der Referenz und der

215 Artikel »Bestand«, Sp. 1652.

216 Flaig, *Was nottut,* S. 80.

217 Hannah Arendt, *Elemente und Ursprünge totaler Herrschaft,* S. 742.

218 Ebd., S. 742 f.

Repräsentation zunutze, die sich bereits im Ausgang des 19. Jahrhunderts abzeichnete. Die Entkopplung von allen Referenzsystemen ermöglicht die »Flucht aus der Wirklichkeit in die Einbildung«[219], die kurzerhand für verbindlich erklärt wird. Geschaffen wird eine bereinigte, von Unstimmigkeiten, Widersprüchen und Kontingenzen gesäuberte Hyperrealität aus Voraussage und Selbsterfüllung, die überevident und mehr als wahr ist.

Die erste Hälfte des 20. Jahrhunderts bietet viele Belege für den Zusammenhang zwischen Wirklichkeitsverlust und Totalitarismus. Heute ist der Antirealismus feinstofflicher, engmaschiger, subtiler als in den großen totalitären Systemen, die kollektive Perzeptionssysteme zentralistisch steuern und die Verbindlichkeit ihrer Realitätsdefinitionen mit Gewalt durchsetzen und erzwingen konnten. Die Durchgängigkeit, die den Anschein der Objektivität begründet, ist ein feinstofflich organisiertes »Matching«, das es erlaubt, eine Fassade der Vielstimmigkeit aufrechtzuerhalten. Die neue Objektivität hat den Charakter einer Matrix, welche die Subjekte von der erfahrbaren Realität entkoppelt, ihre Wahrnehmung kanalisiert und ihr Denken gerade dort auf Linie bringt, wo es sich autonom wähnt. Objektivität ist immer auch Beschränkung. Der Gegenstand ist ein zu überwindender Widerstand und enthält damit einen impliziten Anstoß zum Handeln. Die Matrix, als soziale Formation, ersetzt Gegenständlichkeit durch einen subtilen Perzeptionszwang, dem jede

219 Ebd., S. 746.

Handlungsmotivierung fehlt. Unter ihren Bedingungen nimmt Objektivität den Charakter einer Nötigung an, die ohne offene Repression auskommt.

In den vergangenen Dekaden verdichteten sich die Anzeichen für die fortschreitende Aufweichung der Wirklichkeit – der Realität des Realen und der Maßgeblichkeit der Empirie – in vielen Gesellschaftsbereichen. Zu nennen wären etwa der Zwang zur Personalisierung in der medialen Kommunikation und der sogenannte *narrative turn,* der nicht nur einen Paradigmenwechsel in den Kultur- und Geisteswissenschaften markierte, sondern sich auch in Marketing und Public Relations, in der Überredungsbranche insgesamt ausprägte. In diesem Klima der aufgeweichten Faktizität macht die Literaturwissenschaftlerin Nicola Gess die faktual-fiktionale »Halbwahrheit« als eigenes Genre aus. Es handele sich um »eine narrative Kleinform, die nicht nach dem binären Code *wahr/falsch,* sondern *glaubwürdig/unglaubwürdig* operiert und das Fiktive in die faktuale Erzählung einwandern lässt«.[220] Die Konzeption als Gattung bietet den Vorteil, dass sich die Gefahren einer Unterminierung des politischen Diskurses isolieren und im Zweifel der »postfaktischen Rhetorik«[221] des Rechtspopulismus zuordnen und anlasten lassen. Unterlaufen könnte die »narrative Kleinform« den politischen Diskurs nur dann, wenn dieser von der beschriebenen Grenzverwischung und Hybridisierung nicht betroffen wäre. Dies ist aber schon deshalb nicht der Fall,

220 Nicola Gess, *Halbwahrheiten,* S. 13.

221 Ebd., S. 11.

weil auch die »Großen Erzählungen« hyperfaktisch angelegt sind und die mediale Kommunikation zur Gänze auf Personalisierung und Moralisierung geeicht ist. Die »Halbwahrheit« ist längst strukturell und systemisch geworden. Sichtbarstes Zeichen ist die Allgegenwart des Storytelling. Medial vermittelte Realitäten stehen unter dem Vorbehalt ihrer Personalisier- und Erzählbarkeit. Was sich dem narrativen Raster nicht einfügt, verschwindet im toten Winkel der Aufmerksamkeit.[222]

Der Nominalismus hatte im Ausgang des Mittelalters und zu Beginn der Neuzeit die Entdeckung der empirischen Wirklichkeit befördert und das Zeitalter der Naturwissenschaften und der Entdeckungen angebahnt. Die Abkehr von den Universalien und Ideen sowie die Hinwendung zu den Einzeldingen führten zu einer neuen Erdung und Verortung des Denkens. Der zeitgenössische Nominalismus, der »Essentialismus« zum akademischen Schmähwort gemacht hat, ist zur treibenden Kraft der Auflösung der Begriffe *und* des Begriffenen geworden. Er unterminiert die Maßgeblichkeit des Empirischen und erschüttert die Evidenz des Evidenten. Exemplarisch für diese Entwicklung sind das Übergreifen politischer und moralischer Axiome in den Bereich der Geschichtswissenschaft und die Verwischung der Demarkationslinie zwischen Gedächtnispolitik und historischer Wissenschaft.[223] Die Denkverbote, die sich die wissenschaftliche Anthropologie unter der

222 Vgl. dazu: Esders, *Die enteignete Poesie*.

223 Vgl. dazu: Egon Flaig, *Die Niederlage der politischen Vernunft*, S. 227 ff. Josef Kraus spricht mit Blick auf die Geisteswissenschaften treffend von »Apportierwissenschaften« (Josef Kraus, *Der deutsche Untertan*, S. 13).

Ägide des »Antirassismus« auferlegt hat, was einer Selbstabschaffung dieser Disziplin gleichkommt, sind ein weiteres Beispiel. Als rassistisch gilt bereits, wer »es wagt, die anthropologische Variabilität des Menschen zu erforschen«.[224] Die der politischen Korrektheit geschuldeten Denkverbote führten zu folgenreichen Forschungssperren in der Medizin. Medikamente mit einer auf verschiedene ethnische Gruppen abgestimmten Wirkungsweise zu entwickeln, war mit einem Tabubruch verbunden.[225]

Neben den poststrukturalistischen Angriffen auf den abendländischen Logosbegriff erzeugte die entschieden antimethodologische, anarchistische Wissenschaftstheorie des »Anything goes« ein intellektuelles Klima, in dem empirische Faktizität auch in den Naturwissenschaften unter die Prämisse ihrer Modellierbarkeit gestellt werden konnte. Wissenschaftliche Methodik kann aus Sicht des Philosophen Paul Feyerabend niemals Verbindlichkeit für sich beanspruchen. Wo sie darauf beharrt, steht sie dem Erkenntnisfortschritt, den sie zu fördern vorgibt, im Weg. So nachvollziehbar die Warnung vor den Zwängen einer Methodologie ist, die sich in Dogmatismus zu verhärten droht, so fragwürdig – und in der Rückschau verhängnisvoll – ist Feyerabends Einebnung der Differenz zwischen Wissenschaft und Nichtwissenschaft. »*Es gibt also keinen klar formulierbaren Unterschied zwischen Mythen und wissenschaftlichen Theorien*«[226],

224 Andreas Vonderach, *Die Dekonstruktion der Rasse*, S. 68.

225 Ebd., S. 46 ff.

226 Vgl. Paul Feyerabend, *Wider den Methodenzwang*, S. 385.

resümiert er am Schluss seines 1975 erschienenen Buchs *Against Method.* Feyerabend plädiert für eine strikte Trennung von Staat und Wissenschaft, weil er den Missbrauch der Wissenschaft als Autoritäts- und Legitimationslieferant befürchtet. Das Beklemmende ist, dass er mit seiner Preisgabe aller verbindlichen Rationalitäts- und Wahrheitskriterien letztlich dem Missbrauch und der Dogmatisierung Vorschub leistete. Sein radikaler Pluralismus und Relativismus ebneten einer Wissenschaft den Weg, die im Singular auftritt, Gefolgschaft einfordert und Kritiker mit inquisitorischem Eifer verfolgt.

In Disziplinen wie Virologie und Klimawissenschaft ist diese Tendenz deutlich sichtbar geworden. Es werde Angst geschürt »mit pseudowissenschaftlichen Modellrechnungen, die in die Katastrophe münden«[227], kritisierte Michael Esfeld im Frühjahr 2021 mit Blick auf die Causa Corona und die »Klimarettung«. Wenige Monate zuvor hatte er der Nationalen Wissenschaftsakademie Leopoldina, deren Mitglied er ist, vorgeworfen, wissenschaftliche Standards zu verletzen und der Politik als Begründungsbeschaffer für »Lockdown«-Verschärfungen zu Diensten zu sein. Die wachsende Empirieverachtung zeigt sich nicht nur in Modellrechnungen, die Realität modellieren, sondern auch in der willkürlichen, machenschaftlichen Handhabung des Kausalitätsprinzips. Dessen neutrale und durchgängige Anwendung, die keinen Raum für Wunder und Eingriffe eines

227 Esfeld, »Die geschlossene Gesellschaft und ihre neuen Freunde«.

»Willkürgottes« lässt, ist *die* Konstituente neuzeitlicher Rationalität. Zum Ausdruck kam diese Lockerung des Kausalzusammenhangs in der Formulierung »an oder mit Corona gestorben«, die sich 2020 in medizinischen Bulletins durchsetzte und deren kalkulierte Unschärfe zur Grundlage von Statistiken und den daraus abgeleiteten Maßnahmen wurde. Der Kausalitätsbegriff wird politisiert und ganz offen als Doppelstandard verwendet. Bei schweren Krankheitsverläufen und Todesfällen positiv Getesteter war stets das Coronavirus ursächlich, während der kausale Zusammenhang bei Impfkomplikationen systematisch in Zweifel gezogen wurde. Auch bei den Themen Migration und Klima ist nur das ursächlich, was ins Narrativ passt und die Agenda befördert.

Als es galt, das Bindeglied zwischen den beiden Großerzählungen der Welttransformation zu finden, um deren Unbedingtheitsressourcen synergetisch zu nutzen, waren Forscher der Universität Cambridge, des Potsdam-Instituts für Klimafolgenforschung und der Universität Hawai'i-Manoa schnell mit einer Erklärung zur Stelle: Globale Treibhausgasemissionen hätten im Laufe des letzten Jahrhunderts am wahrscheinlichen Ursprungsort von SARS-CoV-2 in Südchina zu Vegetationsveränderungen geführt. Tropische Savanne und Laubwald hätten den tropischen Buschwald verdrängt, was die Ausbreitung zahlreicher neuer Fledermausarten ermöglicht habe. Mit den Tieren hätten sich dann auch die Coronaviren verbreitet, welche die Fledermäuse in sich tragen. Die Reduktion von Kohlendioxidemissionen erscheint somit als probates Mittel zur Vorbeugung von Epidemien.[228] Solche Kausalketten erinnern an Robert Musils Parodie der allzu weitgespannten Analogieschlüsse in Spenglers einflussreicher Kulturphilosophie: »Es gibt zitronengelbe Falter, es gibt zitronengelbe Chinesen; in gewissem Sinne kann man also sagen: Falter ist der mitteleuropäische geflügelte Zwergchinese.«[229]

Ein weiteres Beispiel war das völlige Fehlen einer empirischen Basis in den Stellungnahmen von Ethikern und Juristen zur Einführung einer generellen Impfpflicht im Jahr 2021. Wesentliche Parameter wie die Sterblichkeitsrate der Viruserkrankung und valide Angaben zur Schutzwirkung der Substanz vor Ansteckung und Verbreitung fehlten ebenso wie der Bezug auf Daten zur Anzahl und Schwere der Komplikationen durch die gentherapeutische Behandlung.[230] Es ging schlicht um Versuche der begrifflichen Anbahnung, des Herbeiredens der Impfpflicht, die nicht einmal Ansätze von Abwägung und Argumentation erkennen ließen. Die vernichtende Gefährlichkeit des Virus sowie die hochgradige Wirksamkeit und Sicherheit der Impfung wurden stillschweigend vorausgesetzt, aber nirgends belegt. Es handelte sich um Behauptungen, die ausschließ-

228 Robert M. Beyer, Andrea Manica, Camilo Mora, »Shifts in global bat diversity suggest a possible role of climate change in the emergence of SARS-CoV-1 and SARS-CoV-2«, in: *Science of The Total Environment*, Vol. 767, 145413, 1.5.2021.

229 Robert Musil, *Tagebücher, Essays, Aphorismen und Reden*, S. 656.

230 Exemplarisch dafür sowie den totalitären Tonfall der akademischen Ethik in der Coronakrise: Sabine Döring, »Wie umgehen mit Trittbrettfahrern?«, *Wirtschaftswoche*, 6.8.2021. »Die Bockigen, Leugner und Egoisten sollten wir durch strafbewehrte gesetzliche Pflichten und Ausschluss aus bestimmten Bereichen der Teilhabe dazu bewegen, ihre moralische Pflicht zu tun«, schreibt die Philosophieprofessorin. Gesagt, getan.

lich durch ihr Unisono, den verstärkenden Effekt der Wiederholung auf allen Kanälen und die flächendeckende Ausschaltung von Gegenstimmen gedeckt waren.

Die natürliche und die theoretische Einstellung werden gleichermaßen desorientiert – mit fatalen Rückkopplungen. Offensichtliche epistemologische Doppelstandards, selektive Evidenz, die willkürliche Zu- und Aberkennung von Beweiskraft, die einseitige Anwendung und Ausblendung des Kausalprinzips nach Opportunitätsgesichtspunkten oder systematische Verstöße gegen logische Grundsätze wie die Widerspruchsfreiheit finden nur dort Akzeptanz, wo die Maßverhältnisse auf lebensweltlicher Ebene schon vorgeschädigt sind. Nur so ist die unerschütterliche Wirksamkeit widersinnigster Narrative zu erklären. Umgekehrt hat die Begründungswillkür lebensweltliche Konsequenzen: Es breitet sich eine Atmosphäre der Unberechenbarkeit aus, die nicht nur wissenschafts-, sondern auch in hohem Maß lebensfeindlich ist. Wo alles mit jedem ursächlich verknüpfbar ist, unter gleichen Ausgangsbedingungen unterschiedliche Ergebnisse zu gewärtigen sind, man mit Kausalität nach Belieben schaltet und waltet, dort ist keine Verlässlichkeit mehr gegeben. Die Erosion des Gewohnten und Üblichen erreicht in der Aufweichung der Realität, die als Institution des Erwartbaren und Regulären ausfällt, eine neue Stufe. Dabei entsteht, in den Worten von Friedrich August von Hayek, ein geistiges Klima, in dem »der vollkommene Zynismus gegenüber der Wahrheit, der Verlust des Gefühls für das, was Wahrheit bedeutet, das Schwinden des Geistes unabhängiger Forschung und des Glaubens an die Macht vernunftgemäßer Überzeugung«[231] zu verzeichnen sind.

So wie in der Postmoderne die Ausrufung des Endes der »Großen Erzählungen« deren machtvolle Wiederkehr nach sich zog, so schlägt die Dekonstruktion in einen mit Machbarkeitswahn gepaarten, sozialtechnologisch aufgerüsteten Konstruktivismus um. Ähnlich wie die Medizin mit Operationen und Hormonbehandlungen bei der Entnaturalisierung des Geschlechts nachhelfen muss, beansprucht die Sozialtechnologie mit zunehmend transhumanistischer Tendenz, die Umsetzungs- und Realisierungslücke eines nur diskursiven Konstruktivismus zu schließen. Diese Entwicklung liegt, wie skizziert, auf der Linie einer totalisierenden Vernunftkritik. Diese führte weder zu einer Wiederentdeckung des Common Sense noch zu einer Rückbesinnung auf die kulturellen Bestände der okzidentalen Vernunft, auf ihre verortete und *eigenartige* Universalität. Die Aufarbeitung der eigenen Verstrickungen mündete vielmehr in die Hybris eines neuen Absolutismus, dem Wirklichkeit machbar erscheint. Die ungedeckten Worte sind ebenso disponibel wie das, was sie bezeichnen. Logische Grundsätze und Kausalität sind dehnbar, Wahrheit ist flexibel. Modellrechnungen werden von wissenschaftlichen Institutionen mit klangvollen Namen als Readymades auf Bestellung der Politik geliefert. Wo die Realität ihre Maßgeblichkeit verliert und zur Machenschaft wird, dort kommt sie abhanden. Ihr Schwund, der Folge ihrer Verfügbar- und Dienstbarkeit

231 Hayek, S. 205 f.

ist, ermöglicht die Totalisierung des Scheins zur unentrinnbaren Hyperrealität. Die Herrschaft des Irrealen versklavt.

Digitale Ortlosigkeit

Ein weiterer Aspekt der Aufweichung der Realität mit gravierenden Folgen für unser Weltverhältnis ist ein technologischer. »Unsere Umwelt wird zusehends weicher, nebelhafter, spektraler«[232], schrieb der Medienphilosoph Vilém Flusser, der die Informationsgesellschaft der achtziger Jahre im sich abzeichnenden Horizont der Digitalisierung untersuchte, ohne zu dieser Zeit deren späteres Ausmaß abschätzen zu können. »Informationen – Undinge wie Bilder auf dem Fernsehschirm, in Computern gelagerte Daten, in Robotern gespeicherte Programme, Mikrofilme und Hologramme – lassen sich nicht mit Fingern greifen.«[233] Die Aufweichung und Virtualisierung der Dinge nährten die Vorstellung, die Realität könnte ins Stadium ihrer digitalen Reproduzierbarkeit eintreten. Die Ausbreitung digitaler Undinge führt zu einer Entwertung der empirischen Wirklichkeit: Dieser Befund Flussers gilt unabhängig von der Frage, ob man die Möglichkeiten, die der Cyberspace bietet, begrüßt oder ablehnt.

Die neue Maßgeblichkeit des Digitalen hat nicht nur unabsehbare Folgen für die Wahrnehmung der

232 Vilém Flusser, *Die Revolution der Bilder*, S. 163.
233 Ebd.

Realität, sie betrifft auch die Gewohnheitsgefüge der Lebenswelt und der Institutionen. In den Werkzeugen und Gegenständen des täglichen Gebrauchs materialisieren, objektivieren sich Gewohnheiten und Routinen. Die Art ihres Gebrauchs ist in den Artefakten und Werkzeugen angelegt und auf Dauer gestellt. Diese werden zunehmend durch digitale Artefakte und Standards wie Navigations- und Steuerungsroutinen ersetzt. Ein Beispiel aus der Frühzeit des Digitalen ist die Datei- und Menüstruktur des Betriebssystems Windows, die inzwischen so eingefleischt ist, dass sie aus der Rechnernutzung nicht mehr wegzudenken ist. In den digitalen Standards kündigt sich die Verhärtung der synthetisch herstellbaren, digital reproduzierbaren Undinge an. Ihre überwirkliche Unwirklichkeit wird fortan zum Maßstab für die Realität und das Weltverhältnis. Dies gilt umso mehr, als die digitalen Undinge nicht auf die Sphäre von Freizeit und Unterhaltung begrenzt bleiben, sondern auch bis in die Arbeitswelt vordringen und somit dort maßgeblich werden, wo das Realitätsprinzip herrscht. Gleichzeitig werden sie über Smartphones zum ständigen Begleiter im Alltag. Aus diesen Entwicklungen folgt, dass sich die Vorstellung von Gegenständlichkeit auch in der Lebenswelt vom Augenschein, von der greif- und begreifbarer Empirie entkoppelt. Die Referenzlosigkeit des Digitalen setzt die Standards. Objektivität wird zur algorithmisch gesteuerten, in Feedbackschleifen bestätigten Einpassung.

Die synthetische, referenzlose und verflüssigte (Un-) Ordnung des Digitalen setzt das terrane Prinzip, die Raumbindung des Realen, außer Kraft und befördert, mit Carl Schmitt gesprochen, den »Absturz in das Nichts einer raum- und bodenlosen Allgemeinheit«[234]. Mit der Entwertung des Orts begünstigt sie die globalistische Antitopik[235] und verschafft denjenigen, die über die globalen Netze und Begriffe verfügen, einen weiteren, nahezu uneinholbaren Evidenzvorsprung. »Die digitale Ordnung verabschiedet den Nomos der Erde endgültig«[236], stellt Byung-Chul Han fest.

Jean Baudrillard wähnte sich bereits in den siebziger Jahren im Zeitalter bodenloser Simulation, aber in Wahrheit beschrieb er nur dessen erste Ausläufer. Er deutete und extrapolierte die frühen Vorzeichen. »In diesem Übergang zu einem Raum, dessen Krümmung nicht mehr dem Realen oder der Wahrheit folgt, öffnet sich die Ära der Simulation durch Liquidierung aller Referentiale – schlimmer noch: durch deren künstliche Wiederauferstehung in verschiedenen Zeichensystemen, die ein viel geschmeidigeres Material abgeben als der Sinn.«[237] Inzwischen hat sich die These der Agonie des Realen, die man vor einigen Jahren noch für einen feuilletonistischen Einfall oder eine postmoderne Kopfgeburt halten und als solche abtun konnte, auf beklemmende Weise bestätigt. Sie hat sich *realisiert.* Zu der Zeit, als Baudrillard den Todeskampf des Realen beschrieb, eignete der Hyperrealität einer von den Fesseln der Referenz befreiten Simulation noch eine flirrende Vieldeutigkeit. In den medialen und digitalen Perzeptionssystemen von

234 Carl Schmitt, *Der Nomos der Erde,* S. 211.

235 Zum Begriff der Antitopik vgl. Esders, *Sprachregime,* S. 41 ff.

236 Byung-Chul Han, *Im Schwarm,* S. 67.

237 Baudrillard, *Agonie des Realen,* S. 9.

heute hat sich die Matrix vereindeutigt und verfestigt. Die ›Geschmeidigkeit‹ der von der Schwerkraft des Bedeutens befreiten Simulacren, von der Baudrillard spricht, ist nur vorläufig, so wie die Aufweichung des Realen nur die erste Phase einer längeren Entwicklung darstellt. Der Verlust der Gegenständlichkeit als unabhängige, unverfügbare Instanz ist die Voraussetzung für die schrankenlose Substantiierung des Scheins. Die Eindeutigkeit als verhärtete Realität begünstigt gefährliche Formationen ungeteilter Macht, die sich eine weitere Verhärtung zu ihren Gunsten zur Aufgabe machen. »Die Regierenden haben jeden Bezug zur Wirklichkeit verloren«, beklagen sich die unverbesserlichen Nostalgiker der überkommenen Repräsentationsverhältnisse. Sie verkennen, dass die Entkopplung von der Realität ein Betriebsmodus der zeitgenössischen »Wahrheitssysteme« ist – und kein Defekt.

Der »Absolutismus der Wirklichkeit« ist für Hans Blumenberg die Grunderfahrung des Menschen und Ausgangspunkt einer mythischen »Gewaltenteilung«.[238] Das Ungeheure bekommt Namen, wird mit Bedeutungen belegt, in Bildern gebannt und in Geschichten verstrickt. Bedrohlicher ist der absolutistische Antirealismus. Genauer gesagt: Die restlose Fassbarkeit ist eine größere Gefahr als die archaische Unfassbarkeit der Realität. »Wirklichkeit« setzt jedem Konzept von ihr, jeder Beschreibung eine Grenze. »Das Wirkliche ist das, worauf man sich beruft«, notiert Blumenberg. »Es ist die letzte Instanz für den Gebrauch der Sprache.«[239]

238 Vgl. Blumenberg, *Arbeit am Mythos*, S. 9 ff.

239 Hans Blumenberg, *Realität und Realismus*, S. 11.

Wo *Gegen*ständlichkeit in ihrem gegensätzlichen Sinn schwindet und somit jedes Korrektiv ausfällt, wird der Antirealismus grenzenlos. Seine Macht lässt sich nicht mehr in Mythen bannen. Das Erzählen, als Medium der Aufweichung der Realität, mündet in eine verhärtete Ungegenständlichkeit.

Die weitreichende Entwertung der Realität und der Verlust ihrer Maßgeblichkeit betreffen auch die Ebene der Beschreibung und Deutung. Weil das Konzept der empirischen Faktizität nicht mehr entsprechen muss, kann es zur *Konstruktion* nach eigenen oder fremden Erfordernissen werden. Es wird zur Machenschaft – ebenso wie die nicht mehr relational gedachte ›Wahrheit‹ und das Kausalprinzip.

Das mediale Apriori, dem Friedrich Kittler einen seinsgeschichtlichen Rang zuschrieb,[240] hat im zweiten Jahrzehnt des 21. Jahrhunderts eine neue politische, soziale und existenzielle Dringlichkeit bekommen. Im Verbund mit den elektronischen Massenmedien haben Datenmonopolisten die Macht, Dinge, Menschen und Ereignisse zu substantiieren und zu desubstantiieren, ins Licht zu rücken und in den Schatten zu stellen, ja in Schatten zu verwandeln. Shadowbanning, Deplatforming und die mikrologische Zensur über semantische Filter sind angewandte Ontologie – ebenso wie die Schauprozesse der »Faktenfinder«. Der gezielte Aufmerksamkeitsentzug, der zugleich ein Realitätsentzug ist, ist eine politische Waffe, der kaum etwas entgegenzusetzen ist.

240 »Medien bestimmen unsere Lage«, lautet Kittlers nachwirkende Formel für diese quasitranszendentale Vorgegebenheit des Medialen (Friedrich Kittler, *Grammophon Film Typewriter*, S. 3).

Für Kant ist Objektivität das Ergebnis einer Vereinheitlichung der Erfahrung durch das Subjekt. Dem wahrnehmenden und denkenden Subjekt wurde jedoch die Fähigkeit, Vorstellungen logisch und kategorial miteinander zu verknüpfen und so auf einen Gegenstand zu beziehen, systematisch abtrainiert, was sich in der willkürlichen Anwendung des Kausalprinzips und deren Akzeptanz zeigt. Die Vereinheitlichungsleistung, die von den desorientierten und dissoziierten Subjekten nicht mehr übernommen werden kann, wird folglich digitalen und massenmedialen Perzeptionssystemen überantwortet. Die Bedingung der Möglichkeit der Erfahrung ist nicht mehr in der kategorialen Ausstattung des denkenden und urteilenden Subjekts, sondern in medial synchronisierten Sprachregelungen und Narrativen sowie in Such- und Empfehlungs-Algorithmen und anderen digitalen Filtern angelegt. Die Massenmedien und vor allem die Digitalplattformen haben nicht nur enzyklopädische Macht, sie sind auch transzendentale Türhüter.

Platonisch statt kantisch gedacht: Der medial-digitale Komplex sperrt das Publikum in eine Höhle ein, legt ihm Fesseln an und projiziert Schatten künstlicher Gegenstände an die Höhlenwand, welche die Gefesselten bereitwillig für die einzige und unumstößliche Realität halten. Er hat zudem die Macht, jeden Bewohner in seiner Wahrnehmungshöhle zu vereinzeln. Die Objektivität verbürgende Synchronisation der Vorstellungen, die in der Monadenlehre von Leibniz Gott vorbehalten ist, wird zur Funktion algorithmischer Steuerung. Der konfektionierten Individualität einer solchen »Blase« – Ergebnis der fortgeschrittenen Realitätserweichung – ist schwerer zu entkommen als dem felsenfesten Gefängnis Platons. Die Karikatur eines metaphysischen Systems kehrt als gesellschaftliche Versuchsanordnung und digitales Panoptikum zurück.

Die Begriffe »Verschwörungstheorie« und Verschwörungserzählung« sind zweifellos Denunziationsvokabeln, die alle abstempeln, welche die Fesseln lockern und den Höhlenausgang suchen. Aber es wäre unterkomplex und irreführend, eine schlichte Intentionalität oder Monokausalität zu unterstellen. Die Entkopplung der Zeichen, Bilder und Begriffe, die Aufhebung der Referenzialität sowie die Ersetzung der empirischen Realität durch Surrogate und Simulacren sind kein Schurkenstück weniger Hintermänner. Die Steuerung und Einpassung der Perzeptionen sind vielmehr ein weitgehend automatisierter und anonymisierter Prozess, so wie auch die Selbstbewahrheitung eine Eigendynamik entfaltet, die sich einer eindeutigen Zuschreibung entzieht. Dieser Ablauf findet gleichzeitig auf verschiedenen Ebenen und in unterschiedlichen Teilsystemen der Gesellschaft statt, was den Effekt der Selbstbewahrheitung weiter verstärkt und nahezu unumkehrbar macht.

In den Wissenschaften durchläuft der Prozess der Selbsterfüllung, -bewahrheitung und -realisierung mehrere Stadien: Im ersten Schritt zeigt der neue, postmoderne Nominalismus die Kontingenz aller Zeichen, Begriffe und Diskurse auf, entlarvt deren verdeckten Machtanspruch und deutet sie als Ausdruck des Überwältigungswillens einer abendländischen, weißen, männlichen Rationalität. Anschließend etabliert er mit der Absicht oder unter dem Vorwand der Rettung des ausgeschlossenen, unterdrückten, zugerichteten Differenten und Nichtidentischen Strukturen, in denen Selbstermächtigung und Selbstbewahrheitung unlösbar miteinander verwoben sind. Spätestens hier ist der Punkt erreicht, an dem der Dekonstruktivismus in einen von Machbarkeitswahn befallenen Konstruktivismus umschlägt. Zugleich forciert der Neonominalismus seine postfaktische, antiempirische Tendenz, wie beispielsweise in der Genderideologie erkennbar ist, welche die Binarität der Geschlechter in einem bloßen Sprechakt überwinden und sich über die Biologie hinwegsetzen zu können glaubt. Der postmoderne Nominalismus nimmt insofern begriffsrealistische Züge an, als er Bedingungen schafft und gesellschaftlich institutionalisiert, in denen die Realität in der Realitätsdefinition aufgeht, in denen sich also die zunächst nur postulierte »Diversität« tatsächlich *realisiert,* als neue Faktizität erhärtet. Dies gilt nicht nur für die Sprachspiele der Vielfalt, Differenz und Nichtidentität, sondern auch für das universalistische Vokabular der »Einen Menschheit« und der »Einen Welt«. Die »Pandemie«, als Welt-Phänomen, erfüllt ebenso die universalistischen Vorgaben dieser Begriffe wie die global angelegten Protestbewegungen und das planetarische Projekt der »Klimarettung«.

Es handelt sich um eine *petitio principii* in globalem Maßstab, genauer: um zahlreiche, vielfach miteinander verwobene Strukturen und Dynamiken der Selbstbewahrheitung. Dass immer schon das vorausgesetzt wird, was erst begründet oder bewiesen werden müsste, erscheint deshalb nicht als Problem, weil sich die Selbstbewahrheitung nicht nur auf der epistemologischen Ebene vollzieht. Das, was zu verifizieren wäre, muss am Ende nicht mehr mit diskursiven Mitteln untermauert werden, weil es im Selbstvollzug *eintritt* und als Faktizität unumstößlich wird.

Die Verallgemeinerung des Scheins gelingt nur, weil die Matrix eine entlastende Wirkung entfaltet und attraktiv erscheint. Sie ist nicht nur ein Repressions-, sondern ein subtiles Belohnungsinstrument. Wer sich in ihr einrichtet und die vorgegebenen Sichtweiten und Deutungen übernimmt, wird mit dem beruhigenden und wohligen Gefühl belohnt, auf der richtigen Seite zu stehen, die Moral der Mehrheit zu teilen und ihre Sprache zu sprechen. Innerhalb der Matrix sind Evidenz und Plausibilität untrennbar mit diesem Gefühl der Einstimmigkeit verknüpft, das zumindest oberflächlich für die Zerrüttung der Gewohnheitsgefüge, den Verlust der Selbstverständlichkeit und die Desorientierung der natürlichen Einstellung entschädigt. Zudem ist nicht nur der offene Widerstand gegen das Kurrente, sondern bereits der Blick hinter die Kulissen mit kognitiven Dissonanzen und zahllosen Unannehmlichkeiten verbunden. Wer gegen den Strom schwimmt, nimmt es mit einem algorithmischen Maschinenheer aus Empfehlungs-, Gewichtungs- und Filterfunktionen auf, die den Hauptstrom fortwährend verstärken und begradigen.

Die Frage, ob die Matrix tatsächlich die Mehrheitsmeinung repräsentiert, ist nicht nur zweitrangig, sondern in den meisten Fällen auch unerheblich. Die starke Suggestion des Mehrheitlichen genügt, um eine

Wahrnehmung oder Deutung zu verallgemeinern und damit zu objektivieren. Die Matrix macht diejenigen, die sich ihr anvertrauen, zu Komplizen. Sie sind Teil, ja Motor der sich selbst erfüllenden Prophezeiung, partizipieren an und profitieren von der Selbstbewahrheitung – beispielsweise indem sie die eigenen Zweifel externalisieren und in Gestalt des Dissidenten bekämpfen. Das Angebot, Illusionen zu objektivieren und Wünschbares zu verwirklichen, lässt die Matrix für viele unwiderstehlich erscheinen. Diejenigen, die dieses Angebot trotzdem ausschlagen, sind zunächst geneigt, das Unvorstellbare, Irreale für etwas Flüchtiges und Vorübergehendes zu halten. Obwohl sie das Betriebssystem der Matrix durchschauen, unterschätzen sie die Stabilität des Scheins. Das Gespinst der Lüge und Verblendung ist zwar aus zartem Stoff gewebt, aber äußerst fest und haltbar. Diese Fehleinschätzung der Dissidenten ist tragisch: Indem sie die Stabilität der Täuschung verkennen und passiv bleiben, verleihen sie ihr Dauer. Gleichzeitig verstärken diejenigen, die auf die Universalität der Verblendung hinweisen, jene Suggestion der Unausweichlich- und Unüberwindlichkeit, die das Betriebsgeheimnis der Matrix ist und ihren durchschlagenden Erfolg begründet.

Die mit dem Realitätsverlust verbundene Totalisierung gefährdet die Substanz der Gewaltenteilung und der repräsentativen Demokratie. Dies erkennt auch Byung-Chul Han, der seinen zunächst an technischen Beispielen entwickelten Befund einer Krise der Repräsentation auf alle Gesellschaftsbereiche ausweitet: »Heute ist das Repräsentationsverhältnis wie bei der Fotografie massiv gestört. Das ökonomische-politische System ist selbstreferenziell geworden.«[241] Die Entkopplungstendenzen des politisch-medial-digitalen Komplexes sind unübersehbar. Die Medien sind kein öffentliches Forum, sondern operationalisieren Öffentlichkeit als Subsystem zur Zustimmungs- und Legitimationsbeschaffung nach eigenen Regeln. Und die Repräsentanten werden ungern an diejenigen erinnert, die sie repräsentieren und denen sie ihr Mandat verdanken. Als Sinnbild der zerrütteten Repräsentationsverhältnisse drängen sich die nach der US-Wahl 2020 in die Diskussion geratenen digitalen Wahlautomaten auf, welche das erfasste und gezählte Votum vom Wahlzettel als dem physischen Korrelat ablösen und so eine »Gewichtung« der Stimmen nach voreingestelltem Schlüssel ermöglichen.

Unter den Bedingungen der Hyperrealität sind politische Ereignisse in den meisten Fällen Schnittpunkte sich durchkreuzender Dramaturgien. Die Untersuchung der Faktenlage ist für ihre Deutung und Einordnung nicht hinreichend. »Handelt es sich bei den Sprengstoffanschlägen in Italien um Taten linker Extremisten oder um eine Provokation der extremen Rechten«, fragt Jean Baudrillard, »oder um eine von der Mitte ausgehende Inszenierung mit der Absicht, alle Extremisten in Verruf zu bringen, um damit die eigene angeschlagene Macht wiederzuerlangen, oder handelt es sich um ein Scenario der Polizei und um eine Erpressung der öffentlichen Sicherheit?«[242] Baudrillards Antwort würde angesichts von Ereignissen wie dem »Sturm auf den Reichstag« 2020

241 Han, S. 84.

242 Baudrillard, *Agonie des Realen*, S. 30.

oder dem »Sturm auf das Kapitol« 2021 vermutlich ähnlich ausfallen wie damals. »All das ist gleichzeitig wahr und die Suche nach Beweisen zur Ermittlung der objektiven Tatsachen hält diesen Interpretationsschwindel nicht auf. Wir befinden uns in der Logik der Simulation, die nichts mehr mit einer Logik der Tatsachen und einer Ordnung von Vernunftgründen gemein hat.«[243]

Virtualisierte Ökonomie

Das Reale virtualisiert sich auch und gerade dort, wo man die größte Nähe zu den Realien des Lebens vermuten würde: in der Ökonomie. Als Wissenschaft tritt sie mit dem Anspruch und dem Versprechen der Erdung der Begriffe und Theorien auf. In ihrem Selbstverständnis geht sie auf den Grund der materiellen Reproduktionsbedingungen einer Gesellschaft. Ihre Daten und Modelle sind basal und fundamental. Sie verortet sich auf dem Boden der messbaren, mit Zahlen belegbaren Empirie und leitet daraus ein Erkenntnisprivileg gegenüber anderen, mit den Unschärfen und Vagheiten der Deutung behafteten Sozialwissenschaften ab. Ihr Erkenntnisideal orientierte sich auch im 20. Jahrhundert an mathematisch beschreibbaren Kausalbeziehungen zwischen Kräften und Körpern, also an der klassischen Mechanik – zu einer Zeit also, als dieses Konzept in der Physik selbst als überholt galt.[244]

243 Ebd.

244 Vgl. dazu: Max Otte, »Fiktion und Realität im Finanzwesen«, in: Christine Künzel u. Dirk Hempel (Hg.), *Finanzen und Fiktionen*, S. 27–45.

Trotz dieses Ideals einer naturwissenschaftlich-exakten Wissenschaft, einer sozialen Physik, gab es früh Einbruchstellen des Fiktiven und Imaginären. Schon lange bevor sich die Finanzmärkte im heutigen Ausmaß von der Realwirtschaft ablösten und virtualisierten, hatte es die Ökonomie mit Deutungen und Bedeutungen, mit symbolischem Kapital zu tun. Die Marke, die heute in vielen Fällen einen Großteil des Unternehmenswerts ausmacht, ist ein bedeutungsökonomisches Konzept, was allen Bemühungen der Quantifizierung ihres Werts Grenzen setzt. »Es gibt auch keine Ware mehr, sondern nur noch Reklame«, beobachtete Egon Friedell bereits vor neunzig Jahren, »der wertvollste Artikel ist der am wirksamsten angepriesene: in dessen Reklame das meiste Kapital investiert wurde.«[245] Die materialen Eigenschaften der Produkte sind in den Jahrzehnten nach Friedell weiter in den Hintergrund getreten. Im Vordergrund stehen Massenpsychologie, Lebensstildesign, Aufmerksamkeitsökonomie und Mythenmanagement. Marketing ist Bedeutungsinvestition und verfolgt mit wachsenden Budgets und zunehmendem Raffinement ästhetische und narrative Strategien.[246]

Die Aufweichung ist auch in anderen Teildisziplinen der Ökonomie und vor allem in der betriebswirtschaftlichen Praxis zu beobachten. Bilanzen sind niemals so mathematisch-exakt, wie sie zu sein vorgeben, und Ermessensspielräume sind Interpretationsspielräume. Mehr als das Zahlenwerk entscheidet die

245 Friedell, S. 1513.

246 Vgl. dazu: Michael Esders, *Ware Geschichte*.

Überzeugungskraft von Unternehmens- und Produktstorys darüber, ob eine Geschäftsgründung gelingt, ein Börsengang oder eine Kapitalerhöhung erfolgreich ist und ein Geschäftsmodell sich am Markt durchsetzt.

Die Erzählung ist auch in der Ökonomie zum Paradigma einer weich gewordenen, formbaren Wirklichkeit geworden. Der US-amerikanische Ökonom Robert J. Shiller, der 2013 den Nobelpreis für Wirtschaftswissenschaften erhielt, stellt sie deshalb in den Mittelpunkt seiner Forschungen: »*Narrative Ökonomie,* also die Erforschung der viralen Ausbreitung allgemein bekannter Narrative, die wirtschaftliches Verhalten beeinflussen, kann unsere Fähigkeiten verbessern, ökonomische Ereignisse vorherzuahnen oder sich darauf vorzubereiten.«[247] Bemerkenswert ist, dass Shiller Virulenz nicht nur als Metapher versteht, sondern bei der Analyse der *ansteckenden* Wirkung der Geschichten, die Booms, Blasen und Crashs auslösen können, auf theoretische Modelle aus der Epidemiologie zurückgreift. Der virale Effekt ist neben der narrativen Struktur ein entscheidender Faktor aufgeweichter Realitäten in der Ökonomie und darüber hinaus. Ein Beispiel für eine solche Erfolgsgeschichte – im wörtlichen Sinn – ist die der Kryptowährung Bitcoin. Sie verdankt sich Shiller zufolge einem Bündel äußerst wirksamer Narrative. Diese haben einen subversiv-anarchischen Gehalt, der an regierungskritische Haltungen appelliert. Sie locken mit dem Versprechen, dass sich die Nutzer der Digitalwährung staatlicher Kontrollen entziehen und an einer weltumspannenden, kosmopolitischen,

247 Robert J. Shiller, *Narrative Wirtschaft,* S. 25.

technologieaffinen Bewegung teilhaben können. »Eine Bitcoin-Wallet zu haben, macht den Besitzer zu einem Weltbürger und in mancherlei Hinsicht psychologisch unabhängig von traditionellen Bindungen.«[248]

Ein Einfallstor des Fiktionalen und Narrativen ist die Zeitstruktur eines notwendig zukunftsoffenen wirtschaftlichen Handelns. Konsumenten, Investoren und Unternehmer entscheiden und handeln im Licht einer nicht vorhersagbaren, ungewissen Zukunft, was allen Konzepten der Berechenbarkeit des Markts und eines eigennützig-rational handelnden *homo oeconomicus* Grenzen setzt. Erwartungen als Triebkraft ökonomischen Handelns sind eine imaginierte, nach fiktionalen Gesichtspunkten konstruierte Zukunft, weshalb sich neben Shiller auch der Soziologe Jens Beckert bei der Analyse ökonomischer Prozesse auf die Literatur- und Erzähltheorie bezieht. »In der ökonomischen Praxis nehmen fiktionale Erwartungen die Form von Narrativen an und werden als Geschichten erzählt, die den Akteuren verraten, wie die Zukunft aussehen und wie sich die Volkswirtschaft ausgehend vom gegenwärtigen Zustand in Zukunft entwickeln wird.«[249]

Die Ökonomie ist nicht mehr gesellschaftliche Basis, auf dem Boden der Tatsachen, sie ist zum Labor der Realisierung fiktionaler Erwartungen geworden. Weil die Wirtschaft Paradigma des Realen ist, hat die Unwirklichkeit, die hier ihren Ausgang nimmt, ein hohes Ansteckungspotenzial für die ganze Gesellschaft und

248 Ebd., S. 35.

249 Jens Beckert, *Imaginierte Zukunft*, S. 25.

ihre Lebenswelten. Diese Wirkung wird noch dadurch verstärkt, dass die sich realisierenden Fiktionen handfeste, für jeden spürbare ökonomische Konsequenzen haben. Die Ökonomie ist das gesellschaftliche Teilsystem, in dem die weiche Wirklichkeit ihren Aggregatzustand am schnellsten verändert.

Die Dynamik dieses selbsterfüllenden Prozesses ist schwer kalkulierbar, aber sie ist nicht naturwüchsig. Vielmehr bieten die Imaginationen vielfältige Interventions- und Steuerungsmöglichkeiten, die von Medien und ökonomischen Akteuren genutzt werden. »So wie ein Priester die Gläubigen bei ihren religiösen Praktiken leitet, spielt die von Unternehmen durch Werbung und Lobbying sowie von den Massenmedien ausgeübte Macht eine wichtige Rolle in der Verbreitung wirtschaftlicher Imaginationen.«[250]

Die fiktionale Erwartung ist eine Realität im Stadium ihrer Formbarkeit, was sie so interessant für Meinungsmacher jeglicher Couleur macht. Und wenn es um Erwartungen von Erwartungen geht, wird der Boden der Tatsachen besonders schwankend. Derivate, also Wetten auf die Zukunft mit Verfallsdatum, sind »eine besondere Spielart der Hyperrealität«[251]. Überhaupt sind in der finanzialisierten Ökonomie, die mit der Informations-, Digital- und Plattformökonomie eng verflochten ist, »die eigentlichen Tatsachen die Erwartungen von Tatsachen«[252], wie der Kulturwissenschaftler Joseph Vogl aufzeigt. Die Antizipation künftiger Ereignisse

250 Ebd., S. 31.

251 Otte, S. 40.

252 Joseph Vogl, *Kapital und Ressentiment*, S. 52.

gewinnt eine formierende Macht, was weitreichende epistemologische Folgen hat, die nicht auf die Finanzmärkte beschränkt bleiben.

Eine Komplikation der Referenzialität ist bereits im Geld, insbesondere im Papiergeld angelegt, das als Tauschmittel und allgemeines Wertäquivalent fungiert. Gegen ein wirkliches Gut oder eine Dienstleistung lässt es sich nur eintauschen, weil und insofern es in Relation zu einer Vielzahl anderer Wertgrößen steht. Akut wird das Repräsentationsproblem aber erst mit Abschaffung des Goldstandards der Währungen und der wachsenden Bedeutung der Geldschöpfung bei der Finanzierung von Staaten. Hier realisiert sich die Fiktionalisierung als »Ausschluß der Referenzdimension«[253], von der Jean Baudrillard in anderem ökonomischen Zusammenhang bereits 1976 sprach. An die Marxsche Unterscheidung von Gebrauchs- und Tauschwert anknüpfend, diagnostiziert Baudrillard eine Revolution des Werts, in deren Verlauf sich der relationale, durch die Austauschbarkeit der Waren untereinander fundierte Tauschwert vollständig vom Gebrauchswert, den verwendbaren, konsumrelevanten Eigenschaften, ablöst. Während Marx beide Dimensionen des Werts dialektisch aufeinander bezogen sieht, konstatiert Baudrillard eine vollständige Trennung der strukturellen von der funktionalen Dimension, die nicht auf das Feld der Ökonomie beschränkt bleibt, sondern alle Zeichensysteme und Repräsentationsverhältnisse erfasst. »Die andere Bahn des Werts setzt sich durch: die der totalen Beziehbarkeit

253 Jean Baudrillard, *Der symbolische Tausch und der Tod*, S. 17.

und der allgemeinen Austauschbarkeit, Kombinatorik und Simulation.«[254]

Diese Ablösung und Entkopplung, die Baudrillard in marxistischer Tradition an der Warenform festmacht und mit einer Kapitalismuskritik verbindet, wird heute in globaler Dimension durch die expansive Geldpolitik der Notenbanken vorangetrieben und forciert. Diese erschaffen Geld aus dem Nichts, indem sie Kredite an Geschäftsbanken vergeben oder in großem Umfang Anleihen von Staaten und Unternehmen kaufen. Der Gegenwert wird auf dem Zentralbankkonto der jeweiligen Zahlungsempfänger gebucht, die über das Geld verfügen und es in Umlauf bringen können. Auch die Geschäftsbanken betreiben immer dann Geldschöpfung, wenn sie Kredite an ihre Kunden vergeben. Die Bank bucht diesen Betrag als Kreditforderung in ihrer Bilanz. Gleichzeitig schreibt sie den Kunden die Summe auf deren Girokonto gut, womit sich die verfügbare Geldmenge im Markt erhöht. Durch Tilgung des Kredits wird diese Geldschöpfung wieder zunichtegemacht. Bleibt diese indes aus oder wird sie auf unabsehbare Zeit verschoben, wie im Fall der Staatsfinanzierung, führt die Geldschöpfung zu einer Virtualisierung der Ökonomie und wird zu einem zunehmenden Problem. Die rasant wachsende Geldmenge fließt vor allem in die Aktienmärkte und treibt deren Kurse »auf dem Weg selbstreferentieller Wertsteigerungen«[255] in ungeahnte Höhen. Ihr Wachstum steht in keinem Verhältnis mehr zu

254 Ebd.

255 Thomas Hoof, »In zehn oder in hundert Jahren«, *Sezession*, Febr. 2021, S. 36.

dem der realen Güterproduktion, was eine Blasenbildung programmiert. In der Folge wird die physische Wirtschaft zunehmend zum »Spielball für die dirigierenden Bewegungen des fiktionalen Finanzkapitals«.[256]

Es wäre kurzsichtig, die Fiktionalisierung des Geldes und die Aufblähung des Finanzsektors als unvermeidliche Krisentendenz des Kapitalismus oder als das Ergebnis eines Marktversagens zu deuten. Die folgenreiche Aufhebung der Goldbindung des US-Dollars im August 1971 durch den damaligen US-Präsidenten Richard Nixon, dessen Land sich durch Kriege gegen Korea und Vietnam finanziell überhoben hatte, ist ebenso eine politische Entscheidung wie die Bankenrettung in der Finanzkrise 2008. Dies gilt auch für die unterschiedlichen Anleihenkaufprogramme der Europäischen Zentralbank in den folgenden Jahren.

Nach der Entscheidung Nixons war der Dollar nicht mehr durch physisches Gold eintauschbar. Der Beschluss bedeutete das Ende des Abkommens von Bretton Woods, das 1944 von 44 Staaten beschlossen und anschließend installiert wurde, um das Geldsystem für die Zeit nach dem Zweiten Weltkrieg neu zu ordnen.[257] Das System sah vor, dass der gegen Gold einlösbare Dollar als Weltreservewährung fungierte. Die übrigen Währungen waren über feste Wechselkurse auf den Greenback bezogen und jederzeit in ihn – damit indirekt auch in Gold – eintauschbar. Durch den Beschluss Nixons und die Aufhebung dieses Systems wurden der

256 Ebd.

257 Vgl. dazu: Torsten Polleit, »Das Ende von Bretton Woods vor 50 Jahren als Mahnung«, *Börsen-Zeitung*, 13.8.2021.

Dollar und alle wichtigen übrigen Währungen der Welt zu Fiatgeld, dessen Menge staatliche Zentralbanken im Verbund mit Geschäftsbanken beinahe unbeschränkt ausweiten konnten. Die unübersehbaren Defekte dieses Systems sind keineswegs Folge einer (neo-)liberalistischen Agenda, wie die Kapitalismuskritiker Joseph Vogl[258] und Franco Berardi[259] behaupten. Die inflationierende Tendenz des Fiatgelds, der Verfall der Kaufkraft, der breite Schichten der Bevölkerung trifft, die zu wachsender Ungleichheit führende Begünstigung des Finanzkapitals und der aus ihm erzielten Gewinne sowie die Finanzkrisen als Folge der Blasenbildung sind nicht das Ergebnis entfesselter, sich selbst überlassener Märkte. Sie sind vor allem das Resultat falscher politischer Weichenstellungen. Zudem führen die krisenhaften Folgen des inflationierenden Fiatgelds gerade nicht zu einer Liberalisierung der Märkte, sondern im Gegenteil zu mehr Interventionismus und Dirigismus. Beispiele sind das Absenken von Marktzinsen oder die Übernahme von Zahlungsausfallrisiken durch Zentralbanken.[260]

Das Fiatgeld ist die gesteigerte Form jenes phantasmagorischen, trügerischen und schwindlerischen Prinzips, das Goethe dem Papiergeld zuschrieb und in *Faust II* poetisch gestaltete. Am Hof des Kaisers hat Mephisto

258 Vogl spricht vom »Übergang von einem regierungsgestützten zu einem marktgestützten Finanzwesen« (Vogl, S. 60) und blendet dabei aus, welche interventionistischen Möglichkeiten bis hin zur monetären Staatsfinanzierung die unbeschränkte Geldschöpfung bietet. Diese Möglichkeiten werden gegenwärtig bis zur Neige ausgeschöpft, was zu einer Ausschaltung freier Märkte führt.

259 Berardi, S. 103 f.

260 Auch dazu: Polleit.

den rettenden Einfall, die Finanz- und Schuldenkrise des Reichs durch die Ausgabe von Papiergeld zu überwinden. Das Geld sei, versichert Mephisto, auch dort durch die in Überfülle vorhandenen Bodenschätze im Land gedeckt, wo diese noch nicht erschlossen wurden. Als Sicherheit genügt die Aussicht, dass sie bei Bedarf gefördert werden könnten. »Ein solch Papier, an Gold und Perlen Statt, / Ist so bequem, man weiß doch, was man hat«[261], schwärmt Mephisto, der seine Dienste als Finanzberater inkognito anbietet. Der Kaiser hält diese Lösung zunächst für einen Frevel, stimmt in seiner Not aber dann doch zu. Tatsächlich wird Rechnung um Rechnung beglichen, und die finanziellen Sorgen schwinden. Aber Mephisto lässt an der Scheinhaftigkeit der plötzlich wiedererlangten Prosperität keinen Zweifel.

Der Referenz- und Maßgeblichkeitsverlust, wie er sich im Fiatgeld manifestiert, bleibt nicht auf Finanzsystem und Ökonomie beschränkt. Er lässt sich schon deshalb nicht begrenzen oder einhegen, weil sich das Tauschmittel Geld der Lebensform tief einprägt. Der Entzug der Realität greift auf die Lebenswelt über und entzieht ihr den Boden. Georg Simmel zeichnete die Wechselwirkungen zwischen Zahlungsverkehr, gesellschaftlichem Handeln und symbolischen Formen bereits um 1900 bis in die kleinsten Verästelungen nach. »Je mehr das Leben der Gesellschaft ein geldwirtschaftliches wird, desto wirksamer und deutlicher prägt sich in dem bewußten Leben der relativistische Charakter des Seins aus, da das Geld nichts anderes ist, als die in einem

261 Johann Wolfgang von Goethe, *Faust II*, S. 188.

Sondergebilde verkörperte Relativität der wirtschaftlichen Gegenstände, die ihren Wert bedeutet.«[262]

Auch die Virtualisierung der Realität hat zahlungswirtschaftliche und geldpolitische Gründe. Die vom geldinduzierten Relativismus geprägten Lebensbedingungen, die Simmel untersucht, erscheinen im Licht einer maßlos expansiven Geldpolitik mit Null- und Negativzinsen noch als vergleichsweise stabil und gefestigt – zumindest dann, wenn man von den lebensweltlich einschneidenden Folgen von Währungskrisen, Börsencrashs und galoppierender Inflation absieht. Heute geht es weniger um Relativismus als vielmehr um eine *ansteckende* Virtualisierung des Lebens durch das »Es werde!« der Geldschöpfung. Die Aufhebung der Goldbindung der Währungen befördert nicht nur die Entkopplung der Finanz- von der Realökonomie, sondern steht auch modellhaft für die Krise der Repräsentation, die auf Politik und Gesellschaft übergreift, sowie für den Referenzverlust aller symbolischen Ordnungen. Die Zeichen, Begriffe, Narrative und Theorien sind genauso ungedeckt wie das Geld.

Die Profiteure dieser Krise haben anderen voraus, dass sie die Mechanismen der finanzialisierten und fiktionalisierten Ökonomie durschauen. Die vielfältigen Wechselwirkungen zwischen Sein und Wahrnehmung in der *weichen* und somit modellierbaren sozialen und ökonomischen Wirklichkeit sind das große Thema des einerseits gescheiterten, andererseits triumphierenden Philosophen und Investors George Soros. Wichtiger

262 Georg Simmel, *Philosophie des Geldes*, S. 716.

als das Konzept der offenen Gesellschaft, das er von seinem philosophischen Lehrer Karl R. Popper übernahm und politisch adaptierte, ist seine Theorie der Reflexivität. Diese beschreibt die Struktur der auf den jeweiligen Gegenstandsbereich zurückwirkenden Perzeptionen. Unter »Reflexivität« versteht Soros in diesem Zusammenhang nicht nur die Rückwendung des wahrnehmenden und denkenden Subjekts auf das eigene Ich, sondern auch und vor allem die Interferenzen und Feedback-Schleifen zwischen Beobachtung und beobachteter Realität. Der Selbstbezug im Denken, die *intentio obliqua,* beeinflusst den Gegenstandsbezug in der *intentio recta.* Der Beobachter nimmt auf eine Weise am Geschehen teil, die dieses fundamental zu verändern vermag. Umgekehrt wirkt die wahrnehmungsinduzierte Veränderung der Sachlage auf das Subjekt und seine Wahrnehmung der Dinge zurück.

Diese Wechselwirkung betrifft zwar laut Soros nicht die physikalisch beschreibbare Wirklichkeit, den Phänomenbereich der Naturwissenschaften, hat aber in der sozialen und ökonomischen Realität signifikanten Einfluss. Beschreibung und Interaktion lassen sich in der Sphäre des Sozialen, dem Soros' vordringliches Interesse gilt, ebenso wenig voneinander trennen wie Wahrheit und Handlungserfolg. Der Effekt der Reflexivität ist Soros zufolge in instabilen Situationen, in denen Wahrnehmung und Wirklichkeit weit auseinanderklaffen, besonders groß und weitreichend.

Modell und bevorzugter Anwendungsbereich dieser Theorie sind die Finanzmärkte. Die Wahrnehmung der Realität, die in Kauf- und Investitionsentscheidungen zum Ausdruck kommt, bezieht sich nicht nur auf ökonomische Fundamentaldaten, sie verändert diese auch. Die Erwartungen der Marktteilnehmer schaffen auch und gerade dort ökonomische Fakten, wo sie unrealistisch, überzogen und voreingenommen sind. Die kognitive und teilnehmende Dimension des Weltbezugs sind vielfach miteinander verwoben; der vermeintlich passive Anteil erweist sich als aktiver – und umgekehrt. »Hat eine Situation indes denkende Teilnehmer, so führt die Abfolge der Ereignisse eben nicht von einer Kombination von Fakten zur nächsten, vielmehr verknüpfen sich Fakten und Wahrnehmung sowie Wahrnehmung und Fakten wie Schnürsenkel. Somit führt das Konzept der Reflexivität zu einer ›schnürsenkelartigen‹ Theorie der Geschichte.«[263] Die Reflexivität der Reflexivität verschafft einen Vorsprung. Wer sich der Dynamik dieses rückbezüglichen Prozesses bewusst ist, kann sie für seine Zwecke nutzen und produktiv machen, wie Soros als Investor beweist.

Als nach akademischen Maßstäben gescheiterten Philosophen betrachtet sich George Soros selbst. Die Bestätigung seiner Theorie, die in der Wissenschaft ausblieb, suchte und fand er in der praktischen Anwendung auf den Finanzmärkten. Die Bestätigung vollzieht sich auf einer Metaebene: Die erfolgreiche Anwendung der Theorie der Reflexivität ist der schlagende Beweis der Wirksamkeit dessen, was er als Reflexivität fasst. Sein spekulativ erworbenes Milliardenvermögen gab ihm recht. Und dieses Vermögen wurde fortan zum Hebel,

263 George Soros, *Die Alchemie der Finanzen*, S. 52.

um die Theorie der Reflexivität in der gesellschaftlichen Wirklichkeit zu erproben und zur Anwendung zu bringen. Aus diesem Bemühen macht Soros keinen Hehl: »But why should social science confine itself to passively studying social phenomena when it can be used to actively change the state of affairs?«[264] Das »philanthropische« Engagement von George Soros ist der Versuch, die performative Struktur der Selbsterfüllung auf dem Feld des Sozialen in seinem Sinn zu beeinflussen. Die finanzielle Unterstützung von Nichtregierungsorganisationen und synthetischen Graswurzelbewegungen ist nur als praktische Anwendung seiner Theorie zu verstehen. Dies gilt auch für seine Unterstützung oppositioneller Gruppen in Osteuropa während der Zeit des Kalten Kriegs sowie im postsowjetischen Russland und seine vielfältigen offenen oder verdeckten Interventionen in US-amerikanischen Wahlkämpfen der vergangenen Jahrzehnte. Auch mit der finanziellen Förderung der Euro-Maidan-Bewegung in der Ukraine im Jahr 2013 und von Kampagnen gegen den Brexit in den Jahren 2017 und 2018 gab sich der Alchemist der Finanzmärkte als Alchemist der Gesellschaft und der Geschichte zu erkennen.[265]

264 George Soros: »Fallibility, reflexivity, and the human uncertainty principle«, *Journal of Economic Methodology*, S. 318.

265 Nicht vergessen werden sollte sein im Herbst 2015 veröffentlichter Plan zur Aufnahme von einer Million Flüchtlingen und Migranten aus Syrien und anderen Ländern durch die Europäische Union.

Die Zerrüttung aller Maßverhältnisse und die Krise der Repräsentation verdichteten sich im Wuhan-Virus, mit dessen Auftreten der Wirklichkeitsverlust seit dem Frühjahr 2020 pandemisch wurde. Der medizinische Steckbrief des Erregers SARS-CoV-2 bietet keinen Schlüssel zur Beschreibung oder gar Erklärung des Phänomens, das erhebliche Einschränkungen von Wirtschaft und öffentlichem Leben bis hin zum globalen Stillstand, Notstandsregime mit unabsehbarem Ende und die Etablierung der »Neuen Normalität« in weiten Teilen der Welt rechtfertigte. Die *Realität* des Virus entkoppelte sich früh von dessen molekulargenetischen, infektionsepidemiologischen Eigenschaften und den daraus kausal ableitbaren medizinischen Folgen. Der Erreger und erst recht die von ihm ausgelöste Epidemie hatten einen perzeptiven Anteil, der nicht nur eine Begleiterscheinung biochemischer Prozesse war. Die kollektive Wahrnehmung war von Beginn an Teil der Virulenz und Gefährlichkeit, was dem Phänomen eine selbstbezügliche Struktur verlieh.

Die Autoren des Weltumbaumanifests *The Great Reset* sind sich des Missverhältnisses zwischen dem faktisch-empirischen Kern und der perzeptiven Dimension durchaus bewusst. Zumindest legen dies einige Sätze nahe, die gänzlich aus dem Rahmen der alarmistischen Deutung fallen. »Global gesehen ist die Coronakrise jedoch, wenn man den Prozentsatz der betroffenen Weltbevölkerung betrachtet, (bisher) eine der am wenigsten tödlichen Pandemien, die die Welt in den letzten

2000 Jahren erlebt hat«[266], heißt es im Schlussabschnitt. Die Coronapandemie stelle »weder eine existenzielle Bedrohung noch einen Schock dar, der die Weltbevölkerung für Jahrzehnte prägen wird«.[267]

Diese nüchternen Feststellungen bilden einen scharfen Kontrast zum Rest der Schrift, die keinen Zweifel daran lässt, dass Corona eine mit Ereignissen wie dem Zweiten Weltkrieg vergleichbare historische Zeitenwende bedeutet.[268] Die argumentative Geschlossenheit und Stringenz in den übrigen Teilen des Buchs legen den Schluss nahe, dass dieser Bruch kein Unfall, sondern Absicht ist. Die Unverhältnismäßigkeit zwischen dem Ereignis und seiner kollektiven Wahrnehmung, an deren Modellierung *The Great Reset* selbst einen nicht geringen Anteil hat, wird bewusst ausgestellt, womit sich die Autoren in eine überlegene Position begeben. Trotz des frühen Zeitpunkts im Verlauf der Pandemie kommentieren sie die Ereignisse wie ein allwissender Erzähler im Roman. Zu dieser Beobachtung passt, dass die medialen Verstärkereffekte bei der Beschreibung des Phänomens herausgestellt und betont werden: »Unerbittliche Berichte über Todesfälle, Ansteckungen und all die anderen Dinge, die schiefgehen könnten, sorgten zusammen mit emotional aufgeladenen Bildern dafür, dass unsere kollektive Phantasie in der Sorge um uns selbst und unsere engsten Angehörigen verrücktspielte. Eine solch beunruhigende Atmosphäre hatte katastrophale Auswirkungen auf unser psychisches Gleichgewicht.

266 Schwab, Malleret, *Der Große Umbruch*, S. 296.

267 Ebd.

268 Ebd., S. 18.

Darüber hinaus können medienverstärkte Ängste sehr ansteckend sein.«[269]

Dass die virale Wirkmacht hier nicht auf der medizinischen oder biochemischen, sondern auf der medialperzeptiven Ebene untersucht wird, ist kein Zufall. Es drängt sich der Eindruck auf, dass das »Making-of« mitgeliefert wird. Der gebrochene Illusionismus erinnert an den Verfremdungseffekt in Brechts epischem Theater. Vermutlich wissen die Autoren, dass sie sich eine solche Enthüllung leisten können. Sie kann als Ausdruck der Souveränität, als Machtdemonstration gedeutet werden – und als subtiler Versuch, diejenigen zu zermürben, die den Bruch sehen, aber ohnmächtig erfahren müssen, dass kaum jemand das Offensichtliche wahrnimmt.

»Esse ist percipi«: Auf diese kurze Formel lassen sich Erkenntnistheorie und Ontologie des englischen Philosophen George Berkeley (1685–1753) bringen. Seiner Theorie zufolge besteht das Sein der Dinge ausschließlich in ihrem Wahrgenommenwerden; ihre Realität ist bewusstseinsimmanent. »Aus dem Gesagten folgt, daß es keine andere Substanz gibt als den Geist oder das, was perzipiert.«[270] Wer diesen Grundsatz als Hypothese heranzieht, um die Dynamik des Viralen zu verstehen, teilt damit noch nicht die Prämissen eines radikalen Idealismus, der die Existenz geistunabhängiger materieller Substanzen in Abrede stellt. Auch soll keineswegs behauptet werden, dass die Wirkungen des Virus ausschließlich wahrnehmungsinduziert sind oder die

269 Ebd., S. 269.

270 George Berkeley, *Eine Abhandlung über die Prinzipien der menschlichen Erkenntnis*, S. 28.

Existenz des Erregers deckungsgleich mit seinen kollektiven Perzeptionen ist. Wer erkennt und darauf hinweist, dass Wirkung und Virulenz von SARS-CoV-2 sich nicht in biochemischen Kausalketten erschöpfen, erklärt damit den Erreger keineswegs für ein bloßes Produkt des Geistes.

Dennoch setzten sich diejenigen, die den perzeptiven Anteil zur Geltung brachten, dem Verdacht aus, die Gefährlichkeit des Erregers kleinreden zu wollen oder gar »Coronaleugner« zu sein. Sie hatten und haben das Problem, dass die Wahrnehmungskomponente des Phänomens weder isolierbar noch exakt beziffer- oder objektivierbar ist. Die Welt, in der sich die Epidemie der Angst verbreitete, ist kein Labor. Zudem hat das *percipi* die Tendenz, sich zu verschleiern. Es verschwindet, indem es sich realisiert. Genauer: Die kollektive Wahrnehmung wirkt auf die Realität zurück und schafft Fakten, die dem *esse* zugerechnet werden.

Die psychophysischen und psychosozialen Wechselwirkungen und Rückkopplungseffekte liegen auf der Hand, sind aber im Einzelnen schwer nachweisbar: Angst macht auch dann anfällig, wenn sie keinen realen Grund hat. Im Fall des Coronavirus steigerten Panik und Massenhysterie im Frühjahr 2020 die Nachfrage nach Schutzausrüstung und Desinfektionsmitteln sprunghaft und führten zu einer folgenreichen Verknappung im medizinischen Sektor. Die erwartete Gefährlichkeit provozierte Überreaktionen des medizinischen Personals, das sich auf keinen Fall nachsagen lassen wollte, zu wenig getan zu haben. Alte Menschen mit Erkältungs- oder Grippesymptomen und positivem Test wurden aus

Heimen und Pflegeeinrichtungen auf Intensivstationen verlegt und Intubationsmaßnahmen unterzogen, die viele nicht überlebten. Im Zuge der Konzentration aller intensivmedizinischen Kapazitäten auf die Behandlung von Covid-19 wurde die Therapie anderer lebensbedrohlicher Erkrankungen vernachlässigt. Schlaganfall- und Herzinfarktpatienten suchten aus Furcht vor der Viruserkrankung zu spät das Krankenhaus auf oder mieden es ganz. Wichtige Behandlungen und Operationen wurden auf unabsehbare Zeit verschoben. Hinzu kamen schwere psychische Erkrankungen bis hin zu Suiziden als Folge der Isolations- und Quarantänemaßnahmen, aber auch der ökonomischen Verwerfungen.

In diesen und weiteren Fällen führte die vorgestellte und erwartete Gefährlichkeit zu tatsächlichen Risiken bis hin zum systemischen Versagen mit tödlichen Folgen. Der Zirkel der Selbstbewahrheitung schloss sich – und kreiste immer schneller. Die Alarmisten konnten diese Dynamik einer sich beschleunigenden Erwartungsrealisation weidlich ausnutzen. Die Ereignisse gaben ihnen auch dann recht, wenn sie sie selbst provoziert und herbeigeredet hatten. Auf der anderen Seite ließ sich der Kollateralschaden nur schwer mit Zahlen belegen. Trat die prognostizierte Übersterblichkeit tatsächlich ein, galt dies als Beleg für die Gefährlichkeit des Virus. Schlug sie sich nicht in den amtlichen Statistiken nieder, ließ sich dies als Wirkung der Maßnahmen verbuchen. Das Narrativ wurde zum Perpetuum mobile.

Wer die Realität des Antirealismus trotz dieser Schwierigkeiten in Rechnung stellen möchte, kommt an den Massenmedien nicht vorbei, die metaphysische

Annahmen zur Begründung des *esse est percipi* weitgehend erübrigen. Konstitutiv für die Wahrnehmung der Realität sind nicht nur, wie von Berkeley angenommen, wahrnehmende Subjekte, sondern auch und vor allem kollektiv organisierte Perzeptionssysteme. Wenn das Medium die Botschaft ist (Marshall McLuhan) oder auf sie prägenden Einfluss nimmt, dann hat es einen quasitranszendentalen Rang. Dieser enthüllt sich am deutlichsten in der Wahrnehmung von Raum und Zeit. Die elektronischen Medien, allen voran das Fernsehen, lassen den Raum zusammenschrumpfen und erzeugen eine Welt der »völligen Interdependenz und aufgezwungenen Koexistenz«[271], wie McLuhan bereits zu Beginn der sechziger Jahre konstatierte. Diese führt zu einem vorher nie dagewesenen Gefühl globaler Verbundenheit, lässt aber zugleich auch die im elektromagnetischen Feld vereinte Menschheit »schlagartig in eine Phase panischer Schrecken hineingeraten«[272].

Nicht nur modifiziert, sondern neu getaktet wird auch die zeitliche Wahrnehmung. Wie Niklas Luhmann darlegt, arbeitet sich das System der Massenmedien an der Leitdifferenz von Information versus Nichtinformation ab, was den systemischen Zwang zur fortwährenden Erneuerung erklärt. Jede neue Information, die dem Publikum angeboten wird, entwertet und neutralisiert eine schon vorhandene; jede Aktualisierung geht mit einer Deaktualisierung einher, die wiederum einen weiteren Output an Neuigkeiten notwendig macht.

271 Marshall McLuhan, *Die Gutenberg-Galaxis*, S. 42.

272 Ebd.

Die Massenmedien »erzeugen die Zeit, die sie voraussetzen, und die Gesellschaft paßt sich dem an«[273], folgert Luhmann. Die Kompression des Raums und die Verdichtung der Zeit steigern die Betroffenheit und schüren die Angst – ganz unabhängig von der jeweils verbreiteten Botschaft. Die mediale Vernetzung begünstigt eine Pandemie der Furcht, wie Ernst Jünger, das World Wide Web vorwegnehmend, bereits 1951 erkannte: »Die Panik wird sich noch verdichten, wo der Automatismus zunimmt und sich perfekten Formen nähert, wie in Amerika«, prognostizierte er. »Dort findet sie ihre beste Nahrung; sie wird durch Netze verbreitet, die mit dem Blitz wetteifern.«[274]

Operationales Ziel der medialen Perzeptionssysteme ist weniger die Aufbereitung und Verbreitung von Informationen als vielmehr die Akkumulation, Verwertung und Monetarisierung von Aufmerksamkeit. Solange verschiedene Wahrnehmungs- und Deutungsangebote auf einem Markt konkurrierten, blieb ein Mindestmaß an Vielfalt gewahrt, denn Wettbewerb diversifiziert. Internet und neue Soziale Medien machten Empfänger zu Sendern und schienen eine Vervielfältigung der Perzeptionsformen zu befördern. Allerdings erwiesen sich die Erwartungen der digitalen Frühzeit schon deshalb als illusionär, weil die monopolistischen Plattformbetreiber rasch zu den entscheidenden Akteuren wurden. Heute teilen wenige Datenmagnaten den Markt unter sich auf und stimmen ihre Zensur- und

273 Niklas Luhmann, *Die Realität der Massenmedien*, S. 33.

274 Ernst Jünger, *Der Waldgang*, S. 34.

Löschpraxis mit den jeweils Regierenden ab. Gleichzeitig sind die öffentlich-rechtlichen Sendeanstalten nicht einmal mehr um die Fassade der Staatsferne bemüht. Der Begriff »politisch-medialer Komplex« ist angesichts dieser systemischen Geschlossenheit und Uniformität noch eine Untertreibung. In der Causa Corona wurde dieser Trend noch dadurch verstärkt, dass die Presse, einschließlich der sogenannten Qualitätsmedien, mit dem Wegbrechen der Anzeigenerlöse ihre schon vorher kaum tragfähige ökonomische Basis vollends verlor. Zunehmend abhängig von staatlicher Alimentierung, machten sich die Medien zu willfährigen Vollstreckern der Regierungspropaganda, was sie sich dann noch als staatspolitische Verantwortung gutschreiben ließen. Die mediale Monokultur schwächt die Ideologieresistenz und begünstigt die virale Verbreitung der Furcht.

Je umfassender sich das Perzeptionssystem der Angst ausbildete, je einförmiger und geschlossener es auftrat, je mehr es sich im Weltmaßstab ausbreitete und verfestigte, desto weiter näherten sich Sein und Wahrgenommenwerden, *esse* und *percipi*, an. Der universelle Schein, der alle Wahrheitskriterien erfüllt, scheint nicht nur zu sein, er *ist* in einem ontologisch ausgezeichneten Sinn. Aus Sicht Berkeleys garantiert Gott als höchster, allmächtiger Geist, dass die Wahrnehmungen konsistent, aufeinander abgestimmt und gesetzmäßig sind. Dieser geordnete Zusammenhang unterscheidet die durch Gott hervorgerufenen Ideen von den flüchtigen Phantasmen der Einbildungskraft. Diese Funktion der Objektivierung übernehmen gegenwärtig die kollektiven Perzeptionssysteme der Massenmedien und

Digitalplattformen. Sie sorgen noch im offenkundig Widersinnigen für jene Durchgängigkeit, in der sich der Schein zum An-sich verfestigt.

Die Zeiten, in denen die viralen Kommunikationseffekte in den Netzwerken als Treibstoff der Gegenöffentlichkeit gelten konnten, sind vorbei. Die Unwiderstehlichkeit und Unausweichlichkeit des Viralen dienen dem Mainstream und stützen die Orthodoxie, wie »#MeToo«, »Black Lives Matter«, »Fridays for Future« und andere Astroturfing-Kampagnen der jüngeren Zeit belegen. In einer kulissenhaften Realität lassen sich Leitnarrative wie auf Knopfdruck auswechseln und Themenkonjunkturen künstlich erzeugen.

Lange bevor die Semantik des Viralen als Bild für unkontrollierbare Netzwerkeffekte gebräuchlich wurde, verwendete Jean Baudrillard sie als Metapher für eine medial erzeugte Hyperrealität. »Obwohl sich die Medien derartig einmischen und wie ein Virus endemisch, chronisch und panisch präsent sind, können sie in ihren Wirkungen nicht mehr isoliert betrachtet werden«, schreibt der Theoretiker der Simulation. »Die Wirkungen werden wie die Werbeskulpturen des Lasers im leeren Raum von durch die Medien gefilterten Ereignissen spektralisiert.«[275] Auch Byung-Chul Han weist auf die viralen Anteile und Ansteckungseffekte digitaler Kommunikation hin, die von der realen Bedeutung des Ereignisses losgelöst sind: »Eine Information oder ein Content, auch mit sehr geringer Signifikanz, bereitet sich wie eine Epidemie oder Pandemie rasend im Netz

275 Baudrillard, *Agonie des Realen*, S. 48 f.

aus. Keine Schwere des *Sinns* belastet sie. Kein anderes Medium ist zu dieser viralen Ansteckung fähig.«[276]

Die Metaphorik des Viralen ist in diesem Zusammenhang nicht weit hergeholt, denn ein Virus lässt sich auch im medizinischen Sinn als Information beschreiben. Wirksam ist es als genetischer Code, der den befallenen Körperzellen sein Programm aufzwingt. Wenn orthodoxe Virologen sich bemüßigt sahen, die »Infodemie« der »Fake News« und »Verschwörungstheorien« zu bekämpften, flossen wörtliche und übertragene Bedeutung bis zur Ununterscheidbarkeit ineinander. Der Hinweis auf die »Infodemie« diente der Bekämpfung abweichender Positionen und verschleierte zugleich den hohen *infodemischen* Anteil, den das Wuhan-Phänomen selbst von Beginn an aufwies. Es ist vor diesem Hintergrund kein Zufall, dass Gegenmittel wie Tracking- und Warn-Apps oder der digitale Impfpass ebenso der Daten- und Infosphäre entstammen wie der Protagonist der weltweiten Impfkampagne, Bill Gates.

Es gab eine Virulenz der Bilder – gestapelte Särge, Kühlcontainer, frisch ausgehobene Massengräber – und des digitalen Hörensagens – Schilderungen verzweifelter Krankenschwestern und Ärzte –, welche sich von der faktischen Verbreitung und Ansteckungsfähigkeit des Erregers ablösten. Diese mediale Virulenz ist keineswegs naturwüchsig, sondern in ihrer Dynamik steuerbar. Tatsächlich erwies sich so manches später als inszeniert. Auch deshalb ist der Grad der Künstlichkeit des viralen Geschehens unabhängig von der Frage zu

276 Han, S. 74.

bewerten, ob das Virus natürlichen Ursprungs oder menschengemacht ist, ob es durch einen Unfall aus dem Labor freigesetzt oder bewusst in die Welt gesetzt wurde. Die virale Wirklichkeit, gleichviel ob Sein oder universeller Schein, mikrobiologisches oder massenpsychologisches Ereignis, diente einer Agenda, die vielfach nur notdürftig verschleiert, mitunter sogar bewusst ausgestellt wurde. Die perzeptiv gelenkte Angst wurde von Beginn an für politische Ziele produktiv gemacht. »80 % unseres Erfolgs waren die Horrorbilder aus Italien«[277], schrieb der SPD-Gesundheitspolitiker und spätere Bundesgesundheitsminister Karl Lauterbach im Mai 2020 auf Twitter – und äußerte die Sorge, dass diese Bilder in Vergessenheit geraten könnten. Offen zutage tritt der angedrehte Charakter der Furcht in dem viel zitierten internen Strategiepapier zur »Bewältigung« der Coronakrise, das im März 2020 im Bundesministerium des Innern erarbeitet wurde und wenig später an die Öffentlichkeit gelangte.[278] »Um die gewünschte Schockwirkung zu erzielen«, wird dort unter anderem empfohlen, in der Kommunikation an die »Urangst«[279] eines qualvollen Erstickungstods zu appellieren. Vergegenwärtigt werden zudem die Schuldgefühle von Kindern, die einen Elternteil tödlich anstecken, weil sie sich beim Spielen nicht die Hände gewaschen haben.

277 *Twitter*, 3.5.2020.

278 BMI: »Wie wir COVID-19 unter Kontrolle bekommen«, 28.4.2020 (https://www.bmi.bund.de/SharedDocs/downloads/DE/veroeffentlichungen/2020/corona/szenarienpapier-covid19.pdf?__blob=publicationFile&v=6).

279 Ebd., S. 13.

Die Drift ins Irreale, die individual- und sozialpsychologisch feststellbar ist, wurde von Beginn an bewusst befördert, wie der Psychotherapeut Hans-Joachim Maaz betont. Reale Ängste und Konflikte wurden von künstlich angefachten verstärkt und überlagert. »Die Realangst vor einer Infektion, unverantwortlich politisch-medial und von einigen Wissenschaftlern permanent aufgebauscht und mit fragwürdigen Zahlen geschürt, ist hervorragend geeignet, alle latenten Ängste der Menschen zu aktivieren und dann suggestiv auf eine Virusgefahr zu projizieren.«[280]

Nicht das Virus selbst, sondern dessen mediale Allgegenwart und Hyperrealität löste einen Schub der gesellschaftlichen Entdifferenzierung aus. Der Schutz der Gesundheit wurde zum obersten, ja einzigen Gebot. Alle Lebensrisiken schrumpften zu *einer* Gefahr zusammen, was ebenso als Entlastung erlebt wurde wie der Freiheitsentzug. Mobilität, menschliche Nähe und Entscheidungsspielräume erschienen als Bedrohung. Wenn die kollektive Furcht ein bestimmtes Maß erreicht hat, kann sie nicht mehr grundlos sein. Stärke und Intensität des Affekts werden auch und gerade dort der Objektseite zugeschrieben, wo das Gefühl sich verselbstständigt. Die Angst erschafft sich ihren Anlass und Gegenstand.

Eine »perverse Selbstreferenzialität« sah Giorgio Agamben bereits Ende Februar 2020 in den italienischen Maßnahmen angelegt: »Die von den Regierungen verordneten Freiheitsbeschränkungen werden von der

280 Hans-Joachim Maaz, »Pandemie – Panikdemie – Plandemie«, in: H.-J. Maaz, D. Czycholl, A. B. Czycholl: *Corona – Angst*, S. 19–58, hier: S. 35.

Bevölkerung im Namen eines Sicherheitsbedürfnisses angenommen, das die Regierungen selbst herbeigeführt haben, um es mit ihren Eingriffen in die Freiheit bedienen zu können.«[281] Diese zirkulären Strukturen und Effekte waren auf verschiedenen Ebenen zu beobachten: Die eingeleiteten Schutz- und Eindämmungsmaßnahmen dimensionierten und modellierten die Gefahr, zu deren Bekämpfung sie eingeleitet wurden. Massenquarantäne, Kontaktverbote und Maskenpflicht hatten eine Evidenz und Unabweisbarkeit, die sich vom jeweiligen Anlass lösten. Wenn die chinesischen Behörden nach eigener Darstellung in wenigen Tagen Krankenhäuser aus dem Boden stampften, musste die Lage ernst sein. Massentests, die Konzentration auf vorhandene Beatmungsgeräte und das Leerräumen der Kliniken erschufen eine eigene Realität.

Auf das Problem ontologischer Unschärfen und eines ungesicherten Realitätsstatus führen auch die Tests selbst. Der Anstieg der festgestellten Infiziertenzahl stand von Beginn an in enger Relation zur Zahl der vorgenommenen Virustests. Einen vermutlich noch stärkeren Effekt der Selbstbewahrheitung hat die Art des Tests. Das angewandte Verfahren der Polymerase-Kettenreaktion (Polymerase Chain Reaction) weist kein vermehrungsfähiges Virus, sondern »RNA-Sequenzen nach, die als Bruchstücke fürs Ganze genommen«[282] werden. Der Mediziner und frühere Gesundheitspolitiker Wolfgang Wodarg spricht von einem »Pars-pro-toto-Prinzip«[283], das mit diesem Test

281 Agamben, S. 19.

282 Wodarg, S. 171.

283 Ebd.

installiert werde. Bei den PCR-Tests werden also Teile, Fragmente des viralen Erbguts so lange vervielfältigt, bis ein Messsignal – in diesem Fall eine Fluoreszenz – feststellbar ist. Es handelt sich um eine Art Extrapolation zur Sichtbarkeit. Je mehr Vervielfältigungszyklen für einen positiven Befund nötig sind, desto geringer ist die Viruskonzentration in der Ausgangsprobe. Das Maß für die tatsächlich vorhandene Menge an Virus-RNA ist beim PCR-Test der Ct-Wert (Cycle-threshold-Wert). Dieser gibt den Vermehrungszyklus an, bei dem zuerst ein exponentieller Anstieg der Fluoreszenz erfasst werden kann. Vereinfacht gesprochen, ist er ein Maß für die Vervielfältigungsschritte, die benötigt werden, um das virale Erbgut zu detektieren. Deutlich wird dabei auch für Laien, dass dieser Wert einen Spielraum eröffnet, um die wahrnehmbare Realität zu beeinflussen. Die Schwelle zur Sichtbarkeit, letztlich zur Existenz selbst, ist beweglich. Ähnliche Vervielfältigungseffekte, auch Amplifikation genannt, sind auf der perzeptiven und medialen Ebene des Phänomens zu verzeichnen. Sie sind ein, wenn nicht *der* Schlüssel, um die Virulenz des Viralen zu verstehen.

Die zirkuläre Struktur der Selbstbewahrheitung trat offen zutage, ohne dass die Sichtbarkeit des Wirkmechanismus den Effekt merklich abschwächte. Im April 2021 bezeichnete der damalige deutsche Bundeswirtschaftsminister Peter Altmaier Ausgangssperren als »Signal für die Dramatik der Lage und dafür, dass wir es ernst meinen – gerade weil es sie bisher in Deutschland kaum gab«.[284] Dies bedeutet, dass die

284 *taz.de*, 18.4.2021 (https://taz.de/Aktuelle-Nachrichten-in-der-Coronakrise/!5766917/).

Maßnahmen die »Dramatik«, die sie verhindern oder abmildern sollen, allererst hervorbringen. Sie sind »Signal«, also Zeichen, dramaturgisches Element, entkoppelte Signifikanz – der Aspekt ihrer empirischen Wirksamkeit ist nicht einmal zweitrangig.

Wie der Publizist Paul Schreyer rekonstruiert, wurden vor der Coronakrise ähnliche Szenarien eines Biowaffenanschlags oder einer Pandemie geprobt und nach Drehbuch durchgespielt. Auffällig ist dabei, dass in diesen Planspielen die Feedbackschleifen zwischen Ereignis und Perzeption, wie George Soros sie in seiner Theorie der Reflexivität beschreibt, in enggeführter, komprimierter Form nachgestellt wurden. An den Konferenztischen saßen nicht nur Regierungs-, Behörden- und Geheimdienstvertreter, Konzernchefs und Repräsentanten einflussreicher Stiftungen und Nichtregierungsorganisationen, sondern auch hochrangige Medien- und PR-Manager. »Teil der Übung war auch die regelmäßige Präsentation von Statistiken mit den sich entwickelnden Fallzahlen und Kurven, wie man es inzwischen aus der Corona-Krise kennt.«[285] Die Ereignisse *realisierten* sich auf großen Bildschirmen in eigens zu diesem Zweck produzierten Nachrichtensendungen und Interviews. Auch beim späteren Ernstfall begleitete das »Aufmerksamkeitsmanagement«[286] das Krisenmanagement nicht nur, sondern überlagerte es auf eine Weise, dass die Ereignisabfolge nur in der Interferenz von *esse* und *percipi* nachvollziehbar ist.

285 Paul Schreyer, *Chronik einer angekündigten Krise*, S. 62.

286 Ebd., S. 136.

Die Planbarkeit – und damit auch die These der »Plandemie« – findet in der selbstlaufenden Dynamik, der sich kein Beteiligter entziehen kann, eine Grenze. Wer sich in den Zirkel hineinbegibt, steht unter Zugzwang – auch wenn er eine mächtige Position einnimmt und auf das »Aufmerksamkeitsmanagement« einwirken, es womöglich sogar steuern kann. Politik, Behörden und die ihnen zuarbeitenden Wissenschaftler müssen um jeden Preis den Eindruck vermeiden, dass die vergangenen Interventionen überzogen, überflüssig oder gar schädlich waren. Sie sehen sich schon deshalb genötigt, die epidemische Notlage zu verlängern, um rückwirkend den Vorwurf der Überreaktion zu zerstreuen: Was zwei Jahre nach Beginn noch immer ein so existenzielles Problem ist, war gewiss auch im Frühjahr 2020 schon so gravierend, dass Maßnahmen wie der »Lockdown« und Schulschließungen gerechtfertigt erscheinen.

Die entfesselte Dynamik der Selbstbewahrheitung führte dazu, dass die *Realität* des Virus den Charakter eines stillschweigenden Einverständnisses annahm. Das Virusgeschehen durfte nicht hinter den eingeleiteten Maßnahmen zurückbleiben, es musste ihnen entsprechen – und wenn nicht das Geschehen selbst, so doch dessen kollektive Wahrnehmung. Es war das, was es zu sein hatte.

Die Maßnahmen entkoppelten sich im weiteren Verlauf der Pandemie nahezu vollständig von epidemiologischen Zwecken und Zielen. So folgten etwa die Impfprivilegien und 2G-/3G-Regeln vorrangig einer Logik der Belohnung, Entschädigung und Bestrafung für regelkonformes oder abweichendes Verhalten. Selbst medizinische Bulletins stützen sich auf die unfehlbare Logik der Selbstbewahrheitung, und zwar an entscheidenden Stellen der Rechtfertigung von Maßnahmen. Im August 2021 empfahl die Ständige Impfkommission die Impfung von 12- bis 17-jährigen Kindern und Jugendlichen, die nachweislich kaum von schweren und so gut wie gar nicht von tödlichen Krankheitsverläufen betroffen waren. Sie begründete dies mit den »psychosozialen Folgen der Pandemie«, die »Teil der zu betrachtenden Krankheitslast«[287] seien. Als Faktoren genannt wurden Kontaktbeschränkungen, Quarantäne, Schulschließungen sowie Einschränkungen des sportlichen und kulturellen Lebens. »Diese Veränderungen haben das psychische Wohlbefinden und die Lebensqualität von Kindern und Jugendlichen beeinträchtigt«[288], stellten die Autoren fest. Die Maßnahmen, auf die andere Länder wie Schweden verzichteten, ohne dass dies negative Folgen zeitigte, traten in den zirkulären Begründungsfiguren an die Stelle der Infektionskrankheit selbst. Die Impfung schützte vor den Folgen einer verfehlten Politik. In ähnlicher Selbstbezüglichkeit wurde später die Notwendigkeit einer generellen Impfpflicht damit begründet, dass sie im Vergleich zum »Lockdown« die mildere Maßnahme sei.

Die Zirkularität zeigt sich auch im Verhältnis der Pandemie zum zunehmend phantasmagorischen System der Finanzwirtschaft und der mit ihr verknüpften Informations- und Datenökonomie. Die Bekämpfung

287 Robert-Koch-Institut: *Epidemiologisches Bulletin* 33 (2021), 19.8.2021, S. 25.

288 Ebd.

des Virus und der Schutz der Gesundheit rechtfertigten eine weitere Erhöhung der Geldmenge.[289] Die Pandemie ermöglichte dem kollabierenden Geldsystem eine Nachspielzeit, während gleichzeitig das Herunterfahren der Wirtschaft die inflationäre Tendenz als Folge des Monetarismus abschwächte. Umgekehrt prolongierten die letztlich auf der Erhöhung der Geldmenge beruhenden Hilfsprogramme, mit denen finanzielle Folgen des »Lockdowns« für die Unternehmen abgefedert wurden, das Notstandsregime.

Allerdings wäre es eine Verkürzung, die Ereignisse seit Frühjahr 2020 als Nebeneffekt oder Epiphänomen einer krisenhaften Finanzökonomie zu deuten. In der Pandemie manifestierte sich die Hyperrealität des Globalen. Wie die »Klimarettung« beglaubigte der »Kampf gegen das Virus« die höhere Realität, die Überwirklichkeit des Globalen, aus der er umgekehrt seine Dringlichkeit und Evidenz bezog. Die Welt wurde auf eine Weise in der Furcht synchronisiert, dass Greta (»I want you to panic«) und die Klimabewegung rückblickend nur als Vorserie der Angstproduktion und -verwertung erscheinen. Das Virus musste keinem Biolabor entstammen, um eine katalysatorische Wirkung im Experimentierlabor der Gesellschaft zu entfalten. Es spricht einiges dafür, dass in kommenden globalen Großereignissen zwar die Positionen anders besetzt sein werden, die zirkuläre Struktur der Selbstbewahrheitung des Globalen sich

289 Vgl. dazu: Fabio Vighi, »The Central Bankers' Long Covid«, *The Philosophical Salon*, 18.10.2021. Vighis Analysen sind erhellend. Allerdings kranken sie – ähnlich wie die Untersuchungen Joseph Vogls – an der Gleichsetzung von Monetarismus und Kapitalismus sowie an der Ausblendung des Politischen.

aber durchhalten wird. Auch die psychosozialen Triebkräfte wie Angst und Hypermoral dürften ähnlich gelagert sein.

Bei der Analyse der Entkopplungsphänomene und der von Soros beschriebenen »schnürsenkelartigen« Strukturen kommt das Instrumentarium der Ideologiekritik, die allgemeine Geltungsansprüche mit partikularen Interessenlagen konfrontiert, an die Grenze. Eine gelockerte, gestörte oder aufgehobene Referenzialität, die sich in unterschiedlichen Bereichen der Finanzmärkte, Ökonomie, Medien und digitalen Netzwerke in globalem Maßstab ausprägt, erzeugt ein Klima der Ungreifbarkeit und Unzurechenbarkeit. Die selbstbezüglichen, selbstlaufenden Prozesse sind so scheinhaft wie real, so imaginär wie in ihren Konsequenzen unausweichlich.

Der mediatisierte und digitalisierte Überraum des Globalen entwertet mit allem Verorteten auch den öffentlichen Raum. Er erschüttert die Repräsentationsverhältnisse und damit den Kernbestand der Demokratie. Auch der Körperlichkeit der Masse wird die Substanz entzogen. Unter diesen Bedingungen sind fast alle politischen Konflikte Kämpfe um die Maßgeblichkeit des Realen. Die globale Hyperrealität setzt jeden Widerstand auf Wahrnehmungs- und Realitätsentzug. Unabhängig von tagespolitischen Frontstellungen und Forderungen kämpfen oppositionelle Bewegungen immer auch gegen einen Absolutismus des Überwirklichen.

Die Eigendynamik der Selbsterfüllung in den autopoietischen Wahrheitssystemen verwischt jede Verantwortlichkeit und entzieht sich eindeutiger Zuschreibung, damit auch der Kritik. Zumindest im Fall der

Virtualisierung der Ökonomie und der Fiktionalisierung des Geldes lassen sich indes die Profiteure eindeutig ausmachen, so dass es naheliegt, sie auch mit den übrigen Entkopplungsphänomenen in Verbindung zu bringen. Unzweifelhaft dürfte sein, dass die Aufweichung des Realen und die Lockerung der Referenzialität eine globalistische Agenda begünstigen und die Kräfte des Verorteten schwächen. Die Leiblichkeit der Erfahrung, die Evidenz des Augenscheins, die Greifbarkeit des Begriffenen verlieren in der Hyperrealität des Globalen ihren Wert und ihre Maßgeblichkeit. Die Wiederaneignung von Raum, Zeit und unmediatisierter Erfahrung ist deshalb das vordringlichste konservative Projekt.

Krieg aus der Maschine

Es bedurfte eines medialen und propagandistischen Ereignisses ähnlicher Größenordnung, um die Pandemie als beherrschendes Thema abzulösen. Dies war im Februar 2022 Russlands Angriff auf die Ukraine, der in einer Phase begann, als sich der Überdruss am Coronanotstand ausweitete und Geräuschlosigkeit der Transformationsagenda dienlicher war als propagandistische Dauerbeschallung. Im Windschatten der neuen Großkrise ließen sich Tatsachen schaffen und Verantwortlichkeiten verwischen. In dieser Phase zeigte sich, dass die Pandemie weder als Begründungszusammenhang noch als Narrativ anfechtbar war. Bevor der Zusammenbruch ins allgemeine Bewusstsein dringen konnte, wurde das Narrativ über Nacht und wie auf Knopfdruck durch ein anderes, funktional weitgehend äquivalentes Großthema und Leitnarrativ ersetzt. Dies gelang auch deshalb, weil die bewährten Affektregister aus Angst und gefühliger Moral gezogen wurden und alternative Feindmarkierungen zur Hand waren. Der Wechsel vollzog sich noch schneller und reibungsloser als der Schwenk vom Klima- zum Coronanarrativ zwei Jahre zuvor. Das kollektive Bewusstsein wurde binnen weniger Tage auf eine Weise neu formiert, die an die magnetische Ausrichtung von Eisenspänen erinnerte: Massenpsychologie als soziale Physik. Die Meinungsbildung zum neuen Großthema war abgeschlossen, bevor sie beginnen konnte. Die Umleitung der Ressentiments war nach andauerndem 3G-Regime geübte Praxis. Das »Virtue Signalling« fand ebenso ein neues Objekt wie die rituellen Säuberungen im Alltag. »Impfverweigerer« wurden als Zielscheibe durch »Putinversteher« und alles Russische – vom Künstler bis zur Backware – je nach Bedarf ergänzt oder ersetzt. Die Funktionsäquivalenz erlaubte es zudem, jederzeit zum vorangegangenen Großthema zurückzukehren oder zwischen beiden zu wechseln.

Wer für die hyperfaktischen Züge der Pandemie empfänglich war, mochte im Angriff Russlands auf die Ukraine den Einbruch des Realen sehen. Aber die Wirklichkeit des Kriegs war von Beginn an eine perzeptive und stand allenfalls in einem vermittelten Verhältnis zu militärischen Aktionen und deren Folgen. Die Wiederkehr der Geschichte vollzog sich als Szenen- und Kulissenwechsel. Die Ausschließlichkeit der Ereignisse und ihrer Deutung verstärkte den Eindruck des Hyperrealen. Wie die Coronakrise beanspruchte der Krieg ungeteilte Aufmerksamkeit. Er bot einen weiteren willkommenen Anlass, die eigene Wahrnehmung hermetisch abzudichten, und stiftete neue Dringlichkeiten. Diese ermöglichten die Verlängerung des Notstands nach der Pandemie und rechtfertigten weitere Zensur- und Überwachungsmaßnahmen. Zugleich forcierten sie die Verstaatlichung und trugen dazu bei, das fiktionale Geldsystem in einer Art Kriegswirtschaft über die Zeit zu retten.

Im unvermittelten Wechsel der Szenerie erfüllte der Krieg, als mediales Ereignis und propagandistischer Anlass, eine ähnliche dramaturgische Funktion wie der Deus ex Machina der griechischen Tragödie. Mit dem Unterschied, dass der Konflikt durch das plötzlich hereinbrechende Ereignis nicht gelöst, sondern scheinhaft verlagert und auf eine neue Ebene gehoben wurde. Diese Transposition im »Krieg aus der Maschine« ging mit einer Umleitung der Affekte einher. Statt kathartisch bereinigt zu werden, wurden sie für die politische Agenda bewirtschaftet, wozu einmal mehr die Medien beitrugen. Die Regierungspropagandisten und Pharmalobbyisten traten nun ganz offen auch als Kombattanten auf.

Der referenzielle Charakter der Medien Bild und Film ist im digitalen Zeitalter mehr als problematisch. In digitalen Fotografien ist, wie Byung-Chul Han herausstellt, »kein Verweis auf den realen Referenten mehr enthalten«[290]. Trotz der grenzenlosen Arrangier- und Manipulierbarkeit beanspruchen Bilder in den jüngs-

290 Han, S. 83.

ten Großkrisen Migration, Corona und Ukraine-Krieg höchste Beweiskraft und übernehmen eine legitimatorische Schlüsselfunktion. In der Instrumentalisierung der Bilder und ihrer Gefühlswerte zeigt sich, dass der Krieg in der Ukraine nur die Fortsetzung eines Informations- und Desinformationskriegs ist, der schon lange vorher begonnen hatte und zum Dauerzustand wurde.

Die eine Kriegspartei verschleiert die Wirklichkeit des Kriegs mit Begriffen wie »militärische Spezialoperation«. Der Präsident der anderen Seite, Wolodymyr Selenskyj, ist ein bekannter Komiker und Schauspieler seines Landes. Eine Fernsehserie, in der er einen Geschichtslehrer spielt, der unverhofft die Präsidentschaftswahl gewinnt, beförderte seinen politischen Durchbruch. Die Kampagne zur Präsidentschaftswahl 2019 schlug aus der Aufweichung des Realen politisches Kapital. Sie knüpfte nahtlos an die TV-Serie an, was auch darin zum Ausdruck kam, dass ihr Titel *Diener des Volkes* der Partei Selenskyjs den Namen gab. Das Spiel mit Realität und Fiktion, die vielfachen ironischen Brechungen machen den Präsidenten bis zu einem gewissen Grad unabhängig von der politischen Agenda und programmatischen Festlegungen. Sie disponieren die Erwartungen der Wähler als Rezeptionserwartung eines Publikums, das aus seiner Zuschauerrolle nicht mehr herauskommt. Selenskyj reift in der Krise und stellt sich der ungeschminkten Realität des Kriegs – bildmächtig und mit inszenatorischen Mitteln. Die Metamorphose vom Entertainer zum Staatsmann und Kriegshelden wäre ein gutes Skript für eine weitere Staffel der Erfolgsserie. Selenskyj setzt sie gerade dort fort, wo er medienwirksam mit seiner

Vergangenheit als Schauspieler abschließt. Noch der Ausstieg aus der Fiktion hat fiktiven Charakter.

Die Bereitschaft, die vorgestanzte Deutung samt klapperndem moralischen Schematismus zu übernehmen, war zu Beginn der neuen Krise trotz der vorangegangenen Erfahrungen groß. Die Dringlichkeit des Kriegs war das Opfer des Verstandes wert und rechtfertigte die Selbstgleichschaltung. Die Personifizierung des Bösen, die auf Archetypen des Ost-West-Konflikts und der »Kriege gegen den Terror« zurückgreifen konnte, stillte eine Sehnsucht nach Eindeutigkeit, Übersichtlichkeit und klaren Verhältnissen. Die Moralisierung überdeckte die Interessenlagen und Konfliktlinien oder entstellte sie zur Unkenntlichkeit. Damit war auch die Möglichkeit des Ausgleichs abgeschnitten. Das Reale des Kriegs, als Manifestation entfesselter Gewalt, war das Ergebnis hartnäckiger Realitätsverkennung und -verweigerung. Der Standpunkt erschöpfte sich auch bei den politischen Akteuren in zwei, drei kaum satzförmigen Phrasen sowie dem schalen Pathos der »Werte« und der ihm eigenen aggressiven Sentimentalität. Zur Un- und Überwirklichkeit trug der vollständige Entzug aller Grautöne bei. In der medialen und propagandistischen Zuspitzung wurde eine Situation geschaffen, die Parteinahme erzwang und jeden Versuch der Differenzierung, sogar des Ausdrucks der Ambivalenz, in die Nähe des Verrats rückte. Die neue Projektionsfläche für Angst, Hass und Wut war eine altbewährte, so wie der Konflikt insgesamt wie ein Remake aus der Ära des Kalten Kriegs wirkte. Die Aktualisierung des alten Feindbilds erlaubte es jenen Ländern, die zuvor mit Zwangsmaßnahmen gewetteifert hatten, sich den Anschein des »freien Westens« zu geben.

Die auf den Feldern Klima und Corona erprobte und vorangetriebene Normalisierung des Ausnahmezustands wurde in der sprachlichen Anbahnung eines Dritten Weltkriegs fortgesetzt. Medien veralltäglichten die größte denkbare Menschheitskatastrophe durch Herbeireden. Leitartikel spielten nicht nur die Möglichkeit eines Atomkriegs durch, sondern ließen ihn als *führbar* erscheinen. Es war der erneute Versuch einer semantischen Skalenverschiebung. Die rhetorische Demonstration der Entschlossenheit zum Äußersten steigerte nicht nur den Angstpegel, der nach zwei Jahren Pandemie herabzusinken drohte, sondern hatte auch das Ziel, die zur hohlen Phrase gewordene »Wertegemeinschaft« neu zu beglaubigen.

Einige derjenigen, die lange unter den Folgen ihrer gegenläufigen Meinung gelitten hatten, konnten dem Angebot, in den Hauptstrom zurückzukehren und sich von ihm treiben zu lassen, nicht widerstehen. Nach der unsichtbaren und zunehmend zweifelhaften Bedrohung gab es einen sichtbaren Feind, auf den man sich über alle politischen Lager hinweg einigen konnte. Für den Augenblick schienen die alten Zuschreibungen und Kategorisierungen ihre Gültigkeit zu verlieren. Die Parias des Hygieneregimes durften sich wieder einreihen und dazugehören. Ernüchternd war, dass selbst diejenigen, die Schnürboden und Bühnentechnik eingehend inspiziert hatten, nach dem Kulissenwechsel erneut dem Illusionismus der weltpolitischen Guckkastenbühne erlagen.

Der Wirklichkeitsverlust inmitten der vermeintlichen Wiederkehr des Realen zeigt sich am deutlichsten in der Verselbstständigung des Symbolischen. Das vom Referenten gelöste Zeichen ersetzt Sache und Tat. Die neonominalistische, poststrukturalistische Ära mündet in einen neuen Glauben an die Wirkmächtigkeit des Symbols, der sich bereits in der Klimabewegung angekündigt hatte und in Maskensymbolik und Abstandsritualen des Hygieneregimes Regierungspolitik wurde. Auch die Genderideologie trägt totemistische Züge. Man überwindet die Diskriminierung im Stern und die Binarität der Geschlechter im Sprechakt. Im Krieg wird »Zeichen setzen« zum bevorzugten, ja einzigen Modus der Bewältigung. Man bekämpft und kriminalisiert ein »Z«, weil es Symbol der russischen Propaganda ist. Man fordert im Kampf gegen Putin ein Tempolimit, schaltet die Heizung aus und friert für den Frieden. Die offene Frage ist, an welchem Punkt die Zerstörung der materiellen Lebensgrundlagen eine weitere Verselbstständigung des Symbolischen ausschließt. Zu erwarten ist, dass die entkoppelten Zeichen erst durch große Not neu referenziert und geerdet werden.

VI.
UNBESTAND

Bei der Positionsbestimmung des konservativen Denkens, das durch eine megalomane Sozialtechnologie herausgefordert wird, hilft der kleine, kaum neun Buchseiten umfassende Aufsatz »Status quo als Argument« von Niklas Luhmann. Das Erscheinungsjahr – 1968 – des Textes, der statt vom Bestand vom Status quo des Bestehenden ausgeht, verweist auf den Anlass. In der Auseinandersetzung mit der Studentenbewegung entfaltet der Systemtheoretiker eine funktionalistische Auslegung und Begründung des Konservatismus. Der Aufsatz richtet sich nicht nur gegen den revolutionären Überschwang der Umstürzler und Weltverbesserer, sondern ist auch ein Dokument der konservativen Ernüchterung. Formuliert wird ein Minimum des Konservatismus, der sich von Wertbindung und Traditionalismus lossagt, eine Privilegierung des Alten ablehnt und seinen Frieden mit dem Relativismus macht. »Er vertritt weder Wahrheit noch Werte. Er ist daher in solchen Prämissen nicht angreifbar. Er schließt keine Änderungen mehr aus und kann einen vollständigen Relativismus aller Werte konzedieren. Sein Argument ist nur, daß für grundlegende strukturelle Verbesserungen die Rechenkapazitäten nicht ausreichen.«[291]

Der Status quo, wie Luhmann ihn denkt, ist vor allem eine Ressource zur Komplexitätsverarbeitung. Die anerkannte Maßgeblichkeit des Gegebenen enthebt von der Anstrengung, immer wieder aufs Neue zwischen einer

291 Niklas Luhmann, »Status quo als Argument«, in: Horst Baier (Hg.): *Studenten in Opposition*, S. 76.

unüberschaubaren Fülle von Handlungsmöglichkeiten abwägen und in komplexen Beziehungsgeflechten Entscheidungen treffen zu müssen, deren Folgen kaum zu ermessen, geschweige denn zu beherrschen sind. Vieles ist vorentschieden und disponiert, muss vorentschieden sein, weil es unmöglich ist, das Ganze der gesellschaftlichen Wirklichkeit zu überblicken und zu vergegenständlichen. Der Status quo als kristalline Form des Sozialen ist das Ergebnis eines langfristigen sozialen Evolutionsprozesses. Ihm gegenüber bleiben die Entwürfe der Weltverbesserer, die augenblicklich aufs Ganze gehen, notwendig inadäquat und unterkomplex. In komplexen, ausdifferenzierten Gesellschaften ist es unmöglich, alles auf einmal zu ändern. Veränderung ist nur als Modifikation, als punktuelle Suche nach einem funktionalen Äquivalent denkbar. »Jede Änderung muß Bestehendes voraussetzen, sich in Bestehendes einfügen, sich mit Bestehendem abstimmen oder abfinden – und sei es nur, um es nachher ebenfalls zu ändern.«[292]

Über Luhmanns Überlegungen hinausgehend, ließe sich der Status quo als Gesamtheit bewährter Verfahrens-, Steuerungs- und Problemlösungsroutinen verstehen. Der Status quo ist ein Bestehendes, das kein Argument für sein So-sein benötigt, weil er das Argument *ist*. Solange dieser Grund trägt, braucht er keine Gründe, Erklärungen und Rechtfertigungen. Die Pauschalkritiker und -veränderer blenden nicht nur die Komplexität der Verhältnisse und die möglichen Nebenfolgen ihrer Eingriffe, sondern auch die Geschichtsimplikation des Status quo aus. Die Forderung, alles Bestehende zu hinterfragen oder gar zu

292 Ebd., S. 75.

ändern, ist eine blinde Augenblicksfixierung mit totalitärer Tendenz. Ignoriert wird, dass die Reflexivität, die diese Forderung geltend macht und voraussetzt, keine unbegrenzte Ressource ist, sondern eine hochentwickelte institutionelle Bestandssicherung voraussetzt. Reflexion ist die Ausnahme einer Regel, die sich in ihrem Vollzug nicht andauernd in Frage stellen muss. Erst die institutionell gefestigten Handlungsroutinen eröffnen die Freiräume, um sie auf den Prüfstand und in Frage zu stellen. Diese Voraussetzungen blenden diejenigen aus, die sich anmaßen, alles und jedes augenblicklich zur Disposition zu stellen. Ihre Geringschätzung des Vorgegebenen, das als unnötiger historischer Ballast, als zu überwindendes Hindernis der Rationalisierung oder als Hemmschuh auf dem Weg zu einer gerechten Einrichtung der Gesellschaft erscheint, beruht auf einer Verkennung der eigenen Abhängigkeit von ihm.

Luhmann qualifiziert sein Konzept eines »Konservativismus aus Komplexität«[293] auch als »Konservativismus wider Willen«[294], weil er ein hohes Maß an Flexibilität, Zukunftsoffenheit und Veränderungsbereitschaft einschließt und ihm jede Feier oder Verklärung des Althergebrachten fernliegt. Kern ist eine implizite Beweislastregelung, die den Begründungszwang auf der Seite des Veränderers sieht und das Gegebene von Rechtfertigungspflichten entlastet. »Der Status quo braucht nicht begründet zu werden, es sei denn als unentbehrliche Rechnungsvereinfachung«[295], schreibt

293 Ebd., S. 76.

294 Ebd.

295 Ebd., S. 77.

Luhmann – und wird an anderer Stelle noch deutlicher: »Der Status quo hat die Vermutung rechtlicher Geltung, zumindest faktischen Konsenses hinter sich. Die Erhaltung des Status quo ist die Grundlage, auf der das Verhandeln über seine Modifikation beginnt.«[296]

Diese Beweislastverteilung wird nicht nur im funktionalistischen Konservatismus des frühen Luhmann (und später bei Blumenberg), sondern zeitgleich auch im geisteswissenschaftlich-hermeneutischen Konservatismus der Ritter-Schule um den Münsteraner Philosophen Joachim Ritter akzentuiert und in Stellung gebracht. »Da wir zur Nachweisung der Vernünftigkeit der Totalität des jeweiligen Systems unserer Orientierungen ohnehin unfähig sind, ist es evidenterweise zweckmäßig, die Last harter Beweise jeweils denjenigen aufzuladen, die an diesem System etwas ändern wollen«[297], argumentiert etwa Hermann Lübbe (oder Odo Marquard). Den ›alten‹ Konservatismus penibel auf Distanz haltend, gibt auch der um diskursive Anschlussfähigkeit bemühte Lübbe seiner Argumentation eine technizistische Stoßrichtung: »Eine solche Verteilung der Begründungspflichten hat mit einer Präokkupation fürs Alte nichts zu tun. Sie ist eine Verfahrenskonsequenz aus der Einsicht, daß die Totalität der Zustände und Normen, unter deren Bedingung wir existieren, viel zu komplex ist, als daß eine ausdrückliche Nachweisung oder Widerlegung ihrer Vernünftigkeit auch nur denkbar wäre.«[298]

296 Ebd., S. 79.

297 Lübbe, S. 43.

298 Ebd., S. 62 f.

Auf dem Höhepunkt der Studentenproteste vermutete Luhmann, dass die Bewegung »auf diesen Konservativismus aus Komplexität aufläuft und an ihm ihr Schicksal finden wird«[299]. Diese Einschätzung sollte sich als folgenreiche Täuschung erweisen. Statt die Beweislast auf sich zu nehmen und Gründe zu benennen, die einen Totalumbau oder eine Totalrevision der Gesellschaft rechtfertigen, kaperte die Linke deren Institutionen – nicht, um sie aufzulösen und Festes zu verflüssigen, sondern um sie in ihrem Sinn umzuprogrammieren. Sie löste sich von ihrer revolutionären Augenblicksfixierung und nutzte die kristallinen Formen des Sozialen, um die Subversion des Institutionellen auf Dauer zu stellen. Damit entzog sie der Argumentation des bundesrepublikanischen Neokonservatismus und der zentralen Denkfigur der Beweislastumkehr die Grundlage. Der Status quo, als das Ergebnis des Gangs durch die Institutionen, ist nicht einmal mehr das Zerrbild dessen, was der Neokonservatismus als selbstverständlich voraussetzen zu können glaubte; er ist dessen als Matrix verfestigtes Negativ. Der Status quo verliert mit seiner orientierenden Funktion auch seine komplexitätsverarbeitende Kraft – und nur die rechtfertigt für Luhmann die situative Befreiung von Begründungs- und Rechtfertigungszwang. In seiner real existierenden Gestalt stiftet er keine Selbstverständlichkeit, sondern zusätzliche Komplikation und Konfusion. Er taugt nicht mehr als Argument oder Begründungsäquivalent, fällt als Maßstab für Veränderungen aus und ist damit auch nicht mehr Grundlage seiner eigenen Modifikation.

299 Luhmann, »Status quo als Argument«, S. 79.

Offenkundig unterschätzten Luhmann und die bundesrepublikanischen Neokonservativen nicht nur die Ausdauer und Marathonqualitäten der aus der Studentenbewegung hervorgegangenen Linken, sondern auch deren ideologische Flexibilität. Sie ahnten nicht, dass es ihr gelingen würde, den zunehmend obsolet gewordenen neomarxistischen Begriffsbestand identitätspolitisch zu erneuern und zu erweitern. Mit langem Atem durchdrang die Linke, die 1968 Ungeduld zum politischen Programm erhoben hatte, Bildungssektor, Kulturszene, Behörden und Medien. Mit diesem neuen Status quo ließ sich nicht einmal ein minimalistischer Konservatismus begründen.

Diese Entwicklung zwang den Neokonservativen eine Rolle auf, die ihnen überhaupt nicht behagte. In der Bundesrepublik der sechziger und siebziger Jahre hatten sie sich als Anwälte der etablierten Ordnung gegen diejenigen gewandt, die *das Bestehende* verächtlich machten und überwinden wollten. Nun standen sie, die sich entschieden von allen Ideen und Konzepten einer konservativen Revolution lossagten, in Opposition zu einem Bestehenden, das die Auslöschung der Bestände betrieb. Aber dieser Konfrontation gingen sie schon aus Abneigung gegen die Rolle des Oppositionellen aus dem Weg, was die Vormacht derjenigen festigte, die sich im neuen Status quo einrichteten und ihn zur Festung ausbauten. Dies ist eine weitere Erklärung dafür, warum der Konservatismus in den folgenden Jahren und Jahrzehnten intellektuell, kulturell und gesellschaftlich ins Hintertreffen geriet und der nun auch mit allen poststrukturalistischen Wassern gewaschenen Linken so wenig entgegenzusetzen hatte.

Uneingestandener Bezugspunkt des minimalistischen Konservatismus war der Status quo der bundesrepublikanischen Wirklichkeit in den prosperierenden sechziger Jahren, im Fall von Luhmann vor allem die Verwaltungspraxis jener Zeit. Die Mechanik der systemischen Ausdifferenzierung, der autopoietischen Steuerung, der Komplexitätsverarbeitung läuft noch in ihren Dysfunktionen wie ein Uhrwerk. Der Systemtheoretiker fragte nicht nach den Gründen. Insgeheim machte er die öffentliche Verwaltung jener Zeit zum Modell aller Systeme und den Status quo dieser Jahre zu deren Urbild. Dabei blendete er die historische Bedingtheit des Status quo aus und sah darüber hinweg, dass seine Maßgeblichkeit gewachsen, erarbeitet und verlierbar ist, dass sie geistige, kulturelle und soziale *Bestände* voraussetzt. Er erhob den Status quo zu einer sozialontologischen Kategorie, schwächte damit aber zugleich den konservativen Kern seines Arguments. In seiner rein funktionalistischen Lesart ist es der utopischen Sozialtechnologie des »Great Reset«, die sich anschickt, im Weltmaßstab Tabula rasa zu machen, nicht gewachsen.

Digitale Sozialtechnologie

Das größte Problem in Luhmanns Argumentation ist, dass sie den Konservatismus auf ein kalkulatorisches Problem der »Rechenkapazität« zusammenschrumpfen lässt. Dieser Reduktionismus unterscheidet seinen »Konservativismus aus Komplexität« von der oben angeführten lebensweltlichen, existenziellen Interpretation der Beweislastumkehr. Das Leben sei schlicht zu kurz für Totalrevisionen, variiert Odo Marquard sein bereits angeführtes zentrales Argument: »Darum muß man, wenn man – unter den Zeitnotbedingungen unserer vita brevis – überhaupt begründen will, nicht die Nichtwahl begründen, sondern die Wahl (die Veränderung): die Beweislast hat der Veränderer.«[300] Luhmann vermeidet diese lebensweltliche Fundierung und weist mit der Rechenkapazität ein funktionales Äquivalent für den Status quo aus, das auf keine Vorgeschichte angewiesen ist. In der Konsequenz bedeutet dies, dass die Maßgeblichkeit des Gegebenen, der Ankerpunkt des funktionalistischen Konservatismus, ersetzbar ist. Die rasante Zunahme der Rechenleistung in den vergangenen Dekaden gab zu berechtigter Hoffnung Anlass, sie tatsächlich auch ersetzen zu können.

Prominentestes Beispiel für ein digitales Gesellschaftsdesign ist das Sozialkreditsystem Chinas, das wünschenswertes soziales Verhalten systematisch belohnt und unerwünschtes Verhalten sanktioniert. Eine 2020 veröffentlichte Studie im Auftrag des deutschen Bundesbildungsministeriums entwirft als Zukunftsszenario für die Zeit nach 2030 die Einführung eines solchen Punktesystems mit politisch-gesellschaftlicher Steuerungsfunktion. Dem beschriebenen Szenario zufolge findet dieses System als Maßnahme gegen den Klimawandel breite und stetig wachsende gesellschaftliche Akzeptanz. Parameter wie ehrenamtliches und

300 Marquard, S. 16.

soziales Engagement, Verkehrsverhalten und CO_2-Fußabdruck fließen in die Bewertung ein, die unter anderem über die Vergabe von Jobs, Wohnungen und Studienplätzen entscheidet. »Das digitale Nervensystem schafft eine umfassende Transparenz, welche die Lücke zwischen Werten und Verhalten verringert hat«, heißt es in der Studie. »Individuen können in der realen und virtuellen Welt eindeutig identifiziert werden, ihre Absichten können prognostiziert und ihre Handlungen transparent gemacht werden.«[301] In solchen Formulierungen zeigt sich, dass es um sozialtechnologische, digitalpanoptische Äquivalente für sozialen Zusammenhalt, letztlich um die rückstandslose Substituierung des Sozialen selbst geht. Es komme zu »einer weitgehenden Homogenisierung der Wertesets unter den am Punktesystem aktiv Teilnehmenden« [302], stellen die Autoren der Studie in Aussicht. Konflikte werden nur zwischen den Befürwortern und den zunehmend marginalisierten Gegnern des Systems erwartet. Das in der Coronakrise etablierte biopolitische Klassifizierungssystem lässt sich als primitive Vorstufe eines solchen Punktesystems deuten. Erweitert werden könnte diese durch die Einführung einer digitalen Zentralbankwährung, eines vorgeblich bedingungslosen, in Wahrheit an fortwährende Konformitätsnachweise geknüpften Grundeinkommens sowie einer globalen digitalen Identität.

301 *Zukunft von Wertevorstellungen der Menschen in unserem Land.* Beauftragt v. BMBF. August 2020, S. 127.

302 Ebd.

Auf die Orientierungsfunktion des Gegebenen, das immer ein Vor-Gegebenes einschließt und den »Einbau von erinnerter Geschichte«[303] voraussetzt, sind die Sozialingenieure des »Great Reset« nicht angewiesen. Das Vorhaben, in globaler Dimension bei null anzufangen und den Status quo durch eine »Neue Normalität« zu ersetzen, lässt den Utopismus der 68er-Bewegung, mit dem sich Luhmann auseinandersetzte, als bieder und engstirnig erscheinen. Für zusätzliche Radikalität sorgt die transhumanistische Stoßrichtung. Das Orientierungsbedürfnis des Menschen ist aus Sicht der utopischen Sozialtechnologen ebenso unmaßgeblich wie sein Sinnverlangen und die *conditio humana* selbst.

Der Totalumbau rückt in dem Moment in Reichweite, in dem sich die für eine gesamtgesellschaftliche Transformation notwendige Komplexitätsverarbeitung von endlichen Subjekten ablösen und einer algorithmischen Steuerung übertragen lässt. Auch in der Ökonomie verleihen die neuen Möglichkeiten von Big Data und Künstlicher Intelligenz der Idee Auftrieb, eine gesamtwirtschaftliche Steuerung zu etablieren, die eine effizientere Allokation von Gütern und Kapital ermöglicht als das freie Spiel der Kräfte auf dem Markt. Wenn Empfehlungsalgorithmen schon heute die Wünsche von Konsumenten ›lesen‹ und vorhersagen, dann könnten, so die Erwartung, bald schon prädiktive Algorithmen Knappheit, Bedarf und Nachfrage sowohl granular als auch gesamtgesellschaftlich ermitteln und antizipieren. Der Markt hätte sich in die-

303 Luhmann, »Status quo als Argument«, S. 75.

sem Fall als Signalsystem und Allokationsinstrument erübrigt.[304]

Wie das zentrale Argument Luhmanns sind auch die Einwände Poppers gegen die utopische Sozialtechnologie nicht primär normativer, sondern technischer oder wissenschaftstheoretischer Art. Dies bedeutet, dass sie von der technologischen Entwicklung überholt werden können. So argumentiert Popper wiederholt und in zahlreichen Variationen mit dem beschränkten Wissen und den begrenzten praktischen Erfahrungen, die eine gesamtgesellschaftliche Planung und Steuerung unmöglich machten: »Die utopische Sozialtechnik behauptet rational für die ganze Gesellschaft zu planen, obgleich wir keinesfalls jenes Ausmaß an Tatsachenwissen besitzen, das notwendig wäre, um einen so ambitiösen Anspruch auch nur einigermaßen zu rechtfertigen.«[305] Es »überstiege Menschenkraft, die unendliche Mannigfaltigkeit der verschiedenen Bedürfnisse der verschiedenen Menschen [...] zu erfassen und jedem die ihm zukommende Bedeutung zuzuweisen«[306], macht auch Friedrich August von Hayek geltend. Dieses Argument gilt nicht absolut, sondern nur für die Entstehungszeit dieses Textes. Was auf Platons Schreibtafel oder am Reißbrett nicht funktioniert, könnte sehr wohl mit dem Einsatz von Quantencomputern und selbstlernenden Systemen gelingen.

304 Dass Künstliche Intelligenz den Kapitalismus in absehbarer Zeit beerdigen wird, prognostiziert etwa der chinesische Rechtsgelehrte Feng Xiang, »AI will spell the end of capitalism«, *The Washington Post*, 3.5.2018.

305 Ebd.

306 Hayek, S. 85.

Wer auf das sozialtechnologische Vorbild China verweist, sollte die kalifornischen Einflüsse nicht ausblenden. Der Digitalkonzern Google, alias Alphabet, forscht schon seit Jahren an neuen datenbasierten Regierungsformen und Konzepten einer digitalisierten Polis. »Staaten sind für Google überkommene Konstruktionen, die mit der richtigen Software programmiert werden müssen«[307], bemerkte Adrian Lobe bereits 2015 und machte auf Pläne für ein »Government Innovation Lab« aufmerksam. Der weißrussische Medienforscher und Netztheoretiker Evgeny Morozov charakterisiert ein Denken, das auf die digitale Lösung von Problemen zielt, ohne diese hinterfragt, begrifflich durchdrungen und in ihrer Tragweite ermessen zu haben, als »Solutionismus«[308]. Diese Haltung erscheint zunächst als Extremform der instrumentellen Vernunft, wie Horkheimer sie auf den Begriff brachte. Die technische Lösung lässt Zweck und Ziel ihrer Anwendung nicht nur in den Hintergrund treten, sondern verdrängt sie und tritt an ihre Stelle. Verknüpft ist dieser »Solutionismus« jedoch mit maßlosen Ansprüchen der Selbst- und Weltverbesserung, die eher als übersteigerte Formen objektiver Vernunft zu charakterisieren wären und nicht selten mit transhumanistischen Utopien einer Verschmelzung menschlicher und maschineller Intelligenz verbunden sind. Es geht nicht nur um Funktionen und Funktionieren. Die technische Lösung gewinnt Erlösungsqualität – am deutlichsten in der eschatologisch erwarteten »Singularität«[309], in

307 Adrian Lobe, »Google will den Staat neu programmieren«, *FAZ*, 14.10.2015.

308 Evgeny Morozov, *To Save Everything, Click Here.*

309 Ray Kurzweil, *The Singularity Is Near.*

welcher der Mensch mit Hilfe Künstlicher Intelligenz seine natürlichen, biologischen Grenzen überschreiten werde. Ziel ist der Abschluss, die Überbietung der Menschheitsgeschichte.

Im vergangenen Jahrzehnt war zu beobachten, wie sich der »Solutionismus« des Silicon Valley von seinen hippiesken, antietatistischen, libertären Einstellungen und Prägungen immer weiter löste und autoritäre Züge annahm. Die eng mit der Finanzökonomie verflochtenen Datenmonopolisten machten sich zunehmend mit den Regierungen gemein. Ihre digitale Infrastruktur dient längst nicht mehr nur dem eigenen Geschäftsmodell, sondern auch als Instrument der Meinungslenkung, sozialen Kontrolle, bio- und soziometrischen Überwachung. Entstanden sind hybride Gebilde verdichteter technologischer, administrativer und ökonomischer Macht mit neofeudalistischen Zügen, die weder mit dem Begriffsbesteck der linken Kapitalismuskritik noch mit dem der rechten Liberalismuskritik zu fassen sind und schon gar nicht ins Raster »Neoliberalismus« passen.[310]

310 Die Deutung des Globalismus als aus dem Neoliberalismus hervorgegangenes Phänomen wurde zuletzt von Quinn Slobodian in *Globalisten* (Berlin 2019) untermauert. Der kanadische Historiker sieht im Neoliberalismus, vor allem der Österreichischen Schule, nicht vorrangig ein Konzept selbstregulierender Märkte, sondern ein supranationales Ordnungsdenken, das die Autonomie der Märkte vor dem Einfluss der Nationalstaaten schützen möchte. Diese Interpretation trägt allerdings wenig dazu bei, die jüngsten Formen des Globalismus, der die Kritik am Neoliberalismus längst vereinnahmt hat, zu verstehen. Ökonomen wie Friedrich August von Hayek und Ludwig von Mises sind gewiss keine Wegbereiter des »Great Reset« oder des »Stakeholder-Kapitalismus« eines Klaus Schwab, sondern wären die schärfsten Kritiker dieser Konzepte.

Die Coronakrise hat den Trend zum autoritären »Solutionismus« nicht nur verstärkt, sondern diesem Konzept zum Durchbruch verholfen. Schwabs und Mallerets ausführliche Beschreibungen des digitalen Instrumentariums zur Kontaktverfolgung und Überwachung sind nur notdürftig mit Kritik bemäntelt. »Dystopische Szenarien sind kein unvermeidliches Schicksal«[311], beruhigen die Autoren, um wenige Zeilen darunter festzustellen, dass »der einmal freigelassene Flaschengeist der technischen Überwachung auch nicht wieder zurück in die Flasche gesteckt werden wird«.[312] Die im Hygieneregime als »Lösung« etablierte Infrastruktur digitaler Überwachung ist längst zum Standard geworden und wird bei der Bewältigung weiterer vorgeblicher Großprobleme – allen voran des Klimawandels – Anwendung finden.

So wie die Konzepte einer digitalen Planwirtschaft marktliberale Positionen einschließlich aller Begriffe von Freiheit und Selbstbestimmung in die Defensive drängen könnten, setzt die Sozialtechnologie einen Konservatismus unter Druck, der auf der Maßgeblichkeit lebensweltlicher und institutioneller Üblichkeiten beharrt. Byung-Chul Han beobachtet, dass die Digitalisierung gewachsene Vertrauensverhältnisse nicht nur zerstört, sondern auch erübrigt. »Die digitale Vernetzung erleichtert die Informationsbeschaffung dermaßen, dass das Vertrauen als soziale Praxis immer mehr an Bedeutung verliert.«[313] Ein nach vorgegebenen

311 Schwab, Malleret, *Der Große Umbruch*, S. 201.

312 Ebd., S. 202.

313 Han, S. 91.

Parametern aus verschiedenen Datenquellen automatisiert ermitteltes, fortwährend aktualisiertes Sozialrating könnte die Grundlage nicht nur für Vertragsbeziehungen, sondern auch für andere soziale Interaktionen werden. Wo soziale Anpassung zur Währung wird, erscheint Vertrauensbildung auf der Grundlage von Kooperation und geteilten Erfahrungen als Atavismus aus versunkener vordigitaler Zeit – intransparent, vorurteilsbehaftet und ungerecht. Die entscheidende Frage ist, ob sich der Verlust sozialer Bindungskräfte in einer atomisierten Gesellschaft dauerhaft durch ein engmaschiges digitales Kontroll-, Belohnungs- und Sanktionsregime ausgleichen lässt. Wenn dies gelänge, würde die »Übernahme von Geschichte«[314] als komplexitätsverarbeitende Funktion nicht mehr benötigt. Eine Denknotwendigkeit oder auch nur eine Option ist der Konservatismus nur in einer geschichtlichen Welt. Ihr Untergang wäre auch sein Ende.

Mit dieser Aussicht könnte der Konservatismus darauf verweisen, dass eine radikal entüblichte Welt weder lebenswert noch lebbar ist, und seine Positionen humanistisch oder existentialistisch reformulieren. Seine künftige Rolle könnte die Verteidigung der Unverfügbarkeit des Menschen und seines organischen Wesens sein. Möglicherweise wäre zu diesem Zeitpunkt die kollektive Entinnerlichung aber schon so weit fortgeschritten, dass Begriffe wie »Dasein« oder »Existenz« längst unverständlich geworden sind. Wo »Leben« restlos in Kategorien biochemischer oder digitaler Reproduktion

314 Luhmann, »Status quo als Argument«, S. 81.

aufgeht, versteht sich seine Verteidigung nicht mehr von selbst. Der neue Status quo gäbe einem radikalen Behaviorismus recht. Der »Mensch« selbst würde aus dem Maßverhältnis der Politik verschwinden.

Hegel nennt das Prinzip der Subjektivität, das nach seiner Beobachtung mit der Feststellung des Protagoras, der Mensch sei das Maß aller Dinge, ins Zentrum der Philosophie gerückt ist, »das Bestimmende, den Inhalt Gebende«[315] des Gedankens. Nicht weniger als dies hätte sich im perennierenden Unbestand eines digitalen Panoptismus erledigt.

Sich verschärfende geopolitische Konflikte und Verteilungskämpfe sollten nicht über die fortschreitende Konvergenz der politischen Systeme in Richtung auf ein digitales Überwachungsregime mit dirigistischer Staatsökonomie hinwegtäuschen. Ob die künftige Welt, die aus diesen Konflikten hervorgeht, uni-, bi- oder multipolar aufgebaut sein wird, dürfte angesichts der systemischen Annäherung zweitrangig sein.

Konservative können sich nicht mehr darauf verlassen, dass eine Gesellschaft ohne Bestände keinen Bestand haben wird. Allerdings mussten sich die sozialtechnologischen Äquivalente des Sozialen nie bewähren. Netzwerkbasierte Systeme – die Lebensadern eines digitalpanoptischen Regimes – sind hochgradig anfällig. Ein Systemabsturz, der durch einen Unfall, eine Versorgungskrise oder einen Cyberangriff hervorgerufen werden könnte, würde eine Rückkehr zu evolutionär gewachsenen Gewohnheitsgefügen einleiten, die

315 Hegel, S. 430.

im Krisenfall widerstandsfähiger wären als ihr programmierter und codierter Ersatz.

Die reflexive Struktur der Selbstbewahrheitung ist eine weitere Achillesferse. Die Machtbasis des Systems beruht auf Suggestion und ist ontologisch höchst zweifelhaft. Sie könnte in dem Moment zusammenbrechen, in dem der Zirkel der Selbstbezüglichkeit unvermittelt durchbrochen würde. So könnte etwa ein Kollaps des phantasmagorischen Finanzsystems eine Kettenreaktion auslösen und die übrigen Systeme der Selbstbewahrheitung zum Absturz bringen.

Überdies wäre es ein Fehler, den Transhumanismus mit seinem stilisierten Selbstbild zu verwechseln. Er ist in mythischen und mythomanischen Bildwelten versponnen und überhöht in prometheischen Fantasien die Auslöschung des Menschen als Vervollkommnung und Transzendenz. Der technoide Rausch erinnert an die »Gleichzeitigkeit von Elektrotechnik und Mythos, Atomzertrümmerung und Scheiterhaufen, von allem, was es schon und nicht mehr gibt«[316], von der Karl Kraus mit Blick auf das Dritte Reich spricht. Auch lässt das unentwirrbare Ineinander von technokratischem und mythischem Denken, von Funktionalismus und Hypermoral nicht erwarten, dass es in dem angestrebten Gesellschafts- und Geschichtsvakuum rational oder auch nur unter Steuerungsgesichtspunkten effizient zugehen würde. Das Missverhältnis zwischen der Größe der Pläne und dem Dilettantismus bei ihrer Umsetzung, das sich bei Projekten wie der »Klimarettung« oder

316 Karl Kraus, *Dritte Walpurgisnacht*, S. 34.

der »Dekarbonisierung« schon im Ansatz zeigt, könnte kaum größer sein.

Zweifelhaft ist auch, dass eine Agglomeration auf Konformismus vereidigter, in Endlosschleifen der Autosimulation verstrickter Dividuen das Mindestmaß an Erneuerungsfähigkeit aufbringen wird, das für ökonomischen Erfolg und wirtschaftliche Prosperität notwendig ist. Es ist keinesfalls ausgemacht, dass ein Ausfall intrinsischer Motive, eine Lähmung im »Herz der Antriebe« (Gehlen), folgenlos bleiben wird. Mit dem »Erlöschen der freien Konkurrenz«[317] entstehe eine gefährliche Lücke, notierte Ernst Jünger, der gewiss kein Liberaler war, aber vor den »Gefahren der großen Planungen«[318] und ihrer Affinität zum Terror warnte. »Die durch den Wettlauf erzeugte Geschwindigkeit muß nun die Furcht hervorbringen. Der Standard hängt dort vom Hochdruck und hier vom Vakuum ab. Dort gibt der Gewinnende die Gangart an, hier der, dem es noch schlechter geht.«[319] Das Vakuum könnte sich über die Zeit auch mit dem von Elias Canetti beschriebenen »Stachel« des Befehls füllen. Sofern dieser nicht in einer Befehlskette an andere weitergegeben werden kann, wird er Canetti zufolge Ansporn zur »Umkehrung oder Rebellion«.[320]

Für die fortgeschrittene Erosion der Üblichkeiten machen Teile der Rechten fast reflexartig den Kapitalismus, der Karl Marx zufolge alle »altehrwürdigen Vorstellungen und Anschauungen« auflöse, alles

317 Jünger, S. 27.

318 Ebd.

319 Ebd.

320 Canetti, S. 339.

»Ständische und Stehende«[321] verdampfe, sowie den Liberalismus, der den Menschen aus hergebrachten Bindungen löse und ihn seiner Herkunft entfremde, verantwortlich. Ausgeblendet wird dabei, dass gegenwärtig nicht liberalisierte Märkte, sondern zentralistische Planungsregime, die den Alltag im Namen von Klimaschutz und Pandemiebekämpfung in einem nie dagewesenen Ausmaß reglementieren, die größte Bedrohung für die gewachsenen Gewohnheitsgefüge darstellen. Pate beim Welt- und Lebensweltumbau steht eher Mao Tse-tung als Adam Smith. Freie Märkte sind lebensweltaffiner, üblichkeitsschonender als Interventionismus und Dirigismus, deren lähmende und zerstörerische Kraft sich im Weltmaßstab entfaltet. Deshalb finden Bestandsdenker vermutlich eher unter Ordoliberalen und Libertären Verbündete als unter antikapitalistischen Linken, so globalismuskritisch diese auch auftreten.

Gibt es ein richtiges Leben im falschen? Die Lebenswelt kann sich unter diesen mehr als widrigen Umständen günstigstenfalls als Diaspora behaupten.[322] Sie muss ohne den schützenden Rahmen einer kulturellen Norm, ohne die homogenitätsverbürgende Kraft der Religion sowie weitgehend ohne institutionelle Anker auf staatlicher Ebene auskommen. Zudem wird sie sich wachsenden sozialtechnologischen An- und Übergriffen ausgesetzt sehen. Der konservative Widerstand kann weder im

321 Karl Marx, *Manifest der Kommunistischen Partei*, S. 529.

322 David Engels empfiehlt, »an so vielen Orten wie möglich Zufluchtsorte und Parallelgesellschaften zu errichten«, die etwas vom »abendländischen Geist« bewahren (David Engels, *Was tun?*, S. 59).

Denken noch im Handeln und Leben aufs Ganze gehen. Er muss sich dessen bewusst sein, dass er nicht voraussetzungslos ist und dies auch nicht sein kann. Der Entwurf eines Neuanfangs wäre eher Teil des Problems als der Lösung, denn Lebenswelten sind keine Konstrukte und auch nicht auf Knopfdruck restituierbar.

Der Verteidiger der Bestände lebt, ob er will oder nicht, in Gegnerschaft. Er muss nicht polemisch auftreten, um ins Visier zu geraten. Schon die Verkörperung des Bestands erregt Anstoß, weil sie sich der Totalisierung des posthistorischen, nachgesellschaftlichen, transhumanen Unbestands widersetzt. Der gelebte Widerstand kultiviert Enklaven der »alten Normalität« – nicht in dem Sinn, dass er an bestimmten alten Gewohnheiten festhielte und diese konservierte. Vielmehr beharrt er – in übergeordneter Perspektive – auf der Maßgeblichkeit und relativen Erklärungsunbedürftigkeit geteilter Üblichkeiten und Lebensformen. Auch erkennt er die natürliche Privilegierung der Nähe und damit den topografischen Aufbau der Lebenswelt an.

Die lebensweltliche Diaspora ist, wie sie ist, nur an Ort und Stelle, und diese Situierung geht nicht in mathematisierbaren Koordinaten auf. Der Erfahrungsschatz, das Wissen und Können, die sich hier herausbilden, sind niemals deckungsgleich mit einem algorithmisch erschließbaren Datensatz. Sie beziehen Binnenansichten ein, die in Beobachterperspektive nicht zugänglich und damit auch nicht objektivierbar oder digitalisierbar sind.

Die Bestandsaufnahme der Lebenswelt, der Sprache und der Vernunft zeigt: Die notwendig begrenzten, in Nahbeziehungen erschlossenen und gepflegten, geschichtlich und kulturell gebundenen Bestände – und nur sie – enthalten den Schlüssel zur Erweiterung und Generalisierung der Ansichten, Vorstellungen und Begriffe. Wer diese Bestände als partikularistisch verwirft und zerstört, begibt sich aller Möglichkeiten, den eigenen Horizont zu überschreiten. Er verfehlt die eigenartige Universalität. Die bestands- und horizontlose Hyperrealität des Globalen ist auch weltlos. Sie setzt die in Menschheitsunmittelbarkeit Vereinzelten auf Realitätsentzug und hält sie in der Hermetik ihres Selbstbezugs gefangen.

Mit der fortschreitenden Umsetzung der sozialtechnologischen Agenda klären sich die Fronten. Position gegen die globale Entwertung aller Standpunkte bezieht, wer die lebensweltlichen Gewohnheitsgefüge in Schutz nimmt und deren digitalpanoptische Surrogate verwirft; wer das Verortete gegenüber den Ansprüchen überdehnter »Externalitäten« und die unkonvertierbare Bedeutung gegen die globalen Sprachregelungen zur Geltung bringt; wer auf der letztinstanzlichen Maßgeblichkeit des Realen beharrt, das nicht konstruierbar ist und niemals in den Konzepten von ihm aufgeht. Nur ein bestandsbewusster Widerstand kann bestehen. Er ist konservativ – oder gar nicht.

Literatur

Adorno, Theodor W.: *Aspekte des neuen Rechtsradikalismus. Ein Vortrag*. Mit e. Nachw. v. Volker Weiß. 4. Aufl. Berlin 2019.

Adorno, Theodor W.: *Minima Moralia. Reflexionen aus dem beschädigten Leben*. Frankfurt/Main 1988.

Adorno, Theodor W.: *Noten zur Literatur*. 4. Aufl. Frankfurt/Main 1989.

Adorno, Theodor W.: *Studien zum autoritären Charakter*. Aus d. Amerik. v. Milli Weinbrenner. Vorrede v. Ludwig von Friedeburg. 1. Aufl. Frankfurt/Main 1973.

Agamben, Giorgio: *An welchem Punkt stehen wir? Die Epidemie als Politik*. Aus d. Ital. v. Federica Romanini. Wien 2021.

Arendt, Hannah: *Elemente und Ursprünge totaler Herrschaft. Antisemitismus – Imperialismus – Totale Herrschaft*. 20. Aufl. München/Berlin 2017.

Bajohr, Hannes: *Halbzeug. Textverarbeitung*. Berlin 2018.

Barthes, Roland: *Das Neutrum*. Vorlesung am Collège de France 1977–1978. Aus d. Franz. v. Horst Brühmann. 1. Aufl. Frankfurt/Main 2005.

Barthes, Roland: *Leçon/Lektion*. Antrittsvorlesung am Collège de France. Gehalten am 7. Januar 1977. Franz.-Dt. Aus d. Franz. v. Helmut Scheffel. Frankfurt/Main 1980.

Baudrillard, Jean: *Agonie des Realen*. Aus d. Franz. v. Lothar Kurzawa u. Volker Schäfer. Berlin 1978.

Baudrillard, Jean: *Der symbolische Tausch und der Tod*. Aus d. Franz. v. Gabriele Ricke, Ronald Voullié u. Gerd Bergfleth. Berlin 2011.

Beckert, Jens: *Imaginierte Zukunft. Fiktionale Erwartungen und die Dynamik des Kapitalismus.* Aus d. Engl. v. Stephan Gebauer. Berlin 2018.

Benjamin, Walter: Einbahnstraße u. »Die Aufgabe des Übersetzers«. *Gesammelte Schriften.* Bd. IV, 1. Hg. v. Tillman Rexroth. Frankfurt/Main 1991

Benn, Gottfried: *Der Ptolemäer.* Berliner Novelle, 1947. Gesammelte Werke in der Fassung der Erstdrucke. Prosa und Autobiographie. Hg. v. Bruno Hillebrand. Frankfurt/Main 1984.

Berardi, Franco »Bifo«: *Der Aufstand. Über Poesie und Finanzwesen.* Aus d. Engl. v. Kevin Venneman. Berlin 2015.

Berkeley, George: *Eine Abhandlung über die Prinzipien der menschlichen Erkenntnis* [1710]. Nach d. Übers. v. Friedrich Überweg mit Einleitung, Anm. u. Registern neu hg. v. Alfred Klemmt. Hamburg 1979.

»Bestand«, in: *Deutsches Wörterbuch von Jacob und Wilhelm Grimm.* Bd. 1. Leipzig 1854, Sp. 1652 ff.

Beyer, Robert M., Manica, Andrea, Mora, Camila: »Shifts in global bat diversity suggest a possible role of climate change in the emergence of SARS-CoV-1 and SARS-CoV-2«, in: *Science of The Total Environment*, Vol. 767, 145413, 1.5.2021.

Blumenberg, Hans: *Arbeit am Mythos.* 5. Aufl. Frankfurt/Main 2017.

Blumenberg, Hans: *Lebenszeit und Weltzeit.* 5. Aufl. Frankfurt/Main 2016.

Blumenberg, Hans: *Die Legitimität der Neuzeit.* Erw. Ausg. 8. Aufl. Frankfurt/Main 2007.

Blumenberg, Hans: *Theorie der Lebenswelt*. Hg. v. Manfred Sommer. Berlin 2010.

Blumenberg, Hans: *Realität und Realismus*. Hg. v. Nicola Zambon. Berlin 2020.

Böckelmann, Frank: »Der Nihilismus in seiner Epoche«, in: *TUMULT*, Sommer 2021, S. 4–6.

Böckenförde, Ernst-Wolfgang: *Staat, Gesellschaft, Freiheit. Studien zur Staatstheorie und zum Verfassungsrecht*. Frankfurt/Main 1976.

Brandner, Rudolf: »Die Ideologie der Menschenrechte«, in: *TUMULT*, Winter 2019/2020, S. 35–40.

Brenner, Peter J.: »Tabula rasa. Bilder einer zerfallenden Gesellschaft«, in: *TUMULT*, Sommer 2021, S. 10–14.

Bundesministerium des Innern, für Bau und Heimat: »Wie wir COVID-19 unter Kontrolle bekommen«, 28.4. 2020.

Burke, Edmund: *Betrachtungen über die Französische Revolution* [1790]. Aus d. Engl. v. Friedrich Gentz. 7. erw. Aufl. Berlin 2017.

Butler, Judith: *Das Unbehagen der Geschlechter*. Aus d. Amerik. v. Kathrina Menke. 18. Aufl. Frankfurt/Main 2016.

Canetti, Elias: *Masse und Macht*. Frankfurt/Main 1992.

Cassirer, Ernst: *Vom Mythus des Staates*. Aus d. Engl. v. Franz Stoeßl. 2., unveränd. Aufl. Hamburg 2016.

Christensen, Clayton M.: *The Inventor's Dilemma. When New Technologies Cause Great Firms to Fail*. Boston 1997.

Deleuze, Gilles, Guattari, Félix: *Tausend Plateaus. Kapitalismus und Schizophrenie*. Aus d. Franz. v. Gabriele Ricke u. Ronald Voullié. Berlin 1992.

Derrida, Jacques: *Die Stimme und das Phänomen.* Einführung in das Problem des Zeichens in der Phänomenologie Husserls. Aus d. Franz. v. Hans-Dieter Gondek. 3. Aufl. Frankfurt/Main 2015.

Döring, Sabine: »Wie umgehen mit Trittbrettfahrern?«, in: *Wirtschaftswoche,* Ausg. 32, 6.8.2021.

Doshi, Peter: »The elusive definition of pandemic influenza«, in: *Bulletin of the World Health Organisation* 2011, 89, S. 532–538.

Eisleben, Johannes: »Rassenunterschiede. Zur biologischen und gesellschaftlichen Bedeutung eines vielstrapazierten Begriffs«, in: *TUMULT,* Herbst 2020, S. 48–51.

Engels, David: *Was tun? Leben mit dem Niedergang Europas.* 4. Aufl. Bad Schmiedeberg 2020.

Esders, Michael: *Alphabetisches Kapital. Über die Ökonomie der Bedeutungen.* Bielefeld 2017.

Esders, Michael: *Die enteignete Poesie. Wie Medien, Marketing und PR die Literatur ausbeuten.* Bielefeld 2011.

Esders, Michael: *Sprachregime. Die Macht der politischen Wahrheitssysteme.* Lüdinghausen/Berlin 2020.

Esders, Michael: *Ware Geschichte. Die poetische Simulation einer bewohnbaren Welt.* Bielefeld 2014.

Esfeld, Michael: »Die geschlossene Gesellschaft und ihre neuen Freunde«, in: *NZZ,* 1.4.2021.

Feyerabend, Paul: *Wider den Methodenzwang.* Aus d. Engl. v. Hermann Vetter. 9. Aufl. Frankfurt/Main 2004.

Flaig, Egon: *Die Niederlage der politischen Vernunft. Wie wir die Errungenschaften der Aufklärung verspielen.* Lüneburg 2017.

Flaig, Egon: *Was nottut. Plädoyer für einen aufgeklärten Konservatismus*. Lüdinghausen/Berlin 2019.
Flusser, Vilém: *Die Revolution der Bilder*. Mannheim 1995.
Foucault, Michel: *Dispositive der Macht. Über Sexualität, Wissen und Wahrheit*. Berlin 1978.
Freyer, Hans: *Theorie des gegenwärtigen Zeitalters*. Stuttgart 1955.
Friedell, Egon: *Kulturgeschichte der Neuzeit. Die Krisis der Europäischen Seele von der Schwarzen Pest bis zum Ersten Weltkrieg*. Mit einem Nachw. v. Ulrich Weinzierl. 3. Aufl. d. Sonderausgabe. München 2012.
Gehlen, Arnold: *Urmensch und Spätkultur. Philosophische Ergebnisse und Aussagen*. 7. Aufl. Frankfurt/Main 2016.
Gess, Nicola: *Halbwahrheiten. Zur Manipulation von Wirklichkeit*. Berlin 2021.
Goethe, Johann Wolfgang von: *Faust II*. Werke. Bd. III, Dramatische Dichtungen I. Textkritisch durchgesehen u. kommentiert v. Erich Trunz. 16. Aufl. München 1996.
Gruber, Bettina: *Leben unterm Regenbogen. Das neue Geschlechterregime und seine Folgen*. Lüdinghausen/Berlin 2020.
Habermas, Jürgen: »Corona und der Schutz des Lebens. Zur Grundrechtsdebatte in der pandemischen Ausnahmesituation«, in: *Blätter für deutsche und internationale Politik* 9, 2021, S. 65–78.
Habermas, Jürgen: *Die Einbeziehung des Anderen. Studien zur politischen Theorie*. Frankfurt/Main 1999.
Habermas, Jürgen: *Theorie des kommunikativen Handelns. Zweiter Band. Zur Kritik der funktionalistischen Vernunft*. Frankfurt/Main 1988.

Han, Byung-Chul: *Im Schwarm. Ansichten des Digitalen.* Berlin 2013.

Hayek, Friedrich August von: *Der Weg zur Knechtschaft.* Reinbek/München 2014.

Hegel, Georg Wilhelm Friedrich: *Vorlesungen über die Geschichte der Philosophie I.* Werke. Bd. 18. Hg. v. Eva Moldenhauer u. Karl Markus Michel. 11. Aufl. Frankfurt/Main 2020.

Heidegger, Martin: *Beiträge zur Philosophie (Vom Ereignis).* Gesamtausgabe. III. Abt., Bd. 65. Hg. v. Friedrich-Wilhelm v. Herrmann. 3. Aufl. Frankfurt/Main 2003.

Heidegger, Martin: *Identität und Differenz.* Gesamtausgabe. I. Abt., Bd. 11. Hg. v. Friedrich-Wilhelm v. Herrmann. Frankfurt/Main 2006.

Heidegger, Martin: *Unterwegs zur Sprache.* Gesamtausgabe. I. Abt., Bd. 12. Hg. v. Friedrich-Wilhelm von Herrmann. Frankfurt/Main 1985.

Hinz, Thorsten: »Im Takt der großen Maschine«, in: *Junge Freiheit,* 22.1.2021.

Hoof, Thomas: »In zehn oder in hundert Jahren«, in: *Sezession,* Februar 2021, S. 30–37.

Horkheimer, Max: *Dämmerung. Notizen aus Deutschland.* Gesammelte Schriften. Bd. 2. Hg. v. Gunzelin Schmid Noerr. 2. Aufl. Frankfurt/Main 2012.

Horkheimer, Max: *Zur Kritik der instrumentellen Vernunft.* Gesammelte Schriften. Bd. 6. Hg. u. übers. v. Alfred Schmidt. 2. Aufl. Frankfurt/Main 2008.

Horkheimer, Max, Adorno, Theodor W.: *Dialektik der Aufklärung. Philosophische Fragmente.* Frankfurt/Main 1988.

Hornscheidt, Lann, Sammla, Ja'n: *Wie schreibe ich divers? Wie spreche ich gendergerecht? Ein Praxis-Handbuch zu Gender und Sprache.* Berlin 2021.
Humboldt, Wilhelm von: *Ueber die Verschiedenheit des menschlichen Sprachbaues und ihren Einfluß auf die geistige Entwicklung des Menschengeschlechts* [1836]. Sämtliche Werke. Bd. 5. Hg. v. Wolfgang Stahl. Stuttgart 1999.
Husserl, Edmund: *Die Krisis der europäischen Wissenschaften und die transzendentale Phänomenologie. Eine Einleitung in die phänomenologische Philosophie.* Mit einer Einleitung und Registern hg. v. Elisabeth Ströker. Hamburg 2012.
Jünger, Ernst: *Der Waldgang.* Mit Adnoten von Detlev Schöttker. Stuttgart 2014.
Kaplan, Frédéric: »Quand les mots valent de l'or«, in: *Le Monde diplomatique.* November 2011. S. 28.
Kaplan, Frédéric, Kianfar, Dana: »Il pleut des chats et des chiens: Google et l'impérialisme linguistique«, in: *Le Monde diplomatique.* Januar 2015. S. 28.
Kittler, Friedrich: *Grammophon Film Typewriter.* Berlin 1986.
Kondylis, Panajotis: *Das Politische im 20. Jahrhundert. Von den Utopien zur Globalisierung.* Heidelberg 2001.
Kotkin, Noel: T*he Coming of Neo-Feudalism: A Warning to the Global Middle Class.* New York 2020.
Kraus, Josef: *Der deutsche Untertan. Vom Denken entwöhnt.* München 2021.
Kraus, Karl: *Dritte Walpurgisnacht.* Schriften. Bd. 12. Hg. v. Christian Wagenknecht. Frankfurt/Main 1989.

Kraus, Karl: *Untergang der Welt durch schwarze Magie.* Schriften. Bd. 4. Hg. v. Christian Wagenknecht. Frankfurt/Main 1989.

Kurzweil, Ray: *The Singularity Is Near. When Humans Transcend Biology.* New York 2005.

Le Bon, Gustave: *Psychologie der Massen* [1895]. Aus d. Franz. v. Rudolf Eisler. 17. Aufl. Hamburg 2018.

Lembke, Ulrike: Geschlechtergerechte Amtssprache. Rechtliche Expertise zur Einschätzung der Rechtswirksamkeit von Handlungsformen der Verwaltung bei Verwendung des Gendersterns oder von geschlechtsumfassenden Formulierungen. Humboldt-Universität zu Berlin 2021.

Lévinas, Emmanuel: *Schwierige Freiheit. Versuch über das Judentum.* Aus d. Franz. v. Eva Moldenhauer. Frankfurt/Main 2017 (1992).

Liebnitz, Sophie: *Antiordnung.* Schnellroda 2020.

Link, Jürgen: *Versuch über den Normalismus. Wie die Normalität produziert wird.* 5. Aufl. Göttingen 2013.

Lobe, Adrian: »Google will den Staat neu programmieren«, in: *FAZ,* 14.10.2015.

Lobe, Adrian: »Tech-Konzerne formatieren die Wirklichkeit«, in: *SZ,* 19.12.2018.

Lübbe, Hermann: *Fortschritt als Orientierungsproblem. Aufklärung in der Gegenwart.* Freiburg 1975.

Luhmann, Niklas: *Die Realität der Massenmedien.* 4. Aufl. Wiesbaden 2009.

Luhmann, Niklas: »Status quo als Argument«, in: Horst Baier (Hg.): *Studenten in Opposition. Beiträge zur Soziologie der deutschen Hochschule.* Bielefeld 1968, S. 73–82.

Lyotard, Jean-François: *Das postmoderne Wissen. Ein Bericht.* Hg. v. Peter Engelmann. Aus d. Franz. v. Otto Pfersmann. 5. Aufl. Wien 2005.

Maaz, Hans-Joachim: »Pandemie – Panikdemie – Plandemie«, in: Hans-Joachim Maaz, Dietmar Czycholl, Aaron B. Czycholl: *Corona – Angst: Was mit unserer Psyche geschieht.* Berlin 2020, S. 19–58.

Mach, Ernst: *Die Analyse der Empfindungen.* Mit einer Einleitung hg. v. Gereon Wolters (Ernst Mach Studienausgabe. Bd. 1). Berlin 2008.

Marquard, Odo: *Abschied vom Prinzipiellen. Philosophische Studien.* Stuttgart 1981.

Marx, Karl: Manifest der Kommunistischen Partei [1848], in: ders.: *Die Frühschriften.* Hg. v. Siegfried Landshut. Stuttgart 1971.

McLuhan, Marshall: *Die Gutenberg-Galaxis. Die Entstehung des typographischen Menschen.* Mit einem Vorw. v. Richard Cavell. Hamburg/Berkeley 2011.

Meggle, Georg: »Die Corona-Panik – ein Irrtum?«, in: *Telepolis,* 12.7.2020.

Mehr Fortschritt wagen. Bündnis für Freiheit, Gerechtigkeit und Nachhaltigkeit. Koalitionsvertrag zwischen SPD, Bündnis 90/Die Grünen und FDP. Berlin 2021.

Meyen, Michael: Das neue Wahrheitsregime. *Multipolar – Magazin,* 18.5.2021.

Mohler, Armin: *Gegen die Liberalen.* 4. Aufl. Schnellroda 2018.

Musil, Robert: *Tagebücher, Essays, Aphorismen und Reden.* Hg. v. Adolf Frisé. Hamburg 1995.

Nietzsche, Friedrich: »Ueber Wahrheit und Lüge im aussermoralischen Sinne« [1873]. *Sämtliche Werke.*

KSA, Bd. 1. Hg. v. Giorgio Colli u. Mazzino Montinari. München 1988.

Otte, Max: »Fiktion und Realität im Finanzwesen«, in: Christine Künzel u. Dirk Hempel (Hg.): *Finanzen und Fiktionen. Grenzgänge zwischen Literatur und Wirtschaft*. Frankfurt/Main 2011.

Phelbs, Edmund: *Mass Flourishing. How Grassroots Innovation Created Jobs, Challenge, and Change*. Princeton, Oxford 2013.

Platon: *Politeia (Der Staat)*. Werke in acht Bänden. 4. Bd. Hg. v. Gunther Eigler. 7. Aufl. Darmstadt 2016.

Pluckrose, Helen, Lindsay, James: *Cynical Theories. How Activist Scholarship Made Everything about Race, Gender, and Identity – and Why This Harms Everybody*. Durham, North Carolina 2020.

Polanyi, Karl: *The Great Transformation. The Political and Economic Origins of Our Time* [1944]. Boston 2001. (dt.: *The Great Transformation. Politische und ökonomische Ursprünge von Gesellschaften und Wirtschaftssystemen*. Aus d. Amerik. v. Heinrich Jelinek. Wien 1977).

Polleit, Torsten: »Das Ende von Bretton Woods vor 50 Jahren als Mahnung«, in: *Börsen-Zeitung*, 13.8.2021.

Popper, Karl R.: *Die offene Gesellschaft und ihre Feinde*. Bd. I. Der Zauber Platons. Hg. v. Hubert Kiesewetter. 8. Aufl. Tübingen 2003.

Putnam, Robert D.: Bowling Alone. *The Collapse and Revival of American Community. With a New Preface and Afterword by the Author*. New York 2020.

Rohrmoser, Günter: *Das Elend der kritischen Theorie. Theodor W. Adorno, Herbert Marcuse, Jürgen Habermas*. 2., unveränd. Aufl. Freiburg i. Breisgau 1970.

Sailer-Wlasits, Paul: »The New Normal: Woran wir uns gewöhnen müssen«, in: *Der Standard*, 7.9.2020.

Scheler, Max: *Die Wissensformen und die Gesellschaft*. 2., durchgesehene Aufl. Mit Zusätzen hg. v. Maria Scheler. Bern 1960.

Schmitt, Carl: *Der Nomos der Erde im Völkerrecht des Jus Publicum Europaeum*. 5. Aufl. Berlin 2011.

Schmitt, Carl: *Politische Theologie. Vier Kapitel zur Lehre von der Souveränität*. 11., korr. Aufl. Berlin 2021.

Schmitt, Carl: *Die Tyrannei der Werte*. 3., korr. Aufl. Mit einem Nachw. v. Christoph Schönberger. Berlin 2011.

Schreyer, Paul: *Chronik einer angekündigten Krise. Wie ein Virus die Welt verändern konnte*. 6. Aufl. Frankfurt/Main 2020.

Scruton, Roger: *Narren, Schwindler, Unruhestifter. Linke Denker des 20. Jahrhunderts*. Aus d. Engl. v. Krisztina Koenen. München 2021.

Schütz, Alfred, Luckmann, Thomas: *Strukturen der Lebenswelt*. 2., überarb. Aufl. Konstanz, München 2017.

Schumpeter, Joseph A.: *Kapitalismus, Sozialismus und Demokratie*. 10. Aufl. Tübingen 2020.

Schwab, Klaus, Malleret, Thierry: *Covid-19: Der Große Umbruch. Fassung 1.0*. Genf 2020.

Schwab, Klaus, Malleret, Thierry: *Das Große Narrativ. Für eine bessere Zukunft*. Genf 2022.

Shiller, Robert J.: *Narrative Wirtschaft. Wie Geschichten die Wirtschaft beeinflussen – ein revolutionärer Erklärungsansatz*. 2. Aufl. Kulmbach 2020.

Sieferle, Rolf Peter: *Epochenwechsel. Die Deutschen an der Schwelle zum 21. Jahrhundert*. Werkausgabe. Bd. 1. Berlin 2017.

Sieferle, Rolf Peter: *Das Migrationsproblem. Über die Unvereinbarkeit von Sozialstaat und Masseneinwanderung*. Waltrop/Berlin 2017.

Simmel, Georg: *Philosophie des Geldes*. Gesamtausgabe. Bd. 6. Hg. v. David P. Frisby u. Klaus Christian Köhnke. 10. Aufl. Frankfurt/Main 2014.

Slobodian, Quinn: *Globalisten. Das Ende der Imperien und die Geburt des Neoliberalismus*. Aus d. Engl. v. Stephan Gebauer. Berlin 2019.

Sloterdijk, Peter: *Du mußt dein Leben ändern. Über Anthropotechnik*. 4. Aufl. Frankfurt/Main 2019.

Soros, George: *Die Alchemie der Finanzen*. 6. Aufl. Kulmbach 2020.

Soros, George: »Fallibility, reflexivity, and the human uncertainty principle«, in: *Journal of Economic Methodology* 2014, 20,4. S. 309–329.

Spengler, Oswald: *Der Untergang des Abendlandes. Umrisse einer Morphologie der Weltgeschichte*. Nachw. v. Detlef Felken. 17. Aufl. München 2006.

Taylor, Charles: *Multikulturalismus und die Politik der Anerkennung*. Aus d. Amerik. v. Reinhard Kaiser. Frankfurt/Main 2009.

Trabant, Jürgen: *Sprachdämmerung. Eine Verteidigung*. München 2020.

Transformation unserer Welt: Die Agenda 2030 für nachhaltige Entwicklung. Resolution der Generalversammlung der Vereinten Nationen, verabschiedet am 25. September 2015.

Türcke, Christoph: *Natur und Gender. Kritik eines Machbarkeitswahns*. München 2021.

Unger, Raymond: *Vom Verlust der Freiheit. Klimakrise, Migrationskrise, Coronakrise*. München 2021.
Vico, Giambattista: *Liber metaphysicus* [1710]. Aus d. Lat. u. Ital. v. Stephan Otto u. Helmut Viechtbauer. München 1979.
Vighi, Fabio: »The Central Bankers' Long Covid. An Incurable Condition«, in: *The Philosophical Salon*, 18.10.2021.
Vogl, Joseph: *Kapital und Ressentiment. Eine kurze Theorie der Gegenwart*. 2. Aufl. München 2021.
Vonderach, Andreas: *Die Dekonstruktion der Rasse. Sozialwissenschaften gegen die Biologie*. Graz 2020.
Voss, Pauline: »Apples neue Emojis. Der ›schwangere Mann‹ erhitzt die Gemüter«, in: *NZZ*, 1.2.2022.
Weber, Max: *Religion und Gesellschaft*. Gesammelte Aufsätze zur Religionssoziologie. Darmstadt 2012.
Wehling, Elisabeth: »Framing-Manual. Unser gemeinsamer freier Rundfunk ARD«. Berkeley International Framing Institute [2017].
Welt im Wandel. Gesellschaftsvertrag für eine Große Transformation. Wissenschaftlicher Beirat der Bundesregierung Globale Umweltveränderungen (WBU). Berlin 2011.
Wodarg, Wolfgang: *Falsche Pandemien. Argumente gegen die Herrschaft der Angst*. 2. Aufl. München 2021.
Xiang, Feng: »AI will spell the end of capitalism«, in: *The Washington Post*, 3.5.2018.
Zorn, Daniel-Pascal: *Das Geheimnis der Gewalt. Warum wir ihr nicht entkommen und was wir trotzdem dagegen tun können*. Stuttgart 2019.

Zukunft von Wertevorstellungen der Menschen in unserem Land. Studie. Beauftragt vom Bundesministerium für Bildung und Forschung. August 2020.

Editorischer Hinweis

Das Kapitel »Lebensweltverlust« ist eine erheblich erweiterte und überarbeitete Fassung des Aufsatzes »Lebensweltverlust. Angriff auf die Üblichkeiten«, in: *TUMULT. Vierteljahresschrift für Konsensstörung,* Winter 2019/20, S. 48–53.

Der Abschnitt »Monopolitische Wortmacht« entwickelt Thesen weiter, die bereits an verschiedener Stelle veröffentlicht wurden – zuletzt in: »Google und der Wert der Wörter«, in: *Neue Zürcher Zeitung,* 26.10.2017.

Der Abschnitt »Das biopolitische Sprachregime« im Kapitel »Sprachverlust« ist eine überarbeitete Version des Essays »Das Hygieneregime als Sprachregime«, in: *TUMULT,* Herbst 2021, S. 19–23.

Der Abschnitt »Virale Selbstbewahrheitung« im Kapitel »Wirklichkeitsverlust« fußt auf Elementen des Textes »Virale Wirklichkeit. Über Schein und Sein der Pandemie«, in: *TUMULT,* Herbst 2020, S. 21–26.

Das Schlusskapitel »Unbestand« basiert im ersten Teil auf dem Beitrag »Auf dem Rückzug. Konservatismus im Zeitalter der digitalen Sozialtechnologie«, in: *TUMULT,* Frühjahr 2021, S. 36–40.

Neuruppin 2022

Lektorat: Horst Ebner
Umschlaggestaltung: Thomas Löffler

ISBN 978-3-948075-48-4
www.manuscriptum.de